U0511904

新时期领导干部管理丛书

现代金融
理论与实践

XIANDAI JINRONG
LILUN YU SHIJIAN

陈 培◎著

全国百佳图书出版单位

时代出版传媒股份有限公司
安徽人民出版社

图书在版编目(CIP)数据

现代金融理论与实践/陈培著. —合肥:安徽人民出版社,2022.8

ISBN 978－7－212－11467－1

Ⅰ.①现… Ⅱ.①陈… Ⅲ①.金融学—研究 Ⅳ.①F830

中国版本图书馆 CIP 数据核字(2022)第 113208 号

现代金融理论与实践

陈 培 著

出 版 人:杨迎会　　　　　　　　　　　　责任印制:董　亮

责任编辑:黄　刚　胡小薇　　　　　　　　装帧设计:宋文岚

出版发行:安徽人民出版社 http://www.ahpeople.com

地　　　址:合肥市政务文化新区翡翠路 1118 号出版传媒广场八楼

邮　　　编:230071

电　　　话:0551－63533258　0551－63533292(传真)

印　　　刷:安徽省瑞隆印务有限公司

开本:710mm×1010mm　　　1/16　　　印张:23　　　字数:400 千

版次:2022 年 8 月第 1 版　　　2022 年 8 月第 1 次印刷

ISBN 978－7－212－11467－1　　　　　　定价:68.00 元

前　言

　　《现代金融理论与实践》是学习金融学的入门课程,也是经济管理专业的核心课程之一。本书以马克思主义基本理论为指导,共分八篇,二十一章,主要包括货币及其流通、信用和利率、商业银行和中央银行、金融市场、货币均衡、国际金融、金融危机与金融监管等内容。写作中采取由浅入深,由微观到宏观的方式,循序渐进地介绍了最基本的金融理论、国内外相关学术观点,深入分析了金融市场运行机制、现代货币的创造机制和货币政策等问题。本书注重把金融基本原理和其在实践中的运用相结合,并在相关章节详细阐述了中华人民共和国成立以来中国在金融体制改革方面的最新成果,将现代货币金融理论与中国的具体实践进行了有机融合。

　　本书在撰写过程中得到了安徽省委党校王正国教授的指导和大力帮助,在此表示由衷的感谢。

　　最后,限于作者的水平,本书难免存在诸多疏漏与不足,敬请专家、学者和广大学员提出宝贵意见,以便进一步修改完善。

目 录
Contents

第四篇 金融机构

第五篇　金融市场

第六篇　货币均衡

第七篇　国际金融

第八篇　金融危机与金融监管

第 一 篇
认 识 金 融

第 一 章
铸金卧人

◆ 第 一 章 ◆

学习金融的重要意义

第一节　金融的概念及其研究范围

金融的概念

生活在现代社会的人,离不开经济活动,也离不开金融活动。我们每天都要做很多事,比如上班、购物、看电影、炒股、领工资、存钱取钱、借钱给别人、支付煤气费、付电话费、还房贷,等等,这些活动都属于经济活动,它渗透在每个人的日常生活中。什么是经济活动呢? 马克思主义政治经济学认为,经济活动包含四个环节:生产、分配、交换和消费,每一环节都和"钱"有关,但是跟钱有关的活动,不一定就是金融活动。那么,在这些经济活动中,哪些又属于金融活动呢? 为了搞清楚这个问题,我们首先需要了解什么是金融。

"金融"一词由汉字"金"和"融"组成。"金"在汉语里指一种金属,也指"钱";而"融"在汉语中则有"融合""流通"的意思。因此,如果单从汉语的字面上去理解,"金融"就是指资金的融合流通。但"金融"一词并非自古就有,1915年版的《辞源》里才第一次出现"金融"一词。1937年版的《辞源》"金融"条的释文是"今谓金钱之融通状态曰金融,旧称银根。各种银行、票号、钱庄、日金融机构……",而"融通"是指使资金流通,融会贯通,使融洽,相互沟通。因此,在汉语里,"金融"的含义很单纯,就是指资金的流通和借贷。但实际上,金融学里所要研究的"金融"远非如此。根据1990年版的《中国金融百科全书》,"金融"是指"货币流通和信用活动以及与之相关的经济活动的总称"。① 它是发行货币、吸收存款、发放贷款、买卖证券、黄金、外汇以及保险等活动的总称。而在《新帕尔·格雷夫经济学大字典》中,"金融"被解释为资本市场的运营和资产的供给与定价。"这不是多少才够的问题,伙计。这是个总和为零的游戏。一些人赢,一些人输。钱本身不会变多或变少,它只不过是简单地从一个人转到另一人手里。"1987年奥立弗·斯通导演的经典商战电影《华尔街》里的金融大亨戈登的这句经典台词,也是对金融活动生动而形象的描述。

人类最早的金融活动是作为交换媒介的一般等价物逐渐发展成以金属为材质的货币的过程。在封建社会后期,生产规模逐渐扩大,商品流通的规模和范围也逐渐扩大,产生了货币借贷、兑换、汇兑等业务需求,金融活动的范围也随之扩大,对资本主义生产方式的萌芽起了促进作用。在自由资本主义时期,金融机构广泛建立,其他方式的金融活动也迅速发展,为资本主义生产规模的不断扩大提供了源源不断的资金支持。正如马克思所说:"假如必须等待积累去使某些单个资本增长到能够修建铁路的程度,那么恐怕直到今天世界上还没有铁路。但是,集中通过股份公司转瞬之间就把这件事完成了。集中在这样加强和加速积累作用的同时,又扩大和加速资本技术构成的变革……从而成为社会积累的新的强有力的杠杆。"② 进入垄断资本主义阶段,银行资本和产业资本之间日益紧密的联系形成了资本最高级也是最抽象的表现形式——金融资本,控制了资本主义经济的命脉,把资本主义生产资料私有制推到了一个新的高峰。同时,生产日益国际化,金融活动也同时国际化,国际金融体系迅速形成,对世界经济的发展产生了极其重要的影响。

---

① 黄达,刘鸿儒,张肖. 中国金融百科全书(上)[M]. 北京:经济管理出版社,1990:198.
② 马克思,恩格斯. 马克思恩格斯全集:第23卷[M]. 北京:人民出版社,1972:688-689.

金融学研究的范围

金融学是从经济学里分化出来的,是研究金融领域各要素及其基本关系与运行规律的一门应用科学,是经济类专业的核心课程,以货币、银行、金融市场为主要研究对象。传统的金融学研究领域可分为宏观和微观两个层面。微观金融学,是以"Finance"或"Financial Economics"命名的学科,翻译为中文就是《金融学》或《金融经济学》,主要以金融市场和金融中介机构为研究领域,研究内容是微观经济主体如何在不确定的环境下,通过资本市场,对资源进行跨期最优配置,其分支学科包括金融市场学、金融资产定价、证券投资学、金融风险管理、公司财务学、商业银行学、投资银行学、保险学、微观银行学等。而宏观金融学则以"Money Economics"命名,翻译为中文就是《货币经济学》,研究的是与微观金融学相关的宏观问题,其研究是建立在微观金融分析的基础上,研究范围包括货币供求、货币均衡、国际收支、汇率、中央银行、金融危机及金融监管等。

虽然微观金融学和宏观金融学有各自独立的名称,但它们研究的都是金融领域的问题,是不可分割的两部分。因此,为了避免人们把它们看成是截然不同的两门学科,早在20世纪20年代前后,美国就出版了一本教材,叫 *Principles of Money and Banking*,翻译过来就是《货币银行学原理》,里面包含了微观金融学和宏观金融学两方面的内容。而一直被奉为金融学经典教科书的弗雷德里克·S.米什金的《货币金融学》,其英文名是 *The Economics of Money, Banking, and Financial Markets*(《货币、银行和金融市场学》),以货币、银行和金融市场为研究对象,内容也是涵盖了宏观和微观两个层面的金融研究。所以,虽然从严格意义上说,金融学只是对微观层面金融问题的研究,但在中国,人们谈及金融学时都是既包括微观层面,又包括宏观层面,很少强调名称上的区分。

当然,和其他学科一样,随着经济社会的发展,学科本身也在不断更新、拓展,学科交叉成为突出现象。金融工程学就是由金融和数学、统计、工程学等交叉而形成,是通过建模的方式帮助分析股票走势、债券收益率等问题。而法和金融学是由金融和法学交叉而形成,研究的是法律制度对金融的影响,同时也研究怎样用研究金融的方法来研究法律。

第二节　学习金融的重要意义

金融学是研究经济问题的基础

金融学既研究金融市场、金融机构、金融资产的定价、公司财务等微观问题,也分析货币政策、货币均衡、金融危机等宏观问题,而这些问题都与宏观经济发展有着密不可分的联系。比如,货币均衡和市场均衡紧密相连,货币政策是重要的宏观调控手段,企业、个人的金融决策会对整个经济发展产生重要影响,因此,研究经济问题离不开对金融问题的研究,只有对货币金融方面的基本专业术语、基础理论有较全面的理解和较深刻的认识,对货币、利率、金融机构、金融市场等内在关系及其运动规律有较系统的掌握,才能正确解读一国的货币政策和金融现象,全面把握国内外金融问题,并为深入研究其和整个经济发展的关联打下良好的基础。

金融与每个人的生活息息相关

长期以来,大部分人都有一个误解,认为金融专业性很强,晦涩难懂,离我们普通人很远。但作为一个生活在现代社会的人来说,金融其实离我们很近。小的时候你可能就去银行存过压岁钱;到大学,你可能需要申请助学贷款;工作了,你要贷款买房买车;有了积蓄了,你要投资理财……金融跟每个人的生活都息息相关。中国有句俗话:"钱不是万能的,但没有钱是万万不能的。"金融研究的就是钱的问题,我们的生活离不开钱,也离不开金融。比如,利率的变化会影响我们的贷款成本,而发生通货膨胀或通货紧缩,则会影响我们的日常生活成本;金融的每一次进步,每一次创新,都会让我们的生活发生巨大的改变。2017年9月,新加坡总理李显龙来中国访问,临行前接受新华网专访时提到移动支付在中国的发展,他说新加坡人都很羡慕中国,因为中国人出门"不怕口袋没钱,只怕手机没电",手机已经成为人们最大的钱包,这是金融业借助互联网进行创新给我们带来的全新生活体验。

而金融如果出了问题,也会深刻影响到每一个普通人。比如,2008 年美国金融危机发生后,那个美国老太太和中国老太太的故事,也一度被改写:美国老太太还不起剩下的房贷,房子可能被收回;中国老太太收入减少,不知何时能攒够钱。我国国内股市大跌,股民损失惨重,出口企业订单减少,利润下滑,失业增加;在美国,光是华尔街就有 8 万人失业……

不仅如此,随着经济的发展,个人财富日益积累,投资理财也越来越普遍。投资者的认知却没有同步跟上,很多人在投资的时候只关注收益,却忽视了风险,搞不清自己在投资中享有的各项权利,也不了解金融法规常识,引发大量风险。英国《金融时报》专栏作家蒂姆·哈福德就曾经在一篇文章里指出:金融盲无法在现代社会生存。2007 年美国国会众议院以决议形式规定,把每年 4 月确定为"金融普及月",又称为"金融扫盲月"。因此,学习金融学非常有必要,有助于我们增强风险意识,充实投资知识、提高理财能力。

第三节 如何学好金融学

金融跟人们的生活密切相关,但要学好、学深,学透,不是一件容易的事。怎样才能学好金融学呢?

首先,要熟练掌握专业术语。专业术语是金融理论的基础元素,不懂专业术语就去学习金融理论,就像不认得字的人去读书,又怎能读得明白呢? 有人可能要说,没学过金融,我又怎么去理解、去记忆那些抽象的专业术语? 太难了! 是很难,但这是我们在金融学习道路上迈开的第一步。专业术语的学习,可以结合教材中的解释,加上自己的理解和想象去记忆,一遍记不住就看第二遍,多看几遍就会烂熟于心。掌握了专业术语,再去学习理论,就会轻松得多。

第二,多阅读相关的课外书籍。有选择地阅读一些国内外的经典教材,如国内黄达教授主编的《金融学》、美国弗雷德里克·S.米什金的《货币金融学》等。每本教材或书籍的侧重点都不同,对每一个知识点论述的详略程度和分析角度也不一样,所以阅读不同教材的好处就是,一本书中没有学明白的理论可以通过阅读其他书籍得到弥补。如果没时间通读,则可以有针对性地选择自己没有学懂的部分去加强学习。另外还可以翻看一些杂志,浏览一些财经类网站,把握最新的宏观经济金融政策。

第三,理论联系实际。多关注来自市场的各方面的经济、金融热点问题和央行的相关货币政策,将现实中的问题和所学理论结合起来,用所学理论正确解读相关政策,也可以尝试着针对相关问题,给出自己的观点和对策,并多和同学、师长以及有实践经验的人讨论交流,他人的建议、经验和相关资源能够帮你拓展思路,加深对理论的理解。另外,在金融学研究中,研究的前提条件不一样,分析问题的角度不一样,得出的结论往往会大相径庭。所以,要善于辨别来自各种不同立场和角度的文章,逐渐形成自己研究问题的方法。

◆ 第二章 ◆

金融在现代经济中的地位和作用

第一节 金融是经济发展的助推器

1991年初，邓小平针对上海浦东新区"金融先行"的做法明确指出："金融很重要，是现代经济的核心。金融搞好了，一着棋活，全盘皆活。"

第一，通过提供货币和信用为经济发展提供条件。首先，现代社会的发展离不开货币，货币是商品和服务交换的重要媒介，没有货币，生产出来的商品无法完成交换，提供的服务也无法实现其价值，而货币的发行、保管、流通、回笼等环节都是商业银行和中央银行通过金融活动完成的。货币发行的数量不能多，也不能少，发行多了，超出商品和服务交换的需要，就会引发通货膨胀、经济过热；发行少了，则无法满足商品和服务交换的需要，造成产品积压，生产下滑，经济萎缩。其次，现代市场经济中，企业之间的竞争十分激烈，要想在竞争中取得胜利，就必须扩大生产规模、降低生产成本、提高产品质量、创新产品功能，这些都需要大量资金的支持，企业必须借助信用活动迅速取得资金,满足自身生产的需要,保证整个社会化大生产顺利进行,保障整个经济发展的持续稳定。最后,金融的中介功能可以促进储蓄,集聚闲散资金并将其顺利转化为投资,为经济发展提供源源不断的资金支持。

第二,通过金融机构的经营运作节约交易成本,便利经济活动。金融机构通过提供转账结算的方式结清经济主体之间的债权债务关系,比起使用现金,既安全又方便,在为各个经济主体提供金融便利的同时,也节约了现金流通费用,降低了金融机构本身的运营成本。另外,在金融市场中,如果资金供求双方自行进行资金融通,需要耗费大量的成本进行资金匹配,由于信息不对称,还会产生道德风险和逆向选择问题,又需要花费监督成本。有了金融机构,这些费用就可以大大降低。资金闲置者可以直接将资金提供给银行,并通过利息的方式取得一定的回报;银行则可以对资金的需求者进行专业化、程序化的监督和审查,由于贷款数量巨大,产生了规模经济,自然就降低了成本。

第三,金融活动可以合理配置资源,促进经济发展。比如,通过利率的变化,将资金从储蓄领域高效地引至投资领域;通过金融市场中金融工具价格和收益率变动的信息,反映整体经济运行情况以及相关企业、行业的发展前景,引导资金流向最有发展潜力、最有效率的部门;同时,金融系统的监督功能,也会促使资金在实体经济领域进行良性循环,进一步引导资源的优化配置。

第二节　金融对经济发展的消极影响

金融在现代经济中的核心地位不仅因为其是经济发展的助推器,还表现为一旦金融出了问题对经济发展产生的巨大破坏作用。金融其实是把双刃剑。所以,千万不能忽视"一着棋活,全盘皆活"的前提,那就是"金融搞好了";金融如果搞不好,对整个经济的负面影响也是巨大甚至是致命的。

金融总量失控会导致社会供求失衡，危害经济发展

信用膨胀会导致货币供应过多，超出经济发展和商品流通的正常需要，引起通货膨胀，物价上涨，经济过热。过多的货币还可能流向房地产、证券市场，炒高房价、股价、地价，引起泡沫经济，剥离金融与实体经济的血肉联系，而货币供应过少则会导致通货紧缩，产品积压，经济萎缩。

金融活动具有高风险，容易引发金融危机甚至经济危机

金融总是和风险相连。对于金融活动来说，风险是一种客观存在，没有绝对安全的金融活动。金融风险是金融活动的客观规律决定的：首先是因为金融业在经营过程中需要承受来自市场和借款人的双重不确定性；再者，金融风险具有传染性，不仅在金融体系内部传染，也会传导到经济中的其他部门。一家金融机构因经营不善而出现危机，就有可能动摇整个信用基础，造成挤兑，抛售证券等连锁反应，引发金融危机。而由于金融在整个经济运行中的核心地位，金融危机发生后又可能引发经济危机甚至是严重的政治危机。例如，2008年始发于美国的金融危机，最终导致全球经济的衰退，发展成全球经济大危机。受危机影响严重的美国和欧洲各国失业率居高不下，游行示威活动此起彼伏，社会动荡不安。

因此应当正确认识金融在现代经济中的地位和作用，处理好金融与经济发展的关系。在充分重视金融对经济发展的推动作用的同时，还要积极防范金融风险，最大程度减少金融对经济发展的不良影响。同时还要认识到，虽然金融是现代经济的核心，但金融与经济发展其实是相互融合、相互作用的，经济发展离不开金融的支持，但没有经济的发展，金融也犹如无源之水、无本之木。金融永远是为经济发展服务的，不能脱离经济发展，更不能凌驾于经济发展之上。

第 二 篇
货　币

◆ 第三章 ◆

货币及其职能

石头货币

在西太平洋卡罗莱群岛的角落,有一个偏远的岛屿叫雅普岛,它属于岛国密克罗尼西亚,官方流通的货币是美元,但雅普岛居民除使用美元外,也使用传统的石头货币。"石头币"为圆形,中间有一个大圆洞。石币大小不一,越大越值钱。2017年英国版《国际秘闻》将雅普岛现存石头币做了一个粗略统计,并指出 3000～5000枚中的 700 枚仍在使用中,主要集中在雅普主岛与 3 个外岛的 9 个部落内,这 9 个部落都将石头币当作先祖的荣耀,储存越多,家庭地位越高,话语权越多。石头货币一般放在居民家门口,有一些会藏在树林深处,多数存入每座村庄的石头货币"银行"。

美国曾经在 1960 年宣布石币不属于现代货币,但并没有禁止流通。岛上居民日常生活中不会轻易使用石头货币,只在婚嫁、赠礼等大事中使用。现存最大、历史最久的一枚石币被存放在雅普岛法尔梅德酋长家的院子里,高超过 3 米,重达 7吨(800 年前制作)。据酋长表示这枚石币可以用作迎娶 20 个土著妻子的聘礼,是酋长的父亲与外岛部落决战后赢来的。尺寸小一些的石币就没那么高价值了,比如碗口大小的只能买到一串香蕉。流通最多的主要是脸部大小的尺寸,主要用于婚嫁或部落间的馈赠等。超过 1 米直径的石头货币很少移动,尤其是那些特别沉重的石头。交易时,石头货币通常仍在原地,但需要在石头上做标记,表示主人发生变更。

雅普岛上的石头货币

为什么石头也能做货币？货币到底是如何起源的？我们今天使用的货币又是从何种形态一步步演变而来的呢？这就是本章要讨论的问题。

第一节　货币的起源

货币的界定

在西方，跟货币相对应的词是"Money"，而"Money"的含义很丰富，它可以指收入、硬币、钞票、财产、财富。在我们中国人的日常生活中，普通人谈到货币时，基本不用"货币"一词，因为它太专业化了，我们通常称之为"钱"。比如，"借我一点钱，过几天还你""这件衣服值多少钱"等。这时候的"钱"指的是一些硬币或纸币，也就是我们说的"现金"，在西方，称之为"通货"（Currency）。但有时候，"钱"又不仅仅指"现金"，比如，我们说："这家很有钱，他家有两套房子、三部车子，还有大量存款、股票"。这里的"钱"显然不仅仅是现金，还包括不动产、有价证券等，是财富的统称。可见，英语的"Money"和中文的"钱"含义都很丰富，也很相似。那么，货币在金融学中到底是怎么界定的呢？有人说，货币就是拿来买东西的，当然就是指现金。但是在实际经济运行过程中，可签发支票的存款、可以很方便变现的活期储蓄存款，以及其他容易转化成购买力的有价证券，都可以用来交换商品和劳务。所以，如果把货币仅仅定义为现金，就难以把货币与人们所进行的全部交换活动联系起来，这对于经济研究来说，显然是过于狭隘了。那可不可以干脆把货币定义为所有的财产？把货币的范围扩大到股票、债券、不动产等人们所拥有的所有财富？也就是用西方的"Money"和中文的"钱"来定义货币？如果采用这种宽泛的定义，那么在经济分析中就无法界定货币的基本特性，无法通过分析货币数量的变化来判断其与经济运行之间的联系。事实上，货币作为一般等价物，是社会财富的一般性代表，但货币并不等同于社会财富本身，它只是社会财富的一部分。因此，在金融学中货币有特定的含义，美国经济学家弗雷德里克·S.米什金将货币界定为："在产品和服务支付以及债务偿还中被普遍接受的东西。"[①]本书也采用这一定义。

货币的起源

萨缪尔森在其名著《经济学》有关货币的章节中，引用了金·哈伯特的一句名言："在一万人中只有一人懂得通货问题，而我们每天都碰到它。"有时候，我们最熟悉的，最习以为常的东西，往往是我们最不了解的，货币即如此。货币出现在人类社会已经有几千年的历史，它到底是如何产生的呢？对于这一问题，古今中外一直都有不同的看法。

中国古代主要有两种观点。一是"先王制币说"，意思是货币是帝王为了解决民间交换的困难而发明创造出来的。这种观点来源于《管子》。《管子·国蓄》中记载："玉起于禺氏，金起于汝汉，珠起于赤野。东西南北，距周七千八百里，水绝壤断，舟车不能通。先王为其途之远，其至之难，故托用于其重，以珠玉为上币，以黄金为中币，以刀布为下币。……以御民事，而平天下也。"这一观点影响深远，在唐朝时仍然占主流地位。唐朝陆贽在《均节赋税恤百姓六条》就表达了这样的思想："先王惧物之贵贱失平，而人之交易难准，又立货泉之法，以节轻重之宜。"另一观

---

① 弗雷德里克·S.米什金:货币金融学(第十一版)[M].北京:中国人民大学出版社,2016:43

点是西汉司马迁在《史记·平准书》中提出来的:"农工商交易之路通,而龟贝金钱刀布之币兴焉",认为货币是随着交换的发展而产生的,这种观点显然比"先王制币说"要先进客观得多。

西方则有创造发明说、便于交换说和保存财富说。创造发明说认为货币是国家或先哲创造出来的;便于交换说认为货币是为解决直接物物交换的困难而产生的。在《货币概论》一书中,《经济学人》编辑杰弗里·克劳瑟将货币描述为"某个懒惰天才划时代的发明"。因为他发现自己备受"如果 3 蒲式耳的玉米能换 5 根香蕉,20 根香蕉能换 1 头山羊,20 头山羊能换 1 张老虎皮,那么多少蒲式耳的玉米能换 1 张老虎皮?"这样的问题困扰。货币毫无疑问就是解决这类问题的最佳发明。保存财富说则认为货币是为保存财富而产生的。亚里士多德是最早描述货币起源的哲学家之一,他在《政治学》一书中明确指出货币是从物物交换中诞生的。17 世纪末 18 世纪初,威廉·配弟和杜尔阁开始从货币与一般商品的交换关系中探寻货币的起源,认为货币也是一种商品,并且本身也具有价值,所以才能和其他商品相交换。古典经济学的代表人物亚当·斯密肯定了货币的商品性,认为货币与商品的交换是等量劳动的交换,货币的价值是由其耗费的劳动量来决定的,货币价值与其他商品价值的比例取决于两者所包含的劳动量的比例。

马克思从辩证唯物主义和历史唯物主义的观点出发,以劳动价值论为基础,在批判与继承古典学派货币学说的基础上创立发展了货币理论,科学地揭示了货币的起源与本质,破解了货币之谜。

马克思研究货币起源是从分析商品开始的。马克思认为,货币的根源在于商品本身,货币是商品生产和商品交换发展的必然产物,是商品经济内在矛盾发展的必然结果。在人类几千年的商品生产和商品交换发展史上,商品的价值形式经历了四个阶段:简单的价值形式、扩大的价值形式、一般价值形式和货币形式。商品具有使用价值和价值双重属性:使用价值是商品的自然属性,比如衣服可以穿,面包可以吃,是商品价值的物质承担者;价值是商品的社会属性,是凝结在商品中的无差别的人类社会劳动,这种人类社会劳动看不见摸不着,只有通过交换才可以体现出来简单的或偶然的价值形式是指商品价值只是偶然地、简单地通过同另一个商品相交换表现出来。因为在生产力极其低下的情况下,剩余产品很少,交换也只是偶然才会发生。例如:1 只羊 = 2 把石斧,表明 1 只羊的价值和 2 把石斧的价值是相等的,1 只羊的价值通过 2 把石斧表现了出来。

随着生产力的发展,特别是人类两次社会大分工的出现,畜牧业和手工业分别从农业中分离出来,交换变得频繁而且成为生活的必需。这时一种商品已经不是偶然同另一种商品相交换,而是经常地和许多商品相交换了,价值形式也发展到第二阶段,这就是扩大的价值形式。这时 1 只羊可能和 2 把石斧交换,也可能和 1 袋粮食交换,还可能和 10 尺布相交换。由于每个人的需求不一样,交换变得越发困难,因为对方可能并不需要自己手里的东西,交换成功的前提是需求的双重巧合,因而,很多交换需要通过迂回的方式来解决。

如何解决这一交换中的问题呢? 人们从无数次的交换中逐渐发现,在某一时期、某一地区,总有一种商品是大家都愿意接受的。只要用自己的商品先换到这种大家普遍接受的商品,然后用这种商品再去换自己需要的东西,交易就能顺利达成。这种得到大家普遍认可的商品就自然而然地从许多商品中分离出来,变成其他商品交换的媒介,所有商品的价值都通过这种商品表现出来,这种价值形式就称为一般价值形式;作为交换媒介的商品就演变成了一般等价物。

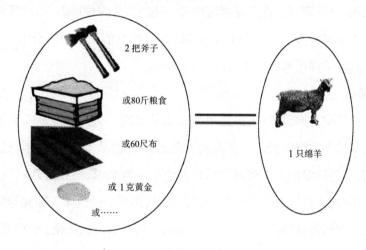

2 把斧子

或80斤粮食

或60尺布

或 1 克黄金

或……

1 只绵羊

一般价值形式

在各国历史上,盐、羊、布、农具等都曾充当过一般等价物。一般等价物具有地域性和不稳定性的特点,给商品流通带来一定的混乱,生产的发展必然要求突破一般等价物的这种局限性。当手工业日益进步,金、银、铜等金属的开采和加工成为可能后，一般等价物便长期固定在金属上，数量稀少的金、银和冶炼困难的铜逐渐成为主要的货币金属，某些国家和地区也使用过铁质货币。当某些金属取得了固定地担当一般等价物的独占权时，一般价值形式就发展成了货币形式。金属之所以能够成为货币，首先是因为它本身是商品，也有价值；其次，金银这些贵金属还具有体积小、价值大、便于携带、不易变质、易于分割等特性，最适合充当货币。因此，马克思认为货币的本质就是：固定充当一般等价物的特殊商品……

第二节　货币形态的演变

货币出现以后，其形态随着社会经济的发展经历了从低级向高级不断演变的过程，货币材质的改变是重要象征。因此，我们对货币形态的划分一般都以其材质为标准。按照材质的变化，货币发展到今天一共经历了两种形态：商品货币和信用货币。商品货币又可分为实物货币和金属货币两种；信用货币可分为银行券、纸币、存款货币、电子货币和数字货币。

实物货币

实物货币又称为原始货币，是货币的最原始形式。实物货币是以货币商品本身的价值为基础来进行交换的。在人类历史上，各种商品，如米、布、木材、贝壳、家畜、盐等都曾在不同时期内扮演过货币的角色。一般来说，游牧民族以牲畜、兽皮类商品做货币，而农业民族则以五谷、布帛、农具、陶器、海贝、珠玉等充当货币。公元前3000年，两河流域的苏美尔人就曾经用盐、牲畜、贝壳、羽毛、布料等做货币，古罗马士兵的军饷就是食用盐，拉丁文 Sal 的意思就是"盐"，英文工资"Salary"一词就是从 Sal 演变而来的。印度现代货币卢比（Rupee），其名称就来源于牲畜的古文 Rupye。根据《荷马史诗》的记载，牛也做过货币。比如，1 个工艺娴熟的女奴值4 头牛，而第一名角斗士的奖品是 12 头牛。到了 20 世纪，在一些发展滞后的国家和地区,还有用特殊形状的羽毛、矿石和金属制品作为货币的现象。在中国,大致在新石器时代晚期开始出现牲畜、龟背、农具等实物货币,夏商周时期是中国实物货币发展的鼎盛期,这一时期的实物货币主要是布帛、天然贝类等。用生活中的日常用

天然海贝

品作为货币固然比较方便,但很快暴露出问题:谷物容易腐烂,陶罐容易破碎,牛、猪等牲畜又太大不容易分开,而贝壳,由于具有体积小、便于计数、易携带,不易损坏等特点成为当时条件下货币的最佳选择。世界上的很多地方,都曾把贝壳当作货币来使用,比如当年西方殖民者进入美洲时,印第安人拒收金银,而是要求欧洲人使用 Wampumpeag(白贝壳串珠)来交易。

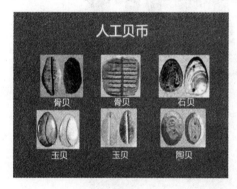
人工贝币

中国使用货币的历史长达五千年之久,是世界上最早使用货币的国家之一。贝是中国最早的货币,从古籍的记载,青铜器的铭文及夏、商等遗址中多次出土的大量海贝中都能得到证明,并且我国现代汉字中与财富有关的字都带有"贝"字部首,如"贪,贵,财、货、贷",等等。中国的贝币最开始是经过天然贝加工而成,到了商朝,由于商品流通增长速度快,对货币的需求量逐渐增多,天然贝币无法满足需求,于是出现了仿制贝。最初的仿制贝是石贝、骨贝、陶贝,以后发展到用铜来制造的铜贝。

金属货币

铜铸币的产生,使古代货币进入了由实物货币向金属货币过渡的新时期。充当货币的金属主要是金、银、铜,也有用铁等贱金属作为货币的,比如,我国宋朝时四川地区就长期使用铁钱,公元前6世纪的斯巴达也有使用铁钱的记载。铁钱笨重且价值低,又容易腐蚀,并非货币的最佳材质,使用时间不长,范围也有限。随着开采和冶炼技术的发展,货币材料逐渐固定为金、银、铜。最初,金属货币是以条块

形状流通的,使用时需要称量重量,鉴定成色,还需要进行切割,很不方便。于是人们开始把金属条块铸成一定形状、成色和重量的铸币,大大方便了流通。铸币是国家以形状、花纹、文字的形式做印记,以表明其重量和成色的金属货币。铸币的出现是货币发展史上一个巨大的进步,它奠定了货币制度的基础。我国从春秋时期开始进入金属铸币阶段,到战国时期已确立布币、刀币、蚁鼻钱、环钱四大货币体系。最初各诸侯国的铸币有各式各样的形式,但后来都逐步过渡到圆形,这是因为圆形最便于携带且不易磨损。比如中国的圆形方孔钱,是世界上最早由政府法定的货币,从秦朝统一货币时开始使用,一直沿用两千多年。

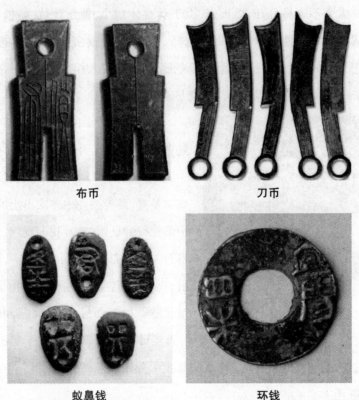

布币　　　　　　　　　　　　刀币

蚁鼻钱　　　　　　　　　　　　环钱

银行券和纸币

银行券最早出现于17世纪,是在商业票据流通的基础上产生的信用货币的一种。银行券的发行有黄金、白银做保证,持有人可以随时持券向发行银行兑取黄金或白银,它可以代替金属货币在流通中发挥作用,属于可兑现的信用货币,所以银行券又被称为代用货币。由于银行券的发行有贵金属做准备,因此不会过量发行。

正如马克思所说"只要银行券可以随时兑换货币,发行银行券的银行就决不能任意增加流通的银行券的数目。"①早期的银行券是由各商业银行发行的。19 世纪中叶以后,随着中央银行制度的建立,资本主义国家开始把银行券的发行权集中到中央银行或其指定的银行。第一次世界大战发生后,由于扩军备战的需要,各资本主义国家黄金储备日益减少,开始停止兑换银行券。到了 20 世纪 30 年代,世界经济大危机后,世界主要国家的银行券变得完全不可兑现。第二次世界大战后,布雷顿森林体系建立,除美元外,所有资本主义国家的货币都同黄金脱钩,由国家发行不可兑现的纸币作为流通手段。随着布雷顿森立体系的崩溃,美元也不再和黄金保持兑换关系,纸币已经成为当今世界各国普遍使用的货币形式。

纸币一般是中央银行或政府授权的银行发行,由国家权力强制流通,其基本保证是国家的信誉和银行的信誉,体现的是货币持有人和国家之间的债权债务关系。纸币的发行没有黄金白银做保证,是一种不可兑现的信用货币。跟金属货币比起来,纸币最大的优势是发行成本低,易于携带、运输和保管。世界上最早的纸币是我国北宋时期四川成都的"交子",最初的交子是一种存款凭证。北宋初年,四川流通的是铁钱,铁钱价值低且笨重,给大额和远程交易带来很大的困难,为了解决长途携带现金的费用和安全问题,商人们便把现金交付给交子铺,铺户把存款数额填写在楮纸制作的纸卷上,再交还存款人,并收取一定保管费,这种临时填写存款金额的纸券就是交子。交子铺由许多商人联合成立,并在各地设分铺,可以随到随取,商人之间的大额交易就渐渐直接用交子来结算,大大减少了铸币搬运的麻烦。最初的交子由商人自由发行,后来由于交子铺管理混乱,常常由于不能保证兑换而引起大量争端,于是从 1023 年开始,朝廷禁止商人发行交子,改由政府统一发行,称为"官交子"。北宋的交子已经初步具备了现代纸币的各种基本要素,交子的使用说明当时我国在经济金融领域的发展领先于世界,将还处在黑暗的中世纪的欧洲远远抛在后面。交子是中国古代劳动人民智慧的结晶,是中国最早由政府正式发行的纸币,也是世界上最早使用的纸币,比西方国家发行纸币要早六七百年。首次在欧洲使用的纸币是 1661 年由瑞典银行发行的。

① 马克思,恩格斯.马克思恩格斯全集:第 25 卷[M]. 北京:人民出版社,2001:594

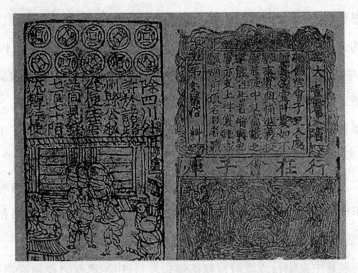

北宋交子

近代中国在 19 世纪末才开始出现银行券,但没有兑现保证。1935 年,国民党政权授权中央银行、中国银行、交通银行和农民银行联合发行法币,是不兑现的纸制货币。1948 年 12 月 1 日,中国人民银行成立并发行第一套人民币,也采用不兑现的信用货币形式。

电子货币

电子货币以电子计算机技术为依托,在互联网上或通过其他电子通信方式进行储存、支付和流通的信用支付工具。实际上就是电子化的纸币,包括借记卡、信用卡、银行卡以及近几年发展起来的支付宝、微信支付等。但需要说明的是,这些电子货币无论以什么为介质,具体形态如何,通过哪些机构流通,其最初的源头都是中央银行发行的纸币,其实就是货币持有者向发行电子货币的金融机构交存传统货币,金融机构把等量的传统货币以电子形式储存在消费者持有的电子设备中。电子货币防伪造、防重复,使用安全、支付灵活方便,大大节省了交易费用,已经成为现代经济运行中广泛使用的支付方式,并在经济生活中发挥越来越大的作用。

数字货币

数字货币是近年来随着互联网的发展而诞生的一个新生事物。广义的数字货币指电子形式的替代货币,包括数字金币、密码货币、虚拟货币。数字货币有的由特定发行机构发行,比如数字金币;有的由网络节点的计算生成,比如比特币;有的由门户网站或游戏运营商发行,比如腾讯的 Q 币、百度的百度币、脸书的 F 币、盛大公司的点券等。但本书中讲的数字货币有特定的含义,特指央行发行的数字货币,英文名为 DC/EP(Digital Currency/Electronic Payment),即数字货币和电子支付工具,是纸钞的数字化替代。央行发行的数字货币的功能和属性跟纸钞完全一样,只不过它的形态是数字化的。

我国对数字货币的研究开展得比较早。2016 年 1 月,央行就召开了数字货币研讨会,成立了专门的研究团队。当前,我国数字货币已经进入内测阶段。未来其发行将保持现有的货币投放路径和体系,采取"双层运营"投放方式,即人民银行对商业银行,商业银行对公众,不直接对公众发行数字货币。对于用户来说,只要下载一个 App,注册一下 DC/EP 的数字钱包,就可以使用了。虽然用户的使用体验跟现在使用支付宝和微信支付没有太大区别,但央行数字货币是法定货币,而微信支付和支付宝只是一种支付方式;数字货币具有无限法偿性,谁都不能拒绝接受,具有强制性,但支付宝或微信支付可以由商户或个人自由选择使用与否。所以,央行数字货币和微信、支付宝还是有本质区别的。

数字货币的出现首先是因为互联网技术的发展,为数字货币的发行提供了技术条件和生存环境,特别是网络金融的普及,让数字货币的发行越来越现实。其次,数字货币的使用有很多好处:可以减少纸币的发行成本,解决纸币的防伪问题,更提高了监管的透明度,有助于打击洗钱、偷税漏税、恐怖组织融资等违法犯罪行为,提高金融监管效率。

第三节 货币的职能

货币的职能是货币本身的功能,也是货币本质的具体体现。马克思认为,在金属货币制度下,货币具有价值尺度、流通手段、贮藏手段、支付手段和世界货币五大职能。

价值尺度

价值尺度是指货币用来衡量和表现商品价值的职能,这是货币的首要职能。两种不同的商品之所以能实现交换,是因为它们的价值相等。在货币没有出现之前的物物交换时代,一种商品的价值是通过同另一种商品相交换而表现出来的;货币产生以后,所有商品的价值都由货币来表现,商品价值的大小就表现为货币的多少。商品价值的货币表现就是价格。价格同时也反映着货币购买力的大小。商品价格升高,证明货币购买力在降低;商品价格下降,说明货币购买力在提高。金属货币制度下,货币之所以具有价值尺度的职能,是因为货币本身也是商品,具有价值,正如衡量长度的尺子本身有长度,称东西的砝码本身有重量一样。而现代各国使用的纸币,本身没有价值,但在现实中我们仍然用它来确定商品的价格,它们实际上也发挥着价值尺度的职能。纸币的价值其实是国家强制力赋予的,凭借国家的强制力也可以衡量其他商品价值的大小。

流通手段

货币在商品流通中承担交易媒介作用时,执行的就是流通手段职能。货币没有出现之前,人们想要得到某种商品,必须拿着自己的商品去和拥有这种商品并且也需要自己商品的人去交换。有了货币以后,交换就变成商品所有者先和货币交换,这就是"卖",然后再拿着货币去市场上交换自己所需要的东西,这就是"买"。买卖完成后,商品退出交易过程,货币或暂时退出交易,或继续参与下一个交换活动。凡是有商品交换发生时,就必然有货币参与其中,充当媒介。在市场上,以货币为媒介的商品交换是连续不断的,这个过程就叫商品流通。货币作为流通手段,不断地从购买者手中转移到出卖者手中,这种不断的转手就形成货币流通。

贮藏手段

贮藏手段是指货币退出流通领域充当独立的价值形式和社会财富的一般代表而储存起来的一种职能。通常情况下,人们不会在取得收入当日就立刻将其全部花掉,而是等到有需要时再消费。货币的这种职能就帮助人们实现了这样的愿望,货币的贮藏实际上是实现了跨越时间段的购买力的贮藏,所以,贮藏货币实际上也就变成了一种贮藏财富的手段。其实,除了保存货币以外,财富还可以有很多种保存形态,比如:房产、股票珠宝、土地等。不同的财富贮藏方法各有优势:房产、土地能升值,股票有红利,而贮藏货币最大的好处就是持有流动性,可以随时进行消费,换回自己所需的商品和服务。但是,需要注意的是,马克思所讲的贮藏手段是指金属货币的职能。在不兑现的信用货币制度下,如果纸币发行过多,造成通货膨胀,购买力下降,用货币形式保存的财富就会缩水,因此,纸币发挥贮藏手段的职能是有前提的,那就是物价稳定。

支付手段

支付手段是指货币作为独立的价值形式进行单方面运动时所执行的职能。货币发挥支付手段职能时,等值的商品和货币不会在交换过程中作相向运动,它们不会同时出现在交换过程中,货币不再是交换的媒介,而变成了一种价值的单方面转移。也就是说,买方可以先得到商品或劳务,再支付货币,或者先预支货币,再获取商品或劳务。在货币发挥支付手段职能的时候,买者和卖者的关系已经不是简单的买卖关系,而是一种债权债务关系。货币支付手段的职能是随着市场经济发展的需要而产生的。在市场经济中,货币发挥支付手段职能的运用越来越广泛。大额贸易的延期支付,商品的赊销赊购,财政的收入支出,清偿债务、缴纳税款、支付工资和租金等都离不开货币的支付手段职能。

世界货币

当货币越过国界,在世界范围内发挥职能时,就成为世界货币。马克思认为,作为世界货币,必须是足值的金和银,而且必须脱去铸币的地域性外衣,以贵金属本身的价值发挥作用,也就是其本身的成色和重量,以金块、银块的形状出现。原来在各国国内发挥作用的带有国别印记的铸币以及纸币等在世界市场上都会失去作用。但是,在黄金非货币化,各国都实行不兑现的信用货币制度下,能够被各国普遍接受的货币也可以在世界范围内发挥货币的各项职能,如美元、欧元、日元等。任何一个国家的货币,只要具备一定的条件,能被各国共同接受,都可以成为世界货币。

随着中国经济实力的不断增强和贸易地位的不断提升,以及出境旅游、边境贸易的发展,人民币的流通范围也在不断扩大。目前,中国香港、中国澳门地区以及与我国接壤的国家如朝鲜、越南、蒙古国等,人民币基本上可以全境使用,不少国家的高端商场也直接收取人民币。在东南亚一带,人民币非常受欢迎。人民币已经成为区域性世界货币。尽管目前人民币境外部分地区的流通并不等于人民币已经国际化了,但随着各项条件的成熟,人民币境外流通范围的继续扩大,人民币必然会完成国际化进程,成为完全的世界货币。

第四节 树立正确的金钱观

认清金钱的本质

货币自出现以后,就笼罩上了一层神秘的色彩,那是因为货币随时随地能换来人们想要的东西。"有钱能使鬼推磨"便是人们对金钱疯狂崇拜的写照。的确,对于生活在现代社会的人来说,吃喝玩乐,衣食住行等,样样离不开它,没有钱,生活几乎无法继续,钱似乎是万能的。但事实并非如此,通过学习马克思关于货币的理论,我们就能透过金钱的魔力,揭开它神秘的面纱,发现它的本质不过是充当一般等价物的特殊商品,金钱的魔力来自交换,而金钱本身作为物质财富的载体,也是人类创造,并为人类服务的,人类应当是金钱的主人,而不是金钱的奴隶。美国的心理学研究得出一个结论:年薪四万美元人的和年薪八万美元的人幸福感并没有太大的区别。也就是说,并不是钱越多,人就会越幸福快乐,钱换不来所有的东西。一个人即使有很多钱,但如果精神世界空虚,或者生活并不自由,那么就绝不会有幸福,有时甚至是痛苦的。比如,《红楼梦》里的贾宝玉,出生在一个富贵的家庭,从小锦衣玉食,从不差钱,按理说他应该很快乐、满足、幸福,但事实并非如此,他有钱,但钱换不来他的自由,他甚至连选择自己爱人的权利和机会都没有,因此,他不幸福。但是,现代生活中又的确离不开钱,那么到底该以什么样的态度对待金钱呢?

理性看待金钱

唐朝名臣张说仿造《神农本草经》体式与语调撰著了一篇怎样看待金钱的文章,叫《钱本草》。全文总共只有 200 多字,却把钱的性质、利弊、积散之道描写得淋漓尽致。张说把钱比作一种草药,用草药的药理说明钱财既不是好的东西,也不是不好的东西,如果人们用好了,就像草药一样可以治病,如果用不好,它就会变成毒药,会伤害性命。小仲马也说过:"不要太把金钱当回事,也不要不把钱当回事,它值多少就多少。"所以,金钱并非万恶之源,重要的是如何去看待它。对待金钱要有一种正确的认识。既不能像晋朝的王夷甫那样把它蔑称为"阿堵物",连碰也不愿碰,也不能为它而疯狂,既要认识货币在经济生活中的作用,又不盲目崇拜金钱。

积财有方 用财有术

树立正确的金钱观,能指导我们通过法律的正当途径挣钱。只要合乎道德和法律,赚取再多的金钱都是值得鼓励的。孔子说:"富而可求也,虽执鞭之士,吾亦为之。如不可求,从吾所好。"意思是说:如果富贵合乎道就可以去追求,虽然是给人执鞭的下等差事,我也愿意去做。如果富贵不合于道就不必去追求,那就还是按我的爱好去干事。孔子不反对做官,不反对发财,但必须符合于道,这是原则问题。亚当·斯密也认为,个人对利益和财富的追求驱使人们劳动,调动了人的积极性、创造性,在满足自己各种需要的同时,也提高了生产效率,推动了社会发展。

金钱是我们过上理想生活,获得快乐幸福的手段,钱不在于多少,而在于能否满足生活需要。因此,怎么用钱也很重要,做理智的消费者,量入为出,适度消费;不攀比,不盲从。孔子曾这样称赞学生颜回:"一箪食,一瓢饮,在陋巷,人不堪其忧,回也不改其乐。"意思是说,每天一碗饭,一瓢水,住在简陋的地方,也未必就不能快乐。说明精神享受是一个更高级、更持久、更美好的享受。总而言之,我们对钱的态度应是:君子爱财,取之有道,用之有益,用之有度。

我国无现金社会能成为现实吗?

近年来,我国非现金支付发展速度很快,已逐步形成了以银行卡和票据为主体、以电子支付为发展方向的多样化非现金支付体系。越来越多的人开启了无现金生活模式,出门不需要带现金,只要带个手机就可以解决所有的支付问题。无现金社会似乎离我们已经越来越近。无现金时代是对传统银行业以及支付方式的颠覆,也是对人们传统现金生活方式的颠覆。无现金社会不需要使用现金,相比于普遍使用现金支付的生活方式有着种种优越性。首先,无现金社会可以省去印制钞票的成本和资源,节省大量的人力,物力、财力。其次,无现金社会还可以降低疾病传播的风险。纸币上的微生物不仅数量多,而且种类繁杂,钞票在流通中的多次转手,会成为传播疾病的重要途径。另外,无现金社会解决了长期以来一直无法彻底解决的钞票防伪问题。虽然钞票防伪技术一再升级,但假币的以假乱真技术也在不断升级,甚至到了连验钞机都能蒙混过关的地步,无现金社会根本不需要使用现金,就完美地解决了这一问题。这也是世界各国都在积极研发数字货币的重要原因。

但是,无现金社会也有很多弊端。第一,面临安全问题。由于电子支付的每一笔交易都能被追踪,这极易导致个人隐私受到侵犯。事实上,近年来不断攀升的电子支付和网上银行诈骗案即是无现金社会首先需要面临的挑战。第二,无法解决特殊群体的使用困难。处在不发达地区的人们和老弱病残人群、小摊贩之类,可能没有能力在银行开户,也可能没有手机或者不会使用手机进行支付,无现金社会将会使他们面临各种支付问题。第三,无法应对意外情况。比如,出现网络故障,或者光纤和终端设施遭到破坏,或者系统遭遇黑客攻击,都会导致金融流通和支付陷于瘫痪境地,甚至导致个人账户资金的损失,影响社会的正常生活。

所以,无现金社会利弊并存,在各方面技术没有完全成熟,安全保障措施没有完善之前,全面推进"无现金社会",不仅会增加金融风险,还会强行将部分人排除在现代社会之外,造成新的不公平。虽然未来非现金支付会越来越广泛,但现金支付和非现金支付以及其他多种结算方式仍将长期并存。正如马克·吐温所说:"对现金消亡的判断是夸大其词了。"

第四章

货币制度

第一节　货币制度的内容

货币制度是国家对货币的材料、货币流通的组织与管理等问题以法律的形式加以规定而形成的一系列规则、规章的总称。货币制度是随着商品经济的发展而逐步产生和发展的,早期的货币流通处于分散和混乱的状态:币材不统一、单位不统一、铸造不统一、流通范围有限,严重制约了商品生产和商品流通的发展。到近代形成比较规范的制度后,货币的各项职能才得以稳定发挥。当国际贸易日益发展,国与国之间的政治、经济、文化交流日益广泛时,货币如何在世界范围内顺利流通就成为急需解决的问题。于是,各国开始协商确定哪种货币可以在世界范围内使用,各国货币之间如何兑换等问题,从而形成了国际货币制度。关于国际货币制度,将在本书的第十八章作详细介绍。

货币制度主要包括六个方面的内容:货币材料的规定、货币单位的规定、流通中主币和辅币的规定、货币法定支付偿还能力的规定、货币铸造发行和货币发行准备制度的规定。

货币材料的规定

货币材料就是制造货币的材料。在金属货币制度之下,货币是由金、银或者铜、铁做成。世界上许多国家都曾经长期以金属作为货币材料,一个国家的主要货币用什么材料,就构成相应的货币本位。比如,在铜本位制度下,主要货币的材料就是铜;在银本位制度下,主要货币的材料就是白银;在金本位制度下,主要货币的材料就是黄金。确定用什么金属作为货币材料是建立货币制度的首要步骤。但是,一个国家或地区在一定时期选择什么金属做货币材料受到客观经济发展条件以及资源禀赋的制约,不是国家可以任意指定的,所以,对货币材料的规定其实是国家对已经形成的客观现实在法律上加以肯定。目前各国都实行不兑现的信用货币制度,对货币材料不再做明确规定。

货币单位的规定

货币单位就是货币本身的计量单位。规定货币单位,即规定货币单位的名称和货币单位的"值"。货币单位的名称起源于商品货币的单位及其重量,比如,英镑的"镑"由英文"Pound"翻译而来,是一种重量单位,大约等于0.454千克,同时还规定货币单位及其等分之间的兑换关系,比如说圆、角、分的兑换关系,英镑和便士的兑换关系。后来货币的单位和重量与名称脱离,有的重新命名,有的原名不变,但内容发生了变化,目前大部分国家货币的名称都是国家的名称加上货币单位的名称,比如美元、加元、日元和韩元,也有的是不采用国名加货币名称的,比如说人民币、卢布。在金属货币制度之下,货币单位的值是每个货币单位包含的货币金属重量和成色。如在1929年大危机之前,英国规定1英镑金币的重量为123.27447格令(Grain),成色为0.91667,即1英镑的纯含金量为113.00201格令(123.27447×0.91667);美国规定1美元的重量为25.8格令,成色为0.9000,则含金量为纯金23.22格令(25.8×0.9000)。中国在1914年规定1银圆的含银量为0.648两。而在当代不兑现的纸币流通条件下,各国货币都没有含金量的规定,确定货币单位的值是为了确定或维持本币的汇率。

流通中主币和辅币的规定

流通领域的货币可以分为主币和辅币。主币就是本位币,是指一个国家的基本通货和法定的计价结算单位。在金属货币制度下,主币是用国家规定的货币材料按照国家规定的货币单位铸造的货币,主币的面值与其所含实际金属价值一致,是足值货币。主币单位以下的小面额货币就是辅币,辅币是主币的等分,一般为主币面值的 1%、10%、5%、50% 等几种,供日常零星交易与找零之用。辅币的币材主要使用铜和铁等贱金属,其实际价值低于名义价值,是不足值货币,由国家垄断铸造,并按国家规定的价值流通。在信用货币制度下,主币和辅币的发行权都集中在中央银行或政府指定的机构。

货币法定支付偿还能力的规定

货币法定支付偿还能力分为无限法偿和有限法偿。无限法偿是指国家法律规定,某种货币不论用于何种用途的支付,也不论支付金额有多大,对方都不得拒绝接受;有限法偿则是规定某种货币在一次性支付中有法定支付限额,若超过限额,对方可以拒绝接受。金属货币制度下,主币具有无限法偿能力,辅币则是有限法偿。比如,民国三年(1914)二月,北洋政府为了整顿币制、颁布《国币条例》十三条,决定实行银本位制度,《国币条例》规定:"一圆银币用数无限制",即一圆银币为无限法偿的本位货币。

在现代信用货币制度之下,国家对主币和辅币法定支付偿还能力的规定不是十分明确和绝对。一般来说纸币不论主币还是辅币都是无限法偿。比如,我国的人民币主币"元"和辅币"角""分",只规定它们都是法定货币,具有法定支付偿还能力,至于是无限法偿还是有限法偿,未作明确规定。

货币的铸造发行的规定

货币的铸造发行是指金属货币制度下的自由铸造与限制铸造,信用货币制度下的分散发行与集中垄断发行。自由铸造是指任何公民都有权用国家规定的货币材料,按照国家规定的货币单位在国家造币厂铸造铸币,也有权把铸币融化成金属条块。自由铸造并非完全"自由",必须是送到国家指定的造币机构,不能私自铸造。铸币一般都是自由铸造。限制铸造是指只能由国家统一铸造,辅币都是限制铸造。

在信用货币制度下,货币的发行有分散发行和集中垄断发行之分。分散发行指各商业银行都可以自主发行,早期信用货币,比如银行券,都是分散发行的。但有的商业银行资金实力不足,信誉不佳,因而其发行的货币流通领域狭窄,甚至无法兑换成金属货币,给货币流通造成了极大混乱,因此,在中央银行制度建立以后,各国信用货币的发行权都集中于中央银行或政府指定的机构,不再实行分散发行。当代不兑现的信用货币制度下,货币的发行权也都集中在中央银行或指定机构。比如,人民币由中国人民银行发行;港币由指定的汇丰、渣打、中国银行三家商业银行发行,香港特别行政区政府也可以发行港币,但发行面额限于10元以下。

货币发行准备制度的规定

货币发行准备制度是要求货币发行机构在发行货币时,以某种金属或资产作为发行的准备。目的是约束货币发行规模,维护货币价值的稳定和信誉。在金属货币制度下,为了避免银行券过多发行,保证银行券信誉,发行货币必须以法律规定的贵金属作为发行准备,按照银行券的实际规模准备一定数量的黄金或白银,一般都是百分之百的准备,以保证银行券能随时兑换等值的金属货币。在现代不兑现的信用货币制度下,各国货币发行准备制度已经与贵金属脱钩,形式变得多样,包括黄金、外汇、有价证券,也有用物资做准备的。

中国早在2000多年前就有了货币制度。战国时期,秦国的货币只有面值,没有地名,说明货币的铸造是由王室垄断的,秦国不许郡县擅自铸钱,也严禁私人铸钱,在《云梦秦简》中就有严惩私铸钱的案例。秦始皇在统一全国后即制定了统一的货币制度:规定货币的铸造方式、币材,以及货币单位;规定铸币由国家统一铸造,严禁私人铸币;规定全国只能使用两种货币,以黄金为材料的是上币,以铜为材料的圆形方孔钱是下币;铜钱的重量统一为半两,又称"半两钱"。秦朝较完善的货币制度,结束了战国时期各国货币铸造不统一、重量不一致的混乱状态,而外圆内方的半两钱也奠定了历朝铜钱的基本形式,这种圆形方孔钱一直流行了2000多年,对后世的货币制度影响深远,已经成为中国货币的象征。

第二节　货币制度的类型

　　根据货币制度作用的范围,可以把货币制度分为国际货币制度、区域性货币制度和国家货币制度。

国际货币制度

　　国际货币制度也称国际货币体系,是各国为了解决国际结算中的一系列问题,对货币兑换、国际资金流动及债权债务关系清算等做出的安排。国际货币体系对国际经济贸易的发展及国际金融活动的正常运行有着十分重要的作用。

区域性货币制度

　　区域性货币制度是指由某个区域内的若干国家组成一个货币区,使用统一的货币,该货币由各国联合组建的中央银行负责统一发行与管理。区域性货币制度以货币一体化理论为依据,最具代表性的就是 1961 年西方经济学家罗伯特·蒙代尔提出的"最适度货币区理论"。"区域"就是指最适度货币区。他认为最适度货币区不是按国家边界划定的,而是由地理区域限定。欧洲各国历史文化背景相似,经济发展水平、通货膨胀率接近,经济政策比较协调,具有建立最适度货币区的先天条件。欧洲货币制度的建立和欧元的正式启动,标志着现代货币制度进入了一个新的发展阶段。目前区域性货币制度主要有欧洲货币联盟(欧元)、西非货币联盟制度(西非法郎)、中非货币联盟制度(中非法郎)、东加勒比海货币联盟制度(东加勒比元)、太平洋货币联盟制度(太平洋结算法郎)等。

国家货币制度

　　国家货币制度是指一国以法律的形式对该国货币流通的规则、结构和组织机构体系做出的一系列规定,作用范围仅限于国内。国家货币制度源于国家对铸币铸造的垄断,完善规范的国家货币制度是 16 世纪以后随着资本主义制度的产生而出现的。国家货币制度又可分为金属货币制度和不兑现的信用货币制度两大类。金属货币制度又分为单本位制和复本位制。单本位制是指由国家法律规定以某一种金属作为本位货币的货币制度,实行单本位制时,本位货币是由一定重量或成色的白银或黄金铸造而成的具有一定形状的铸币,可以自由铸造,具有无限法偿能力;流通中的货币除本位币之外,还有作为零星交易和找零用的辅币,它们由铜或铁等贱金属铸造,只有有限法偿能力,由国家垄断铸造。历史上曾实行过的单本位制有银本位制和金本位制两种类型,规定用白银作为本位货币的制度就是银本位制,规定用黄金作为本位货币的制度就是金本位制。

金本位制又可分为金币本位、金块本位和金汇兑本位三种。金币本位制是一种典型的金本位制。其主要特点有:金币可以自由铸造、自由熔化;银行券可以自由兑换黄金或金币;黄金可以自由输出入。在实行金本位制的国家之间,汇率由各国货币所含黄金量的比值决定,称为铸币平价或金平价。1816 年,英国率先实行金币本位,19 世纪 70 年代以后欧美各国和日本等国相继仿效,金币本位制开始成为世界范围内占主导地位的货币制度。

金块本位制又称生金本位制,是指一国国内不再铸造、流通金币,以纸币或银行券作为流通货币,规定纸币或银行券的含金量,纸币或银行券可以兑换为黄金,但必须是持有本位币的含金量达到一定数额后才能兑换金块,其实是一种有限制的兑换。在金块本位制下,由政府集中黄金储备,金币的铸造和流通以及黄金的自由输出入已被禁止,金块本位制度实际上是一种残缺不全的且不稳定的金本位制度,是在第一次世界大战以后,在资本主义相对稳定时期(1924—1928 年),各资本主义国家为恢复金本位制,稳定其通货而建立的一种没有金币流通的金本位。实行金块本位制的国家主要有英国、法国、美国等。

金汇兑本位制又称虚金本位制,是指国内不铸造不使用金币,以银行券为流通货币,银行券有法定含金量的规定,但不能直接兑换黄金,只能兑换指定国家的外汇,通过外汇可以在国外兑换黄金的货币制度。实行金汇兑本位制的国家,本国货币与某一实行金块本位制或金本位制国家的货币保持固定汇价,以存放外汇资产作为发行货币的准备金。二战以后建立起来的布雷顿森林体系,其实就是一种金汇兑本位制。金块本位制和金汇兑本位制是在金本位制的稳定性因素受到破坏后出现的两种不健全的金本位制,这两种货币制度随着布雷顿森林体系的解体而逐步消失。

复本位制又称金银复本位制。是指金银两种金属同时做本位货币的货币制度。在这种货币制度下,金银两种铸币都是本位币,都可以自由铸造,都具有无限法偿能力。复本位制有两种形式:一种是平行本位制,另一种是双本位制。平行本位制是指金银两种铸币按其各自实际价值流通,国家不规定两种货币之间的比价。英国曾于1663年发行金币时规定基尼金币与先令银币同时在市场上流通,实行的就是这种平行本位制度。平行本位制的最大缺点就是一件商品同时拥有金币和银币两种价格,而金币价格和银币价格会不断发生变化,从而造成商品价格的不断变化,对商品流通和经济发展造成了极大的干扰。为了解决这一问题,便诞生了双本位制。双本位制是指金银两种货币按国家法定比价流通。比如1792年,美国颁布《铸币法案》,采用双本位制,规定金和银的比价为1单位纯金等于15单位纯银。一美元折合371.25格令(24.057克)纯银或24.75格令(1.6038克)纯金。在双本位制下,金银有政府法定的兑换比率,也有市场形成的兑换比率。金银的市场比价会因为供求关系而不断变化。当黄金的市场实际价值高于法定价值时,黄金便成为"良币"被普遍收藏起来,逐步从市场上消失,最终被驱逐出流通领域,而市场实际价值低于法定价值的白银便成为"劣币",在市场上越来越多,同样,当白银的市场实际价值高于法定价值时,白银便成为"良币"被普遍收藏起来,而黄金则变成"劣币",在市场上越来越多。这种良币退藏,劣币充斥的现象最早是由400多年前的英国经济学家格雷欣发现的,因此又被称为格雷欣法则。双本位制下金银交替成为"良币"或"劣币",给货币流通和商品交易带来极大的混乱,严重扰乱了市场秩序,是一种不稳定的货币制度。与复本位制相比,单本位制则具有相对稳定性。但复本位制也有其优势,其最大的优点就是解决了单本位制下由于金属开采冶炼的滞后而造成流通领域货币缺乏的现象。

不兑现的信用货币制度又称不兑现本位制或不兑现的纸币流通制度,是一种不规定含金量,不能兑现黄金、通过信用渠道发行,凭借国家信用和国家强制力流通的货币制度。不兑现的信用货币制度下,主币是以纸为币材,辅币一般是由钢、铝等合金材料制成,材料来源充足,而且成本很低。因此不兑现的信用货币制度的最大好处就是使商品流通和经济发展摆脱了贵金属的限制,解决了贵金属贮藏量和产量的有限性与商品生产和流通规模不断扩大的矛盾。货币的发行因此变得灵活方便,国家随时可以根据经济发展的需要来管理和调控货币。但是,由于纸币本身没有价值,不能自动退出流通领域被当作财富贮藏,所以当国家通过信用程序所投放的货币超过了商品流通和货币客观需要量时,就会导致物价上涨,纸币贬值,这是不兑现的信用货币制度下特有的经济现象。

◆ 第 五 章 ◆

外汇和汇率

第一节　外汇和外汇管理

外汇

外汇具有动态和静态两种含义:动态的"外汇"是指把一国货币兑换成另一国货币的交易行为;静态的"外汇"是指外币或用外币表示的,可以用来实现国际清偿的支付手段和资产。静态的外汇又有狭义和广义之分,狭义的外汇是指能够直接用于国际清算的支付手段;广义的外汇是指一切以外币表示的金融资产。2008年新修订的《中华人民共和国外汇管理条例》指出,外汇是指以外币表示的可以用作国际清偿的支付手段和资产:具体包括(1)外币现钞,包括纸币和铸币;(2)外币支付凭证或者支付工具,包括票据、银行存款凭证、银行卡等;(3)外币有价证券,包括债券、股票等;(4)特别提款权;(5)其他外汇资产。在外汇交易市场上,为了提高交易的运作效率,每种货币都有一个标准代号和符号,例如美元,代号:USD,

符号:US $;欧元,代号:EUR,符号:€;日元,代号:JPY,符号:JP ¥;英镑,代号:
GBP,符号:£;港元,代号:HKD,符号:HK $;人民币,代号:CNY,货币符号:¥ 。

外汇管理

外汇管理广义上指一国的中央银行或专门的外汇管理机构,对外汇的收支、买卖、转移以及国际结算、外汇汇率和外汇市场等实行控制和管理的行为。对外汇实行管理是现代各国普遍的做法,但管理的具体内容和宽严程度有所不同。一般来说,外汇储备较少的国家一般实行较严格的管理,外汇充足的国家管理较宽松,甚至基本不管理。各国外汇管理制度按照宽严程度可分为三种类型:第一种是对经常项目和资本项目都实行管理,这是一种较严格的管理制度,又被称为"外汇管制"。实行这种外汇管理制度的国家通常经济比较落后,外汇资金短缺,通过这种严格的管理方式可以有效避免汇率波动和外汇流失,以保证国内经济的稳定发展。第二种是对经营项目的外汇交易不加限制,但对资本项目的外汇交易进行一定的限制。第三种是完全自由型,即对经常项目和资本项目的外汇交易均不进行限制,外汇可自由兑换、实行金融自由化。通常外汇储备丰富的发达国家采用这种管理方式。(经常项目、资本项目的概念将在本书第十八章"国际收支"中具体阐述)

1994 年我国实现经常项目有条件可兑换,取消对中资企业贸易及与贸易有关的非贸易经营性用汇限制。1996 年 12 月我国宣布接受国际货币基金组织第八条款,实现人民币经常项目可兑换,即本国居民可在国际收支经常项目下将本国货币自由兑换成其所需的货币,国家对经常项目国际支付和转移不再限制。当前,我国正按照"先流入后流出、先长期后短期、先直接后间接、先机构后个人"的思路,稳妥有序推进资本项目开放。

第二节　汇率及其决定

汇率

汇率亦称"外汇行市"或"汇价"，是一国货币兑换另一国货币的比率，是用一种货币表示的另一种货币的价格。汇率有三种表示方法，第一种是直接标价法，以一定单位的（1 或 100 等）外国货币作为标准，折成若干单位的本国货币的标价方法。目前，世界上绝大多数国家采用直接标价法。第二种是间接标价法，以一定单位的（1 或 100 等）本国货币作为标准，折成若干单位外国货币的标价方法。英国、美国、欧元区、新西兰、加拿大等使用间接标价法。第三种美元标价法又称纽约标价法，是指在纽约国际金融市场上，除对英镑用直接标价法外，对其他外国货币都用间接标价法。美元标价法由美国在 1978 年 9 月 1 日制定并执行，目前是国际金融市场上通行的标价法。

汇率按不同的标准可以分为不同的类型。

基本汇率和套算汇率。基本汇率是本币与某种关键货币的比价。美元是国际支付中使用较多的货币，大部分国家都把美元作为关键货币，把对美元的汇率作为基本汇率。根据基本汇率，再根据国际外汇市场上美元与其他国家货币的汇率，就可以套算出本国与这个国家货币的汇率，这种汇率就叫套算汇率。

买入汇率、卖出汇率、中间汇率和现钞汇率

买入汇率是银行向同业或客户买入外汇时所使用的汇率。卖出汇率是银行向同业或客户卖出外汇时所使用的汇率。买入汇率和卖出汇率之间的差价就是银行买卖外汇的收益。中间汇率是买入汇率和卖出汇率的平均数，这种汇率一般用于新闻报道，衡量、预测汇率变动的幅度和趋势，银行间外汇头寸的结算等。现钞汇率是银行在收兑外币现钞时使用的汇率，价格稍低于其他外汇形式的买入汇率。

因为大部分国家都不允许外国货币在本国流通,因此银行需要把买入的外币现钞运送到发行国或能流通的地区去,这就要花费一定的运费和保险费,这些费用需要通过降低买入汇率的方式来转嫁给客户。

电汇汇率、信汇汇率和票汇汇率

电汇汇率是经营外汇业务的本国银行在卖出外汇后,即以电报委托其国外分支机构或代理行付款给收款人所使用的一种汇率,由于电汇付款快,银行无法占用客户资金,同时,国际的电报费用较高,所以电汇汇率较一般汇率高。电汇方式调拨资金速度快,有利于加速国际资金周转,在外汇交易中占有较高的比重。信汇汇率是银行开具付款委托书,用信函方式通过邮局寄给付款地银行转付收款人所使用的一种汇率,由于付款委托书的邮递需要一定的时间,银行在这段时间内可以占用客户的资金,因此,信汇汇率比电汇汇率低。票汇汇率是指银行在卖出外汇时,开立一张指定其国外分支机构或代理行付款的汇票交给汇款人,由其自带或寄往国外取款所使用的汇率。由于票汇从卖出外汇到支付外汇有一段间隔时间,银行也可以在这段时间内占用客户的头寸,所以票汇汇率也比电汇汇率低。票汇又有短期票汇和长期票汇之分,长期票汇汇率较短期票汇汇率低。

即期汇率与远期汇率

即期汇率也叫现汇汇率,是指外汇买卖双方在成交当天或两个营业日之内进行交割所使用的汇率。远期汇率是外汇买卖双方先签订合同、确定汇率,在未来约定的时间再进行交割时使用的汇率,到了交割日期,双方按合同确定的汇率、金额进行钱汇两清。远期外汇买卖可以有效避免汇率变动带来的风险。远期汇率与即期汇率之间的差额叫远期差价,有升水、贴水、平价三种情况,升水表示远期汇率比即期汇率贵,贴水则表示远期汇率比即期汇率便宜,平价表示两者相等。

汇率的决定

一个国家的货币与不同国家货币之间的汇率不同,即便是对同一个国家货币的汇率,也会经常发生变化。那么汇率到底是由什么因素决定的呢?西方经济学家从不同的角度加以分析论证,形成了多种汇率决定理论,并且随着经济学理论的发展而不断发展。

在金本位制度下,黄金充当国际货币,各国货币之间的汇率由它们各自的含金量决定。例如,在金本位制度下,1 英镑铸币的含金量为 113.0016 格令 ,1 美元铸币的含金量为 23.22 格令,英镑和美元之间的比价就是 113.0016÷23.22 = 4.86656,1 英镑约折合 4.8666 美元 ,这就是英镑兑美元的汇率,称之为"铸币平价"。只要两国货币的含金量不变,铸币平价就会保持相对稳定。市场汇率围绕铸币平价上下波动,但波动会自动控制在一定的幅度之内,这个幅度就是黄金输送点。黄金输送点的存在是因为黄金可以自由输出入,是国际最终的清算手段,国际结算可以选择某国的货币,也可以选择黄金。当汇率波动超过黄金输送点时,兑换货币就不如直接运送黄金进行结算,英镑对美元汇率波动的最高界限是铸币平价加两国之间运送黄金的费用,即黄金输出点;波动的最低界限是铸币平价减去两国之间运送黄金的费用,即黄金输入点。黄金输送点是因汇价波动而引起黄金从一国输出或输入的界限,是实际汇率波动的范围。

　　1914 年,第一次世界大战爆发,金本位制崩溃,各国货币不再规定含金量,原有的决定两国汇率的基础也随之瓦解,汇率开始出现剧烈波动。那么,在不兑现的信用货币制度下,决定汇率的因素到底是什么,导致汇率波动的原因又有哪些呢? 1922 年,瑞典经济学家古斯塔夫·卡塞尔出版了《1914 年以后的货币和外汇》一书,系统地阐述了购买力平价学说,论证了决定货币内在价值和影响汇率波动的主导因素。除购买力平价说以外,汇率决定理论还有利率平价学说、国际收支说、资产市场说。

购买力平价理论

　　古斯塔夫·卡塞尔的购买力平价理论是当今汇率理论中最具影响力的理论之一。这一理论认为:人们之所以需要外国货币,是因为它可以购买外国的商品和劳务,外国人之所以需要本国货币,也是因为它可以购买本国的商品和劳务。因此,本国货币与外国货币相交换,就等于本国与外国购买力的交换。所以,两国货币之间的比价,也就是汇率,取决于两种货币的购买力比率。两国货币的购买力之比是决定汇率的基础,汇率的变动则是由两国货币购买力之比的变化引起的。由于购买力实际上是一般物价水平的倒数,因此两国之间的货币汇率可由两国物价水平之比表示。不考虑短期内影响汇率波动的各种因素,从长期来看,两国货币汇率的走势与购买力变化的趋势基本上是一致的,因此,购买力平价为长期汇率走势的预测提供了一个较好的方法,当前许多西方经济学家仍然把购买力平价理论作为预测长期汇率趋势的重要理论之一。但是,购买力平价理论要成立,必须满足若干假设前提:如国际的贸易必须完全自由,且不考虑国际贸易中的交易费用、所有的商品价格均呈同幅度的变动、物价是影响汇率的唯一因素、不同国家的同一种商品和劳务可以完全替代等。实践中,这些假设条件很难同时满足,所以,世界上绝大多数经济学家都不会使用这种方法来研究汇率的决定问题。

利率平价理论

利率平价理论认为,均衡汇率是通过国际抛补套利所引起的外汇交易形成的,两国之间的即期汇率与远期汇率的变动与两国的利率有密切的联系。在两国利率存在差异的情况下,投资者便会用套利的方式赚取价差,为了避免汇率波动的风险,套利者往往将套利与掉期业务相结合,大量掉期外汇交易的结果是,低利率国货币的现汇汇率下跌,期汇汇率上升;而高利率国货币则相反,现汇汇率上升,期汇汇率下跌。两国货币间的汇率将因为此种套利行为而产生波动,直到套利的空间消失为止。但是,这一理论的存在也需要一些假定条件,比如,不考虑交易成本,不考虑外汇管制的存在,假定资金规模无限等,但事实上,这些假定条件不可能完全满足,比如,从事抛补套利的资金并不是无限的,外汇管制也在很多国家存在。此外,套利还存在机会成本,套利资金越多,机会成本越大。因此,现实中,利率平价理论往往难以成立。

国际收支说

国际收支说是从国际收支角度分析汇率决定的一种理论。国际收支说流行于1944 年至 1973 年各国都实行固定汇率制度的布雷顿森林体系期间,主要是从国际收支均衡的角度来阐述汇率的调节。该学说认为,汇率和国际收支之间存在密切关系,国际收支引起的外汇供求决定了短期汇率水平及其变动,当汇率出现波动时,应当从改善国际收支状况入手来进行调节。因此,这一学说有利于分析短期内汇率的变动和决定。这一学说的早期形式是 1861 年国际金本位制度时期英国学者 G. L. 葛逊提出的国际借贷学说。早期国际收支说其实是汇率的供求决定论,指出外汇汇率变动由外汇供求的变化引起,而外汇供求的变化又取决于国际商品的进出口和资本流动所引起的债券债务关系。但这一学说只是探讨了国际收支对汇率变动的影响,没有指出具体影响外汇供求和国际收支的因素,没有对影响国际收支的众多变量之间的关系,及其与汇率之间的关系进行深入分析,也没有得出具有明确因果关系的结论。二战后,随着凯恩斯的国家宏观调控理论被广泛接受,很多学者运用凯恩斯模型来说明影响国际收支的主要因素,分析了这些因素如何通过国际收支作用到汇率,形成国际收支说的现代形式。

资产市场说

1973年,布雷顿森林体系正式瓦解,原有的固定汇率制度崩溃,各资本主义国家纷纷实行浮动汇率制度,汇率决定理论也随之有了更进一步的发展和变化。由于这时各国金融市场已高度发达,很多经济学家便开始侧重于从金融市场均衡的角度来考察汇率的决定,因此这种学说又被称为资产市场说或金融市场投资组合说,资本市场说在20世纪70年代中后期成为汇率理论的主流。这个学说强调了资本流动在汇率决定中的作用,汇率被看作资产的价格,由资产的供求决定。资产市场说又分为货币学派的汇率理论、射击过头理论和平衡理论三种。货币学派的汇率理论是由金融专家贾考伯·弗兰克和哈里·约翰逊等人在其著作《汇率经济学》中提出来的,该理论认为该国与外国之间国民收入水平、利率水平及货币供给水平通过对各自物价水平的影响而决定了汇率水平。从长期来看,承认购买力平价理论,从短期看,汇率由两国金融资产的供求情况决定,国家宏观经济政策对汇率发挥着重要作用。射击过头理论又称汇率超调模式,由美国麻省理工学院教授鲁迪格·多恩布茨于1976年提出。该理论认为,当经济运行中的货币供给增加以后,本币的瞬时贬值程度大于其长期贬值程度,这一现象被称为汇率的超调。因为商品市场上的价格具有黏性,短期内,货币供应量的扩张只会导致市场上商品价格的缓慢上升,而金融市场可以立即进行调节,因此,汇率将发生过度的调节,很快会超过其新的长期均衡水平,然后,随着商品价格缓慢上升,再逐步恢复到它的长期均衡水平上。资产组合平衡理论产生于20世纪70年代中期,由勃莱逊、霍尔特纳和梅森等人提出并完善。该理论认为,国际金融市场的一体化和各国资产之间的高度替代性,使一国居民既可以持有本国货币和各种证券作为资产,又可持有外国的各种资产。投资者会根据流动性、利率、通胀率等因素组合资产,以达到投资收益的最大化。一旦市场利率等因素发生变化,投资者将会对资产进行重新组合,使原有的资产组合失衡,进而引起各国资产之间的替换,促使资本在国际流动。国际的资本流动会影响外汇供求,导致汇率变动。该理论综合了传统的汇率理论和货币主义的分析方法,把汇率水平看成是由货币供求和经济发展等因素诱发的资产调节与资产评价过程所共同决定的。但这一理论的成立需要一国货币的可自由兑换,高度自由的金融市场等前提条件,同时,这一理论的操作性较差,因为有关各国居民持有的财富数量及构成的资料和数据不易收集。

大致说来,决定汇率的直接因素是两国货币在外汇市场上的供求关系,而一国的国际收支状况、利率水平、经济增长状况、通货膨胀水平、中央银行对外汇市场的调节等都会直接影响外汇的供求关系,它们又构成影响汇率变动的深层次因素。在金本位制度下,汇率的波动受黄金输送点制约,会维持在一个固定的范围之类;在现代不兑现的信用货币制度下,如果中央银行不加干预,汇率的波动会异常剧烈和频繁。

第三节　汇率变动对宏观经济的影响

汇率变动对一国国内经济发展的影响大致可以从贸易收支、物价水平、资本流动三个方面来考察。

汇率变动对一国贸易收支的影响。一国货币汇率下跌,也即对外贬值,则贬值国的出口商品以外币表示的价格会下跌,外国对出口商品的需求上升,出口增加;同时,进口商品以本国货币表示的价格会上升,贬值国对进口商品的需求会下降,进口减少,因此一国货币汇率下跌有利于增加出口,抑制进口。反之,如果一国货币汇率上升,也即对外升值,则有利于进口,而不利于出口。汇率变动对非贸易收支的影响如同其对贸易收支的影响。但实践中会出现本币汇率下跌不能及时或者根本没有改善国际收支状况,甚至恶化国际收支,加大一国的国际收支逆差的情况。比如 1997 年的东南亚金融危机中，泰国、马来西亚、印度尼西亚、菲律宾、新加坡、韩国等国的货币贬值均在 30%~70%，但这些国家的国际收支却在相当长时期内没有得到根本改善，这种现象被称为货币贬值的国际收支效应失灵。货币贬值的国际收支失灵有多种原因。比如，一国货币贬值以后，贬值国的出口能否大量增加，取决于外国对其出口商品的需求弹性；另一方面，在贬值以后，进口商品的价格上升，其需求是否会减少，也要看本国对进口商品的需求弹性。一般认为，贬值能否改善一国的贸易收支，决定于出口商品的需求和进口商品的需求弹性，如果两者之和大于 1，则贬值可以改善一国的贸易收支状况，这就是所谓"马歇尔-勒纳条件"。

汇率变动对一国物价的影响。一国货币汇率下跌会引起进口商品以本币表示的价格上涨，如果进口商品在国内生产总值中所占的比重较大，特别是原材料比重如果较大，则会拉动国内物价总水平的上涨；从出口看，则有利于扩大出口，但出口扩大会引起国内市场供应紧张从而抬高出口商品的国内价格，带动国内物价总水平的上升；反之，如果一国货币汇率上升，进口商品以本币表示的价格降低，则可以起到抑制物价总水平上涨的作用。

汇率变动对资本流动的影响。汇率的变动对长期资本流动的影响较小。由于长期资本流动的原因主要是利润和风险，因此在利润有保证和风险较小的情况下，汇率变动不会直接导致资本的流动。相反，在贬值不造成汇率不稳和金融危机的前提下，还会吸引外资的流入，因为本币贬值后，外币的购买力相对上升，投资成本下降，更有利于外国资本到贬值国进行直接投资。短期资本流动则受汇率的影响较大，当本币汇率有下跌趋势时，本国投资者和外国投资者就不愿意持有以本币计值的各种金融资产，会将其兑换成外汇，发生资本外流现象；同时，由于纷纷转兑外汇，加剧外汇供求紧张，会促使本币汇率进一步下跌。反之，如果本币对外有升值的趋势，本国投资者和外国投资者就会力求持有以本币计值的各种金融资产，并引发资本的内流，同时，由于外汇纷纷转兑本币，外汇供过于求，会促使本币汇率进一步上升。但是，汇率变动是否会对资本流动产生影响，影响的程度如何，还取决于一国资本管制的宽严程度，资本管制严的国家汇率变动对资本流动的影响较小，反之影响较大。

第四节 人民币汇率制度

人民币汇率制度以改革开放为时间节点,经历了从单一的固定汇率制度和浮动汇率制度,到双重汇率制度,再到有管理的浮动汇率制度,从严格管制到不断市场化的演变过程。从中华人民共和国成立到 1953 年建立起统一的外汇体系这段时间,我国实行的是单一的浮动汇率制度;从 1953 年到布雷顿森林体系崩溃之前实行的是单一的固定汇率制度;从布雷顿森林体系崩溃以后到改革开放前,实行的是以"一篮子货币"计算的单一浮动汇率制。

1981 年开始我国实行双重汇率制度,即官方汇率与贸易内部结算价两种汇率并存的模式,前者适用于非贸易部门,而后者用于贸易部门,贸易内部结算价低于官方汇率,使外贸企业利润大幅上升,起到了鼓励出口的作用,但未被纳入外贸体系的企业出口面临的亏损日益严重,而且这一制度有着外汇倾销之嫌,常被国际社会所诟病,因此,汇率制度需要进一步改革。1985 年,我国取消了贸易体系内部结算价,实行外汇留成制度,规定有外汇收入的部门、地方、企业将外汇卖给银行后,可以按照规定的比例留存相应数额的外汇,这是国家为鼓励企业多创汇、多结汇而给予企业的一定的外汇自主支配权。此外,还建立了外汇调剂市场,企业或个人可以在该市场上将自己留成的外汇进行交易,价格由交易双方商定,由此便形成了一种新的"官方汇率+调剂市场汇率"两轨并行的双重汇率制度。但随着改革开放的不断深入,官方汇率与外汇调剂价格并存的人民币双轨制的弊端逐渐显现出来:在国内,双重汇率助长了投机行为,造成外汇市场秩序的混乱,严重影响了人民币汇率的稳定和人民币的信誉,不利于我国向市场经济过渡;同时,两个市场、两种汇率的并存,也不符合国际货币基金组织的有关规定,不利于扩大国际经济合作,外汇体制改革迫在眉睫。1994 年 1 月 1 日,根据党的十四届三中全会精神,人民币官方汇率与外汇调剂价格正式并轨,取消外汇留成,开始实行以市场供求为基础的、单一的、有管理的浮动汇率制。企业和个人按规定向银行买卖外汇,实行结售汇制;银行进入银行间外汇市场进行交易,形成市场汇率;中央银行设定一定的汇率浮动范围,并通过调控保持人民币汇率稳定。1994 年汇改后,虽然在理论上规定的是浮动汇率制,但实际中,人民币对美元的名义汇率除了在 1994 年 1 月到 1995 年 8 月期间小幅度升值外,始终保持相对稳定状态。1999 年,IMF 对中国汇率制度的划分也从"管理浮动"转为"钉住单一货币的固定钉住制"。

1994 年汇改后,我国经常项目和资本项目双顺差持续扩大,加剧了国际收支失衡,贸易摩擦进一步加剧。2005 年 6 月末,我国外汇储备达到 7110 亿美元,人民币也面临着巨大的升值压力,同时,金融领域改革的进一步深化及外汇管制的进一步放宽,也为进一步完善人民币汇率形成机制创造了有利条件。因此,再次启动人民币汇率改革不仅必要,也有了可能。2005 年 7 月 21 日,中国人民银行宣布,我国开始实行以市场供求为基础、参考一篮子货币进行调节、有管理的浮动汇率制度。人民币汇率不再盯住单一美元,而是选择若干种主要货币组成一个货币篮子,同时参考一篮子货币计算人民币多边汇率指数的变化,对人民币汇率进行管理和调节,维护人民币汇率在合理均衡水平上的基本稳定。篮子内的货币构成,将综合考虑在我国的对外贸易、外债、外商直接投资等外经贸活动占较大比重的主要国家、地区的货币。参考一篮子货币不等于盯住一篮子货币,它还需要将市场供求关系作为另一重要依据,据此形成有管理的浮动汇率。

为了进一步推进人民币汇率市场化和国际化,2015 年 8 月 11 日,中国人民银行对汇率形成机制做出调整。由原来在做市商报价基础上加权决定转变为由做市商参考上日银行间外汇市场收盘汇率,向中国外汇交易中心提供中间价报价,再综合考虑外汇供求情况以及国际主要货币汇率变化而确定。其中,"收盘汇率"主要反映外汇市场供求情况,"一篮子货币汇率变化"则为保持人民币对一篮子货币汇率基本稳定所要求的人民币对美元双边汇率的调整幅度。这一调整使得人民币汇率的中间价形成机制更加市场化,更加真实地反映了当期外汇市场的供求关系。人民币汇率双向浮动弹性明显增强,不再单边升值,人民币中间价形成的规则性、透明度和市场化水平显著提升,在稳定汇率预期方面发挥了积极作用,得到了市场的认可和肯定。

回顾几十年来人民币汇率制度的演变轨迹,其间虽有曲折和反复,但一直是朝着以市场化为主线的精神和方向上向前推进的。未来,人民币汇率制度的改革还会一直进行下去,但不管选择什么样的改革举措,人民币汇率都应该紧密地与中国宏观经济发展状况相联系,更好地服务于国内经济发展。人民币汇率市场化不是单纯地升值或贬值,而是恢复汇率的本来面目,今后不管是升值还是贬值都将成为常态,人民币汇率市场化改革也会在人民币汇率波动幅度扩大的过程中一步步完成。

第 三 篇
信用和利率

案例:温州民间借贷危机

2011年4月至9月期间,温州一批涉足民间借贷的中小企业和担保公司扎堆倒闭,企业老板因不能偿债而破产,企业关门,员工失业;自4月份以来,有90多家企业老板跑路,仅9月22日一天就有9家企业主负债出走,关停倒闭企业也从个别现象向群体蔓延。大量民间借贷放出去资金无法收回,导致信用危机,出现挤兑风潮,"温州民间借贷危机"爆发。

民间借贷在温州一直十分普遍。据央行温州中心支行调查显示,"温州有89%的家庭或个人、59.67%的企业参与民间借贷,其市场规模达到1100亿元。"同时来自温州官方的文件也证实,当地民间借贷规模占民间资本总量1/6左右,相当于温州全市银行贷款总额的1/5。2010年我国实行银根紧缩政策,加之外部经济萎缩以及我国金融体系本身的不完善,使得民间借贷更趋活跃,催生了更多的地下钱庄、担保公司。而由于监管机构缺位、监管制度不全等原因,导致不少非正规金融机构违规操作,高息揽储,或以转贷牟利为目的,套取银行信贷资金,再高利放贷。人行温州市中心支行的监测数据显示,2010年温州民间借贷年综合利率为14.22%,2011年上半年,温州社会融资中介的放贷利率达到40%,远高于同期银行贷款利率。而真实的民间借贷利率更是高于监测数据,高利贷倾向非常严重。民间借贷的高利息让很多企业不堪重负而倒闭关门,连锁效应又造成互联互保的相关企业和相关担保公司倒闭,很多放贷者资金难以收回甚至血本无归,温州民间借贷纠纷案件激增,2011年1月至8月期间,案件数同比增长25.73%,涉案金额50多亿元,同比增长71%,最终导致危机的爆发。温州民间借贷危机的爆发规模虽小,但对社会所产生的影响是极其深远的。那么,如何看待民间借贷?信用在现代经济发展中有哪些重要作用?高利贷作为一种古老的信用形式为什么在现代社会依然存在?利率又是由哪些因素决定的呢?① 这就是本篇要讨论的内容。

---

① 该案例参考了黄越《民间借贷危机的成因及治理对策》一文及许小年《温州民间借贷危机的成因及其影响》一文。

▶ 第六章 ◀

信　用

第一节　信用及其特征

在汉语中，"信用"这个词有着极其丰富的内涵，可分为社会学和经济学两个范畴。在社会学范畴内，又可以从伦理道德和法律两个层面去理解。从伦理道德层面来看，"信用"主要是指参与社会和经济活动的当事人之间所建立起来的，以诚实守信为道德基础的践约行为，它实际上是指"信守诺言"的一种道德品质，通俗地说，就是我们经常讲的说话算话、一言九鼎、一诺千金。这种诚实守信的道德品质在中华传统文化中一直具有重要的地位。从法律层面去理解，"信用"是指人们按照法律法规和各种交易中的合约规定，履行相关义务和责任的行为。而在经济学范畴内，"信用"特指的是以偿还和付息为条件所形成的商品或货币的借贷关系，它表示的是债权人（即贷者）与债务人（即借者）之间发生的债权债务关系，这也是本书，即金融学里所说的"信用"。

信用具有四个基本特征:1.以还本付息为条件。这是信用的最基本特征,也是经济学范畴的"信用"和社会学范畴的"信用"的重要区别,这就意味着借贷行为是有条件的,到期不仅要按时偿还本金,还要额外支付使用资金的代价——利息。2.所有权与使用权相分离。信用是价值运动的特殊形式,在借贷过程中,资金的所有权没有发生转移,发生改变的是资金的使用权,因此,私有财产的出现是信用关系产生的前提。3.以收益最大化为目标。信用关系赖以存在的基础是借贷双方追求收益最大化或成本最小化,资金的贷出方希望通过出让资金取得尽可能多的回报,资金的借入方则希望以最小的成本换取未来最大的投资收益。4.以相互信任为基础。首先,信用关系是基于授信人对受信人偿债能力的信心而得以成立的,也就是说资金的贷出方之所以愿意在一定时间内让渡资金的使用权,是因为相信资金的借入者能如期归还本金并偿付利息,借贷双方的相互信任构成信用关系的基础。从这个意义上说,其实经济学范畴的"信用"和社会学范畴的"信用"有着密切联系;一个缺乏诚信,经常恶意逃避合约中规定的义务和责任的人,一个失去社会学范畴中的"信用"的人,也会被抵挡在经济学范畴中的"信用"关系之外。因此,一个完善的、可以较准确衡量人们诚信度的社会信用体系建设对金融业的健康发展至关重要。

第二节 信用的形式

实物借贷和货币借贷

实物借贷是贷者以实物形态发放贷款,借者在到期后也同样以实物形态还本付息,简单来说就是"借实物、还实物",这是最原始的借贷形式。实物借贷产生很早,同商品交换的历史差不多长。在自然经济占主导地位的前资本主义社会里,实物借贷是一种普遍存在的借贷形式。比如,在旧中国农村,有"春借一斗,秋还三斗"的说法,指的就是以粮食为借贷对象的一种实物借贷形式。当商品货币关系日益发达以后,货币借贷才成为现代经济生活中的主要借贷形式。

货币借贷即贷者把一定数额的货币贷给借者,借者到期用货币归还本金和利息。由于货币具有流通手段、贮藏手段等职能,因此货币借贷比实物借贷更灵活方便。

高利贷信用和现代信用

高利贷信用,顾名思义,是指以取得高额利息为特征的借贷活动。但是,根据理论界的普遍观点,高利贷绝不仅仅是利率比较高,而且是"超过法定最高利率的非法借贷"。因此高利贷必须同时具备两个条件,一是利率高出法定界限,二是具有非法性,如果只是利率比较高,而法律没有禁止,也不能称之为高利贷。

我国是在 2020 年《民法典》颁布后,才正式在民法基础上明确否定了高利贷放款行为的合法性。《民法典》草案"借款合同"的第六百八十条规定:"禁止高利放贷,借款的利率不得违反国家有关规定"。但在《民法典》颁布之前,我国没有从法律层面将高利贷认定为违法行为,只是在 1991 年的《最高人民法院关于人民法院审理借贷案件的若干意见》中规定,"对于利息超过同期银行贷款利率四倍的利息,均不予'护'";在 2015 年《最高人民法院关于审理民间借贷案件适用法律若干问题的规定》第二十六条中规定,"借贷双方约定的利率超过年利率 36%,超过部分的利息约定无效"。以上的规定仅用于对超出法定上限的利率进行否定评价和相关的限制,并不涉及放贷行为本身是否合法。2019 年《最高人民法院、最高人民检察院、公安部、司法部关于办理非法放贷刑事案件若干问题的意见》发布,以"实际年利率超过 36%"作为刑事司法领域认定是否属非法放贷的构成要件之一。该意见虽然认定了高利贷的非法性,但法律位阶比较低。《民法典》的颁布是我国第一次在全国人民代表大会立法层面明确禁止高利贷行为,确认了高利贷的非法性。2020 年 8 月 20 日下午 3 点,最高人民法院关于民间借贷新闻发布会召开,最高人民法院正式发布新规:以中国人民银行授权全国银行间同业拆借中心每月 20 日发布的一年期贷款市场报价利率(LPR)的 4 倍为标准确定民间借贷利率的司法保护上限。

欧美很多国家也都规定了高利贷的非法性。在美国,各州对高利贷的认定有不同的标准。比如,新泽西州的法律规定,个人贷款利率超过 30% 认为是高利贷,而企业贷款利率超过 50% 才会被认定是高利贷;加利福尼亚州则规定,除非获得特殊许可,普通个人和组织不得对借出钱款收取超过每年 10% 的利息;在纽约州,法律规定收取超过每年 16% 的利息则触犯民法,而收取超过每年 25% 的利息则触犯刑法。另外,美国联邦政府还有《反欺诈腐败组织法案》,这个法案规定,如果利率是各州利率的 2 倍以上,不管是金融机构借贷还是民间借贷,都构成"放高利贷罪",这属于联邦重罪。

在加拿大,《加拿大刑法》第 347 条规定,年利率超过 60% 即构成放高利贷罪,放高利贷罪属于严重刑事犯罪。澳大利亚有 2 个州也有反高利贷法。欧州各国对高利贷的管理与美国的基本相同,只是法律规定的合法利率的上限有些差异。

高利贷信用有着悠久的历史,其产生于原始社会末期,是奴隶社会和封建社会占统治地位的信用形式。高利贷者通过对小生产者放贷而直接剥削小生产者,通过对奴隶主和封建主放贷而间接占有奴隶和农奴的剩余劳动。

高利贷信用的历史作用具有两面性。一方面,高利贷信用对生产力有破坏作用。在封建社会和奴隶社会,借入高利贷的有封建主、奴隶主,也有小生产者。封建主、奴隶主借入高利贷,或者用于扩军备战,或者用于满足腐朽奢靡的生活,基本不会用于发展生产。而小生产者借入高利贷,是为了维持简单再生产和生活的需要,多数最终会因为高额利息而陷入破产境地,连原有的简单再生产也难以维系,更不用说扩大再生产了。因此,高利贷事实上造成了整个社会生产的萎缩,对生产力的发展起了破坏作用。但另一方面,高利贷也促进了资本的积累和雇佣劳动者的形成,客观上成为促进自然经济解体、资本主义生产关系形成的推动力量。随着资本主义生产方式的发展,新兴产阶级开始了反对高利贷的斗争,同时社会化大生产和商品货币经济的发展,以及资本主银行的建立,使得高利贷最终丧失了赖以生存的基础,一部分高利贷资本开始逐渐转化为商业资本和银行资本。在现代社会,高利贷信用已经不再占统治地位,但并未完全消失,在发达国家和发展中国家都普遍存在。

现代信用是现代经济中以生产性为基本特点的信用方式,体现的是现代经济生活中的债权债务关系。现代信用在现代经济生活中普遍存在,主要包括商业信用、银行信用、国家信用、消费信用和国际信用等。其中最基本的两种方式是商业信用和银行信用。

商业信用是商品生产者之间或生产者与销售者之间以商品形态提供的信用，一般是以赊销、分期付款等方式提供。比如，原材料生产厂商向产品生产企业提供信用，产品生产企业向产品批发商提供信用，或者是产品批发商向零售商提供信用。商业信用最大的作用在于润滑生产和流通。商业信用加速了资金的循环与周转、保证了社会再生产的顺利进行，也使得企业之间的经济联系更加紧密。提供商业信用的企业，其商品能够及时实现销售，从而有利于减少产品积压，加速资金周转；而接受商业信用的企业则能缓解资金暂时短缺的压力，保证生产经营或销售活动的连续。但商业信用也存在很大的局限性，主要表现在：（1）规模上的局限性。商业信用是企业以商品形式提供的信用，因此受到授信企业商品数量和规模的影响。（2）方向上的局限性。商业信用一般是由上游企业提供给下游企业，由卖方提供给买方，有商品流转方向的限制。（3）期限上的局限性。商业信用受到授信企业生产和商品流转周期的限制，一般只能是短期信用。（4）授信对象的局限性。商业信用一般局限在工商企业之间。

银行信用是以银行或其他金融机构作为信用中介，以货币形态提供的信用。银行信用是在商业信用的基础上发展起来的，并有效地克服了商业信用的局限性。跟商业信用比起来，银行信用的优势在于：（1）规模巨大。银行或其他金融机构作为信用中介，可以以存款等方式集聚小额的闲置货币资金，积少成多，形成巨额的信贷资金来源。克服了商业信用在授信规模上的局限性。（2）具有广泛的接受度。凡是符合银行或其他金融机构贷款要求的企业、家庭、政府以及其他机构，都可以申请贷款，没有方向和对象的限制。（3）期限范围广。银行或其他金融机构不仅资金规模巨大，期限也多样。既可以提供短期，也可以提供中长期的授信，克服了商业信用在期限上的局限性。银行信用是现代经济中最基本、最主要的信用形式。但商业信用具有的灵活方便等特点是银行信用所不能取代的，银行信用和商业信用之间实际上是一种相互支持、相互促进的关系。首先，银行信用的产生促进了商业信用的进一步发展与完善。如商业票据的贴现，使商业信用的资金可以提前回笼；经过银行承兑的票据又使得商业信用有了更好的保证。其次，商业信用票据化后,以商业票据为担保的贷款业务或票据贴现业务大大降低了银行的贷款成本,也减少了银行的信贷风险,更有利于银行自身的经营管理。

国家信用是指以国家为主体进行的一种信用活动,即国家以债务人身份取得或以债权人身份提供的信用。国家信用也是一种古老的信用活动,在我国,相传周王朝的末代君王周赧王,就曾由于负债太多无力偿还而被迫避居高台之上,周人称为逃债台,后人又称之为"债台",成语"债台高筑"即源于此;东汉时期,政府财政拮据时,也向富户和贵族举债。国家除了以债务人身份举债之外,也经常以债权人的身份放债。汉代官府就向贫穷的老百姓贷放过种子粮食;唐宋时期,政府经常向农民和商人发放贷款。在现代社会,国家信用通常指国家以债务人的身份取得信用,即国家以发行债券等方式筹集资金,从国内筹款称为内债,从国外筹款称为外债。国家信用的基本形式是发行政府债券,包括发行国内公债、国外公债、国库券等。公债是一种长期负债,一般在 1 年以上甚至 10 年或 10 年以上,通常用于国家大型项目投资或较大规模的建设。国库券是一种短期负债,以 1 年以下居多,一般为 1 个月、3 个月、6 个月等。专项债券是一种指明用途的债券,如我国在 1987 年由财政部发行的"中国国家重点建设债券",全部用于国家计划内重点项目的建设。如果一国发行公债券、国库券、专项债券仍不能弥补财政赤字,余下的赤字可以通过向银行透支和借款的方式解决。透支一般是临时性的,有的在年度内偿还。借款一般期限较长,隔年财政收入大于支出时(包括发行公债收入)才能偿还。财政向银行透支和借款,实际上是增大了银行的货币投放量,容易导致信用膨胀,因此一般不采用这种方式。我国 20 世纪 50 年代初期曾发行过公债券,后来一度取消。改革开放以后,从 1981 年开始发行国库券,以向单位和个人摊派的方式发行。90 年代开始,国债的发行开始市场化,面向一级市场,1991 年实行证券中介机构承购包销方式,1995 年开始实行招标发行试点,1996 年进行重大改革,采取招标发行的方式。目前,我国国债实行的是定向发售、承购包销和招标发行并存的方式,总的方向是趋向于低成本、高效率。

消费信用是企业、银行或其他金融机构向消费者个人提供的直接用于生活消费的信用。主要有赊销、分期付款和消费信贷三种形式。赊销和分期付款都是工商企业直接向消费者提供的信用,区别在于还款的方式,赊销是到期一次性偿还所欠的购物款,分期付款是按照约定分期付清款项。消费信贷是银行或其他金融机构采用信用放款或抵押放款方式对消费者发放的贷款,最常见的消费信贷有住房贷款、汽车贷款和信用卡消费这几种形式。消费信贷的时间有长有短。中短期贷款多在 3~5 年,比如汽车贷款,一般最长不超过 5 年;长期贷款则可达 20~30 年,比如住房贷款。消费信贷除了常见的住房贷款、汽车贷款之外,还包括教育贷款、旅游贷款、家用电器贷款、房屋修缮贷款、小额消费贷款等。消费信用可以有效提高购买力,刺激需求的增长,对拉动经济增长有重要作用,但过度发展消费信用,会掩盖消费品供求之间的真实状况,造成一时的虚假需求,导致一些消费品生产产能盲目扩大,引起社会总供求的失衡;过量发展消费信用还会导致信用膨胀,引发金融风险,比如美国的次贷危机;同时,在消费信用的诱惑下,消费者可能出现不理性的消费行为,导致举债过多,债务负担过重,未来生活水平下降,甚至无法归还贷款,增加社会不稳定因素。美国的消费信用早在 20 世纪 40 年代就有了,而我国消费信用大概在 20 世纪 90 年代才开始出现,近年来迅猛发展,有数据统计开始的 1997 年,我国的消费信用规模是 172 亿元,而北大光华-度小满金融科技联合实验室发布的《2019 年中国消费金融年度报告》显示,2019 年我国消费贷款规模超过 13 万亿元,2010—2018 年 9 年间,消费贷款规模实现 4 倍增长。

国际信用是指一切跨国的借贷关系与借贷活动。国际信用具体形式包括:出口信贷、国际商业银行贷款、政府贷款、国际金融机构贷款、国际资本市场业务、国际租赁和直接投资等。

第三节　正确对待民间借贷

民间借贷是指自然人之间、自然人与法人或其他组织之间,以及法人或其他组织相互之间的借贷行为。民间借贷手续简便,但利息较高,因此人们常把民间借贷和高利贷等同起来,但我国在2020年《民法典》颁布后,就正式从民法基础上明确否定了高利贷放款行为的合法性,也就是说,高利贷是非法行为,但合法的民间借贷受法律保护。民间借贷的发展对经济运行有一定的积极作用。由于民间借贷手续简单,放款快速,因此可以很好地满足个人、企业的临时性资金需求。加上目前我国直接融资发展比较滞后,民间借贷的发展也有效地弥补了银行信贷资金的不足,特别是缓解了农村、县域资金的供求矛盾。但是,不规范的、盲目的民间借贷行为也会对企业的正常生产甚至对整个经济金融运行产生不利影响。主要表现在如下几个方面:

1.加重了企业负担,导致企业资金使用的恶性循环。民间借贷利率水平一般都比较高,对于一些本来就经营困难、效益不太好的企业来说无疑是雪上加霜。虽然解了燃眉之急,维持了生产经营,但高昂的资金成本往往使企业财务状况更加恶化,最终导致企业经营困难,甚至走向破产倒闭的境地。

2.民间借贷行为的法律约束力差,容易引发经济纠纷。由于民间借贷手续简单且不规范,缺乏必要的监督管理,因此风险极高。民间借贷的高利率又容易引发借款人的道德风险和逆向选择,极易导致债权、债务纠纷。而很多资金的贷出者为了收回贷款,往往会委托带有黑社会性质的追债公司通过暴力催收借款,大大增加了社会的不安定因素。

3.削弱国家宏观调控效果。民间借贷资金游离于正规金融体系之外,脱离了金融监管,影响国家对全社会资金总量的准确把握,导致社会信用难以控制,干扰了正常的金融秩序,制约了金融政策的实施。比如,国家若实施适度从紧的货币政策,目的是减少货币投放,抑制经济过热,但企业若以民间金融的形式从社会上融资,则会导致大量民间闲散资金流入市场,削弱宏观调控的效果。另外,民间借贷自主性比较强,资金流动存在盲目性,很容易流入国家限制或禁止的行业、导致国家通过银行信贷资金流向调控行业结构、产业结构及经济结构的目标难以实现。

民间借贷有利有弊,应当正确对待。打击与取缔不能从根本上解决问题,疏堵并举,区别对待、分类管理才是上策。首先,应当完善相关法律法规,加强对民间借贷活动的日常监管,保护合理合法的民间借贷活动,引导民间资本规范自身的行为,鼓励民间借贷合法化、阳光化运作。其次,做好投资者教育工作,进一步加强金融与法律知识宣传,提高投资者金融风险意识和对民间借贷潜在风险的识别能力,引导公众理性参与金融活动。最后,降低金融业准入门槛,允许大量游离在外的民间资本进入正规金融渠道,特别是要进一步降低农村金融市场准入门槛,拓宽社会资金进入农村金融市场路径,提高农村金融市场民间资本投资比例。例如,建立村镇银行、贷款公司、农村资金互助社等形式的金融机构,以有效解决中国县域、农村金融组织体系不够完善,金融机构设置不足而导致的县域、农村资金短缺问题。

第四节　直接融资和间接融资

直接融资和间接融资的概念最早起源于 1955 年一篇发表在《美国经济评论》上的名为《从金融角度看经济增长》的论文。1996 年,朱镕基同志兼任中国人民银行行长时提出"扩大直接融资规模",首次将此概念引入中国。

直接融资

直接融资是指资金供求双方不通过金融中介,而是通过买卖股票、债券等金融工具或直接借贷的方式形成的债权债务关系。常见的直接融资方式有股票市场融资、债券市场融资、风险投资基金融资、商业信用融资、民间借贷等,证券市场融资属于典型的直接融资。直接融资的基本特点是:1. 直接性。在直接融资中,资金的供应者直接从资金的需求者手中获得资金,双方建立直接的债权债务关系或所有权关系,不需要通过任何中介。2. 效益较高。直接融资中资金供求双方联系紧密,债权人会十分关注债务人的经营情况并进行一定的监督,给债务人的经营增加了压力,从而使得资金配置更快速更合理,使用效益也大大提高。同时,由于不需要中介,筹资者的筹资成本相对较低,投资者的投资收益也大大提高。3. 风险较大。直接融资中,由于是投资者直接跟筹资者发生债权债务关系,因此,投资者需要承担全部投资风险。4. 具有自主性。直接融资可以发生在企业相互之间、企业与个人之间、政府与企业和个人之间以及个人与个人之间,融资活动主体广泛,且在法律允许的范围内,筹资者可以自己决定融资的数量和对象,比如,是向所有投资者募集资金,还是向特定投资者募集资金,投资者也可以根据自己的需求和风险偏好而自由选择投资对象,筹资者和投资者都具有较大的自主性。5. 具有局限性。直接融资双方在资金数量、期限、利率等方面受到的限制多,小额短期资金难以进入直接融资市场;另外,直接融资的发展和便利程度也受金融市场制约。

间接融资是指资金供求双方不直接联系,而是通过银行等金融机构为中介实现融资,即资金闲置者通过存款,或者购买银行、信托、保险等金融机构发行的有价证券等形式将闲置的资金提供给这些金融中介机构,然后再由这些金融机构以发放贷款、提供贴现等方式将资金提供给资金需求者。间接融资的基本特点是:1. 间接性。在间接融资中,资金需求者和资金初始供应者之间不发生直接借贷关系,而是通过金融中介的桥梁作用,分别与金融机构发生一笔独立的交易。2. 资金来源广泛。由于银行等金融机构网点多,吸收存款的起点低,能够广泛筹集社会各方面闲散资金,积少成多,形成巨额资金。3. 相对较安全。在间接融资中,资金供应者是将资金先存放于金融机构,不直接提供给融资者,因此不需要直接承担全部风险。而金融机构可以通过资产多元化的形式分散投资,降低资金的风险。加上大部分国家都实行了存款保险制度,对资金供应者的资金就更多了一重保障。4. 总体融资成本低。由于银行和金融机构是专业的融资机构,有能力较全面了解和审核借款者的资信状况,不需要每个资金供应者单独去把握融资者的有关信息,因而降低了整个社会的融资成本。5. 主动性集中于金融机构。在间接融资中,金融机构具有较大的自主性,资金贷给谁不贷给谁,贷款的数量、期限等都是由金融机构决定,不由资金的初始供应者决定。6. 具有局限性。间接融资中,资金供给者与需求者以金融机构为中介,隔断了资金供求双方的直接联系,在一定程度上减少了投资者对投资对象经营状况的关注和筹资者在资金使用方面的压力,不利于资金使用效益的提高。

直接融资和间接融资各有特点,也各有利弊。在现代市场经济中,直接融资与间接融资是一对孪生兄弟,应当并行发展,相互促进,不能顾此失彼。直接融资与间接融资之间保持适当的比例有利于保持经济的弹性和可持续发展。国际货币基金组织的两位经济学家曾经观察过 1960 至 2007 年间 17 个 OECD 经济体在 84 次危机后经济恢复的情况,结果发现直接融资比重较高的经济体危机后的复苏速度显著高于间接融资比重较高的经济体,并且复苏效果更为持久,美国就是个明显的例子:2008 年全球金融危机后,尽管美国是危机的发源地,但其经济复苏速度再次超过欧洲和日本等国。根据世界银行提供的数据,如果用国际通行的存量法来计算一国直接融资的比重,可以发现,无论是高收入国家,还是中等收入国家,直接融资比重从 20 世纪 90 年代开始到今天,整体均呈上升趋势。在 20 世纪 90 年代,发达国家的直接融资水平已经达到了 60%,此后一直呈缓慢上升趋势,近年来接近 70% 的水平。中等收入国家在 20 世纪 90 年代初期,直接融资比重大致在 40% ~50%,此后稳步攀升,近年来达到了 60% ~70% 的水平,与高收入国家水平接近。虽然中等收入国家由于资本市场的发展历史各不相同,直接融资的比重有所区别,但近年来整体呈现出较快发展势头。比如,巴西、印尼等国在 20 世纪 90 年代初,直接融资的比重还很低,近年来已经上升到 60% 以上的水平且比较稳定。与其他国相比,我国的直接融资比重相对较低。不仅与发达国家存在差距,也低于俄罗斯以及人均收入不及我国的印度和印度尼西亚等国。根据中国人民银行的统计,2019 年末我国社会融资规模存量为 251.31 万亿元,其中,对实体经济发放的人民币贷款余额为 151.57 万亿元,根据存量法计算,直接融资比重仅为 39.7%。仍然大大低于世界中等收入国家的平均水平,这跟我国经济发展阶段和世界第二大经济体的地位极不相称。

一国的直接融资比重与很多因素相关,比如产业发展阶段、人均 GDP、文化传统、法律制度、金融市场成熟程度以及信用体系的建设情况等。我国随着经济发展水平的不断提高,人均 GDP 的稳步提升以及经济转型升级时期的到来,对直接融资的需求日趋旺盛,但由于相关法律制度不健全,金融自由化程度不高以及信用体系建设还处于初始阶段等原因,我国直接融资比重一直处于较低的水平。但是,从世界各国经济发展的理论与实践来看,随着经济的发展,直接融资比重提高,更多依赖资本市场来配置资金是同一个共同的趋势,也是经济社会发展的必然要求。特别是对于那些经济处于结构调整和转型升级时期的国家,直接融资所具有的风险共担、利益共享、成本低、自主灵活和服务多层次的特性,对促进经济稳定健康发展具有特别重要的意义。《2019 中国金融政策报告》指出：发展直接融资市场，可以摆脱三大困境，服务实体与承担风险的困境，流动性分配与实体融资的困境，加杠杆需求与去杠杆要求的困境。当前，我国经济正处在转方式、调结构的关键时期，应当大力发展直接融资，推动多层次资本市场建设，提高直接融资比重，提升金融资源配置效率，推动产业结构转型升级和经济可持续发展。

▶ 第 七 章 ◀

利息和利息率

第一节　利息的本质

利息是借款人支付给贷款人的超过借贷资本金额的那部分价值额,是借款人使用资本的代价。那么,利息的本质是什么? 它到底是怎么产生的?

马克思主义政治经济学的观点

马克思关于利息的理论是在对英国古典政治经济学研究成果进行批判吸收的基础上创立的。马克思在对利息的本质进行研究的时候,没有孤立地研究借贷资本本身的运动,而是把借贷资本的运动和资本主义再生产联系起来进行分析。马克思认为利息在本质上是剩余价值的转化形式,是利润的一部分。货币本身并不能创造货币,不会自行增值,只有把货币投入生产中,通过工人的劳动,才能创造出剩余价值。利息是借贷资本家凭借对资本的所有权,与职能资本家共同瓜分剩余价值的结果。因此,利息在本质上与利润一样,是剩余价值的转化形式,反映了借贷资本家和职能资本家共同剥削工人的关系。

西方学者对利息的理解

古典学派的大卫·休谟认为利息和利润相互影响,平均利润如果有下降的趋势,利息也会有下降的趋势。亚当·斯密认为利息是利润的派生形式,是利润的一部分,会随着利润的变动而变动。威廉·配第是第一个提出利息概念的人,他将利息称为"货币租金",认为出借货币的人一定要得到补偿,这种补偿就是利息。凯恩斯学派认为货币需求是一个内生变量,决定于人们的流动性偏好,利息是对人们放弃流动性的补偿。

第二节　利率及其决定

利息率简称利率,是指利息和本金的比率,用公式可以表示为:

$$利率＝利息额/借贷资本总额×100\%$$

利率是怎么决定的?从政治经济学产生之日起,经济学家们就开始了此类问题的讨论。如果仅从利率是利息与本金的比率来研究利率的话,利率的高低变化其实很简单:在借贷资本总额固定的情况下,利息额的变化就决定了利率的变化。所以,在资本主义发展的早期,经济学家们就是围绕利息来研究利率的。现代经济中,利率的变化受到许多因素制约,同时,利率的变动对经济发展也会产生重要的反作用,因此,经济学家在研究利率的决定问题时,特别重视各种变量的关系以及整个经济的平衡问题。

马克思的利率决定理论

马克思的利率决定理论是最早的利率决定理论。马克思在研究利率问题时受到古典经济学的影响,是在批判地继承前人研究成果的基础上,以产业资本作为研究对象,通过分析借贷资本和产业资本关系、资本所有权和使用权关系、货币资本家和职能资本家关系的基础上，以剩余价值在不同资本家之间的分割为起点而得出结论的。马克思认为利息是剩余价值的转化形式，是对利润的一种分割，是借贷资本家放弃使用产业资本而应得到的一种报酬，是产业利润的一部分；而利率就是借贷双方同意的一定期限内的利息占借入资本金额的比例。马克思认为利息由利润调节，也就受一般利润率调节，因而平均利润是利息的最高界限；利率在零和平均利润率之间波动，而市场最终的利率水平则主要取决于市场中借贷资本的供求状况。但是，马克思认为在经济周期的不同阶段利率也会发生变化。马克思在《资本论》中使用了"平均利息率"和"市场利息率"两个概念对利率进行分析，认为平均利息率应该根据利息率在经济周期中发生变动的平均数和那些资本贷出时间长的部门的利息率来计算；马克思还指出利率的高低取决于职能资本家和借贷资本家之间对利润的分割比例，因而，利率具有偶然性。也就是说平均利率无法由任何规律决定，传统、习惯、竞争关系等都可以通过影响资金供求关系决定利率的高低变化，即当平均利润率高时则投资动机提高，对借贷货币的需求上升，利率随之提高，反之，利率降低。

除了马克思的利率决定理论以外，在西方利率决定理论发展过程中，先后出现了古典学派的真实利率理论、凯恩斯流动性偏好理论、可贷资金理论和新古典综合派的 IS-LM 理论等利率决定理论。

真实利率理论

古典学派的真实利率理论也称储蓄投资理论，建立在萨伊法则和货币数量论的基础上，以英国马歇尔的"储蓄投资利率论"和美国费雪的"借贷资本利率论"为代表。该理论认为在充分就业的水平下，储蓄与投资都是利率的函数，资本的供给是利率的增函数，投资是利率的减函数。利率决定于储蓄和投资，这两种力量的均衡决定了利率水平。如图：

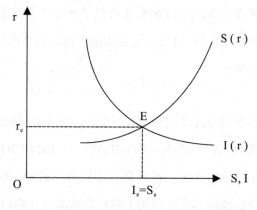

图 7-1　储蓄（S）　投资（I）　r_e（均衡利率）

凯恩斯流动性偏好理论

凯恩斯的流动性偏好理论认为,利率不是由储蓄和投资的相互作用决定的,利率是一种纯货币现象,由市场上的货币供求关系决定,利率的变动是货币供求关系变动的结果。因为货币是流动性最强的特殊资产,而人们都有流动性偏好,也就是说,人们在选择其财富的持有形式时,大多数倾向于选择货币,因为货币具有完全的流动性和最小的风险性,利息则是对人们放弃流动性的补偿。中央银行货币政策决定的货币供给量和人们的流动性偏好是利率决定的两大因素。同时,货币供给量表现为满足货币需求的供给量,即货币供给量等于货币需求量是均衡利率的决定条件。在货币需求一定的情况下,利率取决于中央银行的货币政策,并随货币供给量的增加而下降。但当利率下降到一定程度时,由于持有货币的机会成本会变得很低,加上人们对资本市场价格的悲观判断,人们对货币的需求无限增大,使得中央银行再增加货币供给量,也不会导致利率继续下降,形成"流动性陷阱"。

可贷资金理论

可贷资金理论认为利率是可贷资金的供给和需求决定的,主要代表人物是剑桥学派的罗伯逊和瑞典学派的俄林。这一理论认为利率是由可贷资金的供求决定的,利率取决于商品市场和货币市场的共同均衡。储蓄是可贷资金供给的主要来源,与利率呈正相关。可贷资金的供给,也可以通过中央银行的货币政策实现。投资是可贷资金需求的主要部分,与利率呈负相关。在可贷资金需求不变的情况下,利率随可贷资金供给量的增加或减少而下降或上升;均衡利率取决于可贷资金供求的平衡。可贷资金理论既注重流量和货币供求的变化量的分析,也强调长期实际经济变量对利率的决定作用,融合了凯恩斯流动偏好利率理论,对利率的决定问题的研究更全面更准确。

IS-LM 理论

"IS-LM"模型由英国经济学家约翰·希克斯和美国经济学家汉森共同创立,也称"希克斯-汉森模型"或"希克斯-汉森图形"。IS-LM 模型认为,国民收入由总需求,即消费、投资和净出口决定。投资需求受到利率影响,利率又由货币市场供求情况决定,因此,国民收入和货币市场上的货币供求是互相影响、相互作用的,收入和利率也只有在这种相互联系,相互作用中才能决定。IS-LM 模型把边际消费倾向、资本边际效率、货币需求和货币供给这四个变量放在一起,构成一个国民收入和货币市场之间相互作用,共同决定利率的理论框架。IS-LM 模型从一般均衡的角度进行分析,同时考虑了国民收入和货币市场的均衡,克服了之前的理论中都没有考虑收入因素的缺陷,是目前对利率决定机制相对最为完善的解释。

具体来说,在现代经济中,利率受到平均利润率、资金供求状况、物价水平、宏观调控及国际经济环境的影响。利率的高低首先取决于社会平均利润率的高低,最高不会高于社会平均利润率,如果高于社会平均利润率,大部分企业将无利可图,从而降低企业的投资意愿;但利率也不能低于零,低于零会影响借贷资本的回报。在社会平均利润率既定时,利息率的变动则取决于平均利润在利息和企业利润之间的分割比例,最终这个比例是由借贷资本的供求双方通过竞争确定的。一般来说,当借贷资本供不应求时,利率上升;当借贷资本供过于求时,利率下降。利率还受物价水平的影响,当物价上涨时,货币贬值,银行必须使吸收存款的名义利率适应物价上涨的幅度,否则难以吸收存款;同时也必须使贷款的名义利率适应物价上涨的幅度,否则借贷资本难以获得投资收益,因此,物价水平提高会导致名义利率水平提高。相反,当物价水平下降时,货币升值,借款者的还贷负担会加重,借贷资本则会多得利息,为减少借款人的损失,平衡资金借入者和贷出者之间的利润,名义利率会有所下跌。所以,名义利率水平与物价水平具有同步发展的趋势,物价变动的幅度制约着名义利率水平的高低。此外,利率也会受到国际经济环境的影响。在各国经济联系日益密切的情况下,国际资金的流动会给利率带来一定的影响。大量外资流入,会使国内资金日益富裕,利率会随之下跌;若外资流出,则会导致市场上资金供应紧张,利率随之上升。但在资本管制较严格的国家,资本在国际的流动对利率的影响是有限的。最后,利率还会受到国家宏观调控政策的影响。中央银行货币政策的实施会直接影响到市场上利率的变动,比如,如果经济过热,中央银行会通过提高存款准备金率或再贴现率,或通过公开市场操作的方式减少市场货币供应量,促使市场利率提高;反之,中央银行会进行相反的操作,使得市场利率降低。在现代经济运行中,利率的高低变化受制于经济发展中的众多因素,其变动对整个经济发展也会产生反作用,因此,任何国家都不会完全任由利率随市场资金供求状况自由波动,而是会随着宏观经济发展状况而做相应的控制和调节。

第三节　利率的种类

根据不同的标准,利率可以划分为多种类型。

年利率、月利率和日利率

根据计量的期限,有年利率、月利率和日利率,分别用百分比、千分比和万分比来表示。

单利和复利

单利是指仅按本金和时间的长短计算利息,本金所生利息不加入本金重复计算利息,用公式可以表示为:

$$R = V(1 + i \times n)$$

R:本金与利息之和,又称本利和或终值;

V:本金,又称期初金额或现值;

i:利率;

n:计息期数,通常以年为单位。

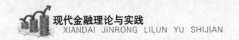

复利是指在一定时期按本金计息,随即将利息并入本金,作为下一期计算利息的基础。用公式可以表示为:

$$R = V(1+i)^n$$

存款利率与贷款利率

存款利率是银行支付储户存款利息时使用的利率,贷款利率是银行向借款人收取利息时使用的利率。贷款利率高于存款利率,它们的差额被称为存贷利差,是银行利润的重要来源之一。

名义利率和实际利率

名义利率,是央行或其他提供资金借贷的机构所公布的未考虑通货膨胀因素的利率;实际利率是指物价不变,即名义利率剔除了物价变动水平的利率,实际利率和名义利率的关系可以用公式表示为:实际利率=名义利率−通货膨胀率。因此,名义利率并不是投资者能够获得的真实收益。例如,1988 年,我国的通货膨胀率一度高达 18.5%,而 1988 年 9 月 1 日之前,银行一年期定期存款的利率只有7.2%,远远低于物价上涨率。所以在 1988 年的前三个季度,存款人的存款不仅没有收益,就连本金也在贬值,因此就发生了 1988 年夏天银行挤兑和抢购之风,银行存款也急剧下降。2011 年 7 月,我国的 CPI 达到 6.5%,而银行一年期存款利率仅为 3.5%,实际利率为负。在负利率的条件下,人们更愿意把自己拥有的财产通过各种其他理财渠道进行保值和增值,例如购买股票、基金、外汇、黄金等。所以,真正影响资金收益的不是市场上的名义利率而是实际利率。

固定利率和浮动利率

固定利率是指在借贷期内不做调整的利率。使用这种利率时计算成本与收益十分方便,但是对融资方和投资方都带来诸多不确定因素,当市场利率上升时,意味着投资方的投资收益受损,对于融资方则可以规避利率上升的风险,但当市场利率下调时,贷款人又将被锁定在一个较高的利率水平上,白白多付利息。所以,如果贷款期限较长,固定利率会使借贷双方都承担利率变动的风险,因而,固定利率更适用于短期借贷。

浮动利率又称可变利率,是一种在借贷期内可随市场利率的变动而定期调整的利率,对融资方和投资方都能起到降低风险的作用。20 世纪 70 年代以后,世界各国利率波动幅度和频率大大增高,浮动利率被越来越多地采用。我国企业的中长期贷款和部分房屋按揭贷款都采用浮动利率。

一般利率和优惠利率

一般利率是指不享受任何优惠条件的利率,优惠利率是针对不同贷款种类和贷款对象实行不同的利率,略低于一般贷款利率,是差别利率的一种。银行一般会对规模大、信誉好、资信高且处于有利竞争地位的企业提供优惠利率;国家也会通过金融机构对需要扶植和鼓励发展的产业或符合条件的特定人群提供优惠利率,比如我国实行的贴息贷款就是一种优惠利率,享受一定折扣的房屋按揭贷款利率也属于优惠利率。

第四节　利率的风险结构和期限结构

利率的风险结构

利率的风险结构是指期限相同的金融工具因风险不同而产生的不同的收益率,它反映了金融工具所承担的信用风险的大小对其收益的影响。一般而言,利率和风险呈正比例关系,也即风险越大,实际利率越高,即高风险高收益。引起利率变化的风险主要包括违约风险、流动性风险和税收风险。

违约风险是指金融工具能否及时偿还的不确定性带来的风险。违约风险低则利率低,反之利率也高,高风险需要通过提高利率来补偿。比如,政府发行的债券违约率低,因而利率也较低,但一些欠发达国家政府发行的债券风险则较高,特别是一些经济发展状况不稳定或政局比较动荡的国家,政府债券的风险较高,因而利率也较高。企业发行的债券也一样,通常大公司的盈利能力强,违约风险低,因而大公司发行的债券的利率会低于小公司债券。发达国家的国债通常没有违约风险,被称为"无违约风险债券",有违约风险的债券和无违约风险债券之间的利差

被称为"风险溢价",也称为"信用利差",在到期期限相同的情况下,违约风险越高,风险溢价就越大。

流动性风险是指因金融工具变现速度慢而可能遭受的损失。具有较好流动性的金融工具可以在需要时以较低的成本迅速转化为现金,但流动性越强,利率就越低,反之利率越高。比如,大多数发展中国家债券的收益率通常高于发达国家相同期限的债券收益率,就是因为很多发展中国家金融市场的成交量低,金融工具流动性较弱;同样,相同期限的公司债和政府债券相比,公司债的收益率往往较高,因为通常公司债券市场不如政府债券市场活跃,公司债的流动性相较于政府债来说比较低。

税收风险是指由于一国的税法对不同的金融工具规定了不同的税收标准而导致的债券收益率的差别。比如,很多西方国家地方政府债券的违约风险高于中央政府债券,流动性也较差,但地方政府债券的利率却比较低,原因就是因为两者的税收待遇不同,地方政府债券的利息一般是免缴所得税的。税率越高的债券,其税前利率也越高。

利率的期限结构

是指在某一时点上,不同期限资金的收益率与到期期限之间的关系。是指在某一时点上,利率的期限结构反映了不同期限的资金供求关系,揭示了市场利率的总体水平和变化方向,为投资者从事债券投资和政府有关部门加强债券管理提供可参考的依据。

第五节　现值和终值

货币资金经过一定时间的周转使用后会发生增值,这被称为资金的时间价值。比如现在有 10000 元,年利率为 6%,则 3 年后这笔钱按单利计算值 11800 元。这个本利和就称为终值。具体来说,终值是指某一时点上的一定量现金折合到未来的价值。终值可以有单利和复利两种计算方法。

单利终值公式:$F = P \times (1 + n \times i)$

复利终值公式:$F = P \times (1+i)^n$

终值:F　现值:P　利率(折现率):i　计算期数 n

如果知道未来有一笔钱,我们想知道按照某种利率折合到今天值多少钱,就可以把这个过程倒转过来进行计算。比如,3 年后的 100000 元,年利率 6%,按复利计算,折合到今天就值 83961. 9 元[$100000 \div (1+6\%)^3 = 83961.9$(元)]。这就是现值(又称现期贴现值),是指在给定的利率(贴现率)水平下,未来的资金折现到现在时刻的价值,是资金时间价值的逆过程。

单利现值计算公式:$P = F / (1 + n \times i)$

复利现值计算公式:$P = F / (1+i)^n$

现值的计算可以用在很多场合,包括银行票据贴现,比较投资方案,确定固定资产、无形资产的摊余成本等。例如,投资资金在年度之间分配的比例不一样,最终总的投资额就会不一样,但未必总投资额高的方案实际投资成本就低,这就需要通过现值的计算,把每年的投资额统一换算成现值进行比较;确定固定资产、无形资产等的摊余成本时,需要在现值计量下,将这些资产在预期存续期间的未来现金流量折现,再通过相应的调整确定其摊余成本。

第四篇
金融机构

▶ 第 八 章 ◀

金融机构及其风险管理

第一节　金融机构及金融机构体系

　　金融机构又称金融中介机构,是从事各种金融活动的组织。金融中介是指为资金的需求者和供给者牵线搭桥,使供需双方顺利实现资金余缺调剂的机构。不同的融资方式下,金融机构采用的业务方式不同,金融机构的类型也不一样。比如,间接融资方式下,资金的闲置者都会把资金存放在银行,银行集中了大量的资金,再根据不同资金需求者的需要把资金放贷出去,充当金融中介的是各种类型的银行。直接融资中,资金供求双方直接形成债权债务关系,金融机构为筹资者和投资者提供咨询、承销、经纪等中介服务,这类金融机构有投资银行、证券公司、证券交易所等。另外还有从事保险服务、信托、金融租赁等金融活动的机构,它们都是金融机构的重要组成部分。

　　金融机构种类繁多,按照不同的标准,可划分为不同的类型:

按其功能,可以分为中央银行、银行类金融机构(包括政策性银行、商业银行、村镇银行,农村信用合作社、城市信用合作社)和非银行金融机构(包括保险公司、证券公司、投资银行、财务公司、第三方理财公司等)。

按照是否能够接受公众存款,可划分为存款性金融机构与非存款性金融机构。存款性金融机构主要通过吸收存款获得资金来源,如商业银行、合作储蓄银行和信用合作社等;非存款性金融机构则不得吸收公众的储蓄存款,如保险公司、信托投资公司、政策性银行以及各类证券公司、财务公司等。

按照是否担负国家政策性融资任务,可划分为政策性金融机构和非政策性金融机构。政策性金融机构是指由政府投资创办,按照政府意图与计划从事金融活动的机构;非政策性金融机构则不承担国家的政策性融资任务。

比如,我国金融机构的分类遵循 2010 年中国人民银行发布的《金融机构编码规范》中规定的标准,共分为九个大类。具体如下:

货币当局

1. 中国人民银行;

2. 国家外汇管理局。

监管当局

1. 中国银行保险监督管理委员会;

2. 中国证券监督管理委员会。

银行业存款类金融机构

1. 银行;

2. 城市信用合作社(含联社);

3. 农村信用合作社(含联社);

4. 农村资金互助社;

5. 财务公司。

银行业非存款类金融机构

1. 信托公司;

2. 金融资产管理公司;

3. 金融租赁公司;

4. 汽车金融公司；

5. 贷款公司；

6. 货币经纪公司。

证券业金融机构

1. 证券公司；

2. 证券投资基金管理公司；

3. 期货公司；

4. 投资咨询公司。

保险业金融机构

1. 财产保险公司；

2. 人身保险公司；

3. 再保险公司；

4. 保险资产管理公司；

5. 保险经纪公司；

6. 保险代理公司；

7. 保险公估公司；

8. 企业年金。

交易及结算类金融机构

1. 交易所；

2. 登记结算类机构。

金融控股公司

1. 中央金融控股公司；

2. 其他金融控股公司。

新兴金融企业

1. 小额贷款公司；

2. 第三方理财公司；

3. 综合理财服务公司。

各种类型的金融机构组成的相互联系的统一整体就称为金融体系。在市场经济条件下,现代金融体系大多数是以中央银行为核心,商业银行为主体,各类银行和非银行金融机构并存的模式。比如,美国的金融机构体系主要构成如下:(1)联邦储备系统。该系统由三级金融机构所组成,包括联邦储备委员会(联邦储备系统的最高决策机构)、联邦储备银行及会员银行。(2)商业银行。包括两大类,国民银行和州立银行。(3)商业银行以外的为私人和企业服务的金融机构,包括储蓄贷款协会、信用合作社、销售金融公司、投资银行、证券交易所和信托机构等。(4)其他金融机构。主要是指养老金基金和货币市场互助基金。(5)政府专业信贷机构。包括两类,一类是专门为购房者提供信贷的机构;一类是专门为农民和小企业提供信贷的机构。

我国的金融机构体系是以中国人民银行为领导,国有商业银行为主体,城市信用合作社、农村信用合作社等吸收公众存款的金融机构、政策性银行等银行业金融机构及金融资产管理公司,信托投资公司、财务公司、金融租赁公司、经国务院银行业监督管理机构批准设立的其他金融机构、外资金融机构并存的结构(如下图所示)。

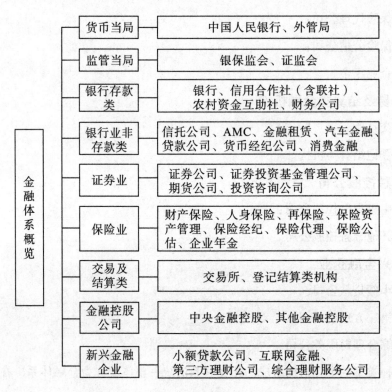

第二节　国际金融机构体系

国际金融机构体系由从事国际金融管理和国际金融活动的超国家性质的金融机构组成,这些金融机构按地区可分为全球性国际金融机构和地区性国际金融机构。

世界上第一个国际金融机构是国际清算银行。1930年5月,为处理战后德国赔款的支付和清算问题,由英、法、德、日、意、比利时等国的中央银行以及摩根保证信托投资公司、纽约花旗银行和芝加哥花旗银行,在瑞士巴塞尔成立了国际清算银行,总部设在瑞士巴塞尔。国际清算银行是世界上历史最悠久的国际金融组织,刚建立时只有7个成员国,现在已发展至60家中央银行或货币当局。国际清算银行设立的最初是为处理第一次世界大战后德国的战争赔款问题,第二次世界大战后,它成为经济合作与发展组织成员国之间的结算机构,其主要业务也逐渐转变为促进各国中央银行之间的合作,为国际金融业务提供便利,并接受委托或作为代理人办理国际清算业务等,实际上成为各国“中央银行的银行”。成立“国际清算银行”是设立国际金融机构的重要开端。中国人民银行自1986年起就与国际清算银行建立了业务方面的关系,并于1996年11月正式加入国际清算银行。

二战后,各种全球性和区域性的国际金融机构先后建立。1945年12月27日,根据《国际货币基金组织协定》,国际货币基金组织在华盛顿成立,世界银行也同时成立,它们并列为世界两大金融机构。国际货币基金组织的宗旨是:促进国际货币合作,设法消除国际收支的严重失衡,促进国际贸易的平衡发展;提高成员国就业和收入水平,促进成员国生产发展,汇率稳定,避免成员国之间竞争性的货币贬值,消除妨碍世界贸易的外汇管制,向成员国提供贷款,帮助其纠正国际收支的不平衡等。

世界银行是世界银行集团的简称,由国际复兴开发银行、国际开发协会、国际金融公司、多边投资担保机构和国际投资争端解决中心 5 个成员机构组成。最早成立的是国际复兴开发银行,主要是帮助欧洲国家和日本二战后的重建。1948 年后,欧洲各国开始主要依赖美国的"马歇尔计划"来恢复战后的经济,世界银行便开始致力于援助发展中国家,通过向这些国家提供中长期贷款与投资,促进其经济和社会发展。世界银行是世界上提供发展援助最多的机构之一,其中国际复兴开发银行主要向成员国提供长期的贷款优惠;国际开发协会 1960 年成立,专门对低收入国家提供长期低息援助性贷款;国际金融公司 1956 年成立,主要向成员国的私人部门提供贷款。世界银行的宗旨是向成员国提供贷款和投资,推进国际贸易均衡发展。中国于 1980 年恢复世界银行的成员国地位,次年接受了世行的第一笔贷款。

从 1957 年到 20 世纪 70 年代,欧洲、亚洲、非洲、拉丁美洲、中东地区的国家为发展本地区经济的需要,又先后建立起区域性的国际金融机构,如美洲开发银行、非洲开发银行、亚洲开发银行等。

美洲开发银行成立于 1959 年,是世界上成立最早和最大的区域性、多边开发银行,总行设在华盛顿。美洲以外地区的国家也可加入,但非拉美国家不能利用该行资金,只可参加该行组织的项目投标。其宗旨是对拉丁美洲国家的经济社会发展提供资金和技术援助。2009 年 1 月,中国正式加入。

非洲开发银行 1964 年正式成立,总部设在科特迪瓦的经济中心阿比让。2002 年,因政局不稳,临时搬迁至突尼斯至今。非洲开发银行是非洲最大的地区性政府间金融机构,其宗旨是促进非洲地区成员的经济发展与社会进步,协助非洲大陆制定发展的总体战略,协调各国的发展计划,以逐步实现"非洲经济一体化"。我国于 1985 年加入该行,成为正式成员国。

亚洲开发银行简称亚开行或亚行,创建于 1966 年,总部位于菲律宾首都马尼拉。其宗旨是通过发放贷款、进行投资和技术援助,促进亚洲及太平洋地区的会员国经济和社会发展。我国在亚洲开发银行的合法席位于 1986 年恢复,为亚行的第三大认股国。

加勒比开发银行于 1969 年在牙买加首都金斯敦成立,总部设在西印度群岛的巴巴多斯首都布里奇顿。加勒比开发银行是地区性、多边开发银行,该行的宗旨是促进加勒比地区成员国经济发展,推进经济合作及本地区的经济一体化。中国于1997年加入加行。

欧洲复兴开发银行简称欧银,成立于1991年,总部设在伦敦。欧洲复兴开发银行的宗旨是帮助和支持东欧、中欧国家向市场经济转化,调动这些国家个人及企业的积极性。投资的主要目标是中东欧国家的私营企业和基础设施建设。中国于2016年正式加入该行。

亚洲基础设施投资银行简称亚投行,于2015年成立,总部设在北京,是首个由中国倡议设立的多边金融机构。其宗旨是促进亚洲地区基础设施的互联互通建设和经济一体化的进程,并加强中国及其他亚洲国家和地区的合作,重点支持基础设施建设;亚投行法定资本1000亿美元,中国出资50%,为最大股东。截至2020年7月,亚投行已有103个成员国。

第三节　金融机构的风险管理

在市场经济中,竞争领域的一切活动都存在一定的风险,金融领域的风险则表现得更为突出,金融风险有信用风险、市场风险、流动性风险、操作风险、法律风险、合规风险、政策风险、系统风险。

信用风险是指交易对手无力或者不愿意履行合约的责任而造成经济损失的风险,即违约风险,或者由于其中一方信用等级下降,使持有金融资产的另一方资产发生贬值,也属于信用风险;信用风险还可以指由于各种不确定因素对金融机构信用造成影响,使金融机构在经营活动中遭受损失或获取额外收益的一种可能性,比如,金融危机发生时,某家金融机构的倒闭,可能会使存款人对所有金融机构失去信任而导致挤兑现象发生,给正常经营的金融机构带来损失。

市场风险是指市场上的基础金融变量,如利率、汇率、股价等变动所导致的金融资产或负债的市场价值变化带来的收益或损失的可能性。

流动性风险有市场因素,也有交易者本身的因素。来自市场的风险是由于市场流动性不强,导致投资者无法及时变现而出现损失的风险,或者是因为投资者自身急需资金,不得不提前低价出售资产而可能导致的损失,称现金流风险,也是流动性风险的一种。对于商业银行来说,根据2015年中国银行业监督管理委员会发布的《商业银行流动性风险管理办法(试行)》,流动性风险是指商业银行无法以合理成本及时获得充足资金用于偿付到期债务、履行支付义务和满足正常业务开展的资金需求的风险。

操作风险指金融机构在运营过程中,因内部控制的缺失或疏忽、系统的错误、欺诈或其他人为错误导致经济损失的可能性,如操作人员误操作、恶意隐瞒信息、不可抗力等。

法律风险是一种特殊的操作风险,指金融机构与雇员或客户签署的合同等文件违反有关法律法规,或有关条款在法律上不具备可实施性,或其未能适当对客户履行法律法规上的职责而蒙受经济损失的可能性。

合规风险是指金融机构违反政府监管规定或自律性组织制定的有关准则而可能遭受法律制裁或监管处罚,从而导致重大财务损失或声誉损失的风险。

政策风险是指货币当局的货币政策以及政府对内对外的经济、政治、外交、军事等政策的变动带来的风险。

系统风险是指金融机构从事金融活动所在的整个系统或整个市场发生剧烈波动甚至危机而使单个金融机构受到影响,蒙受经济损失的可能性。

在现代市场经济中,金融领域是竞争最激烈、风险程度最高的领域,金融机构要想稳健经营,就必须进行风险管理,最大程度控制风险,减少风险隐患。风险管理就是社会组织或个人通过对风险的识别、评估和分析,选择最有效的方式,对风险实施有效控制和妥善处理风险造成的损失,从而以最小的成本收获最大的安全保障。2019年2月26日,中国银行业协会和普华永道联合发布了《中国银行家调查报告(2018)》,对127家银行业金融机构的2380位银行家做了调查,结果显示,60.8%的银行家认为"不良贷款集中爆发的风险"将是银行业面临的主要风险。同时,32.4%的银行家将"不良贷款增长"作为银行经营的最大压力来源,可见,"信用风险管理"仍是当前银行业经营管理的重点。金融机构管理信用风险的方法多种多样,传统的手段主要包括分散投资、防止授信集中化、加强对借款人的信用审查和动态监控等,比如贷款资格审查和贷款对象的管理。贷款资格审查是依据一定的程序和指标,如贷款企业的盈利情况、边际利润、负债状况以及贷款企业所在行业的发展前景等来考察借款人的信用状况,以避免可能发生的信用风险。贷款对象的管理是指银行可以选择不同行业的企业作为贷款对象,构造自己的贷款组合和投资组合,通过不同行业信用风险的相互抵消来减少信用风险。随着现代金融业的发展,特别是20世纪90年代以后,金融脱媒现象增加、竞争日趋白热化、金融衍生品急剧膨胀,使信用风险越来越多地进入证券交易和投资银行领域,传统的信用风险管理模式和手段开始显得捉襟见肘。随着现代科学技术,特别是电子计算机和大数据的发展,各国金融机构开始普遍采用建模的方式应对信用风险,诞生了各种不同的信用风险管理模型。例如,Credit metrics 模型、Credit risk+模型、KMV模型和 Credit Portfolio View 模型等。现代信用风险模型主要是对有关群体或个体的历史数据进行统计分析,根据结果对贷款申请人进行信用风险及资信评估,对其未来行为的信用风险做出预测,这是目前信用风险防范的有效依据和手段。

1997 年,亚洲金融危机爆发,人们发现金融活动中的很多损失不再是由单一风险造成,而是由信用风险和市场风险等多种风险联合导致。因此,金融机构特别是一些大型混业经营的金融机构,其风险管控开始由单一的信用风险管理向全面风险管理模式转变,原有的信用风险模型也开始向新一代的风险测量模型,即一体化的测量模型转变。所谓全面风险管理是指对整个机构内各种类型的风险进行通盘管理,即将信用风险、市场风险及各种其他风险以及包含这些风险的各种金融资产与资产组合、承担这些风险的各个业务单位纳入统一的体系中,对各类风险再依据统一的标准进行测量并加总,且依据全部业务的相关性对风险进行控制和管理。

为了提高我国银行业金融机构全面风险管理水平,促进银行业体系安全稳健运行,我国于 2016 年 10 月发布了《银行业金融机构全面风险管理指引》(以下简称《指引》)。《指引》要求银行业金融机构制定风险限额管理的政策和程序,建立风险限额设定、限额调整、超限额报告和处理制度。同时,在风险限额临近监管指标限额时,启动相应的纠正措施和报告程序,采取必要的风险分散措施,并向银行业监督管理机构报告。《指引》规定银行业金融机构全面风险管理应当遵循匹配性、全覆盖、独立性和有效性这四个基本原则,同时规定银行业金融机构全面风险管理体系应当包括风险治理架构和风险管理策略、风险偏好和风险限额、风险管理政策和程序、管理信息系统和数据质量控制机制、内部控制和审计体系五个方面的内容。

第四节　金融机构在现代经济中的作用

金融机构是现代经济中的重要参与者,在现代经济发展中起着重要作用。

充当信用中介,促进资金融通

充当信用中介是银行类金融机构最基本、最能反映其经营活动特征的职能。商业银行通过存款业务,集中社会上的各种闲散资金,再通过贷款业务或购买有价证券等投资活动投向生产领域,有效促进了资金融通。除了商业银行,其他金融机构也通过不同的方式发挥着信用中介的作用:如保险类金融机构吸收保费,除支付必要的理赔和扣除必要的准备外,大部分资金会投资资本市场;基金类信托类金融机构作为受托者,接受投资者资金,也将其投向资本市场。金融机构的这种信用中介作用不仅使闲散资本得到充分利用,还可以使来源不同的短期资金在期限上实现前后衔接,变成数额巨大的长期稳定资金,起到续短为长的作用。

充当支付中介,便利支付结算

支付中介即商业银行以存款账户为基础,为客户办理货币结算、货币兑换、货币收付等业务,成为工商企业、机关团体和居民个人的货币保管者、出纳和支付代理人。支付中介职能是商业银行最基本的职能之一,中国人民银行颁发的《支付结算办法》第六条规定："银行是支付结算和资金清算的中介机构。未经中国人民银行批准的非银行金融机构和其他单位不得作为中介机构经营支付结算业务,但法律、行政法规另有规定的除外。"金融机构支付中介职能的出现早于信用中介,早在商业银行产生之前,货币经营业就执行着支付中介职能,银行支付中介职能的发挥,减少了流通中现金的使用,加快了结算过程和资金周转,减少了社会流通费用,有效促进了社会经济的发展。

降低金融市场的交易成本

金融市场的交易成本是指金融活动中花费的时间和金钱,主要有交易双方签约前的搜寻费用、签约时的谈判费用以及签约后的履行监督费用等。有了金融机构,交易双方的这些成本就可以大大降低。首先,可以降低交易中的搜寻成本,有了金融机构,资金短缺者和资金盈余者都不用再漫无目的地去寻找对方,大家可以直接和金融机构联系;其次,可以降低金融交易中的信息成本,信息成本是在评价金融资产价值的过程中所发生的成本,金融机构拥有大量的专业人员和技术手段,可以通过提供咨询服务的形式降低金融交易中的信息成本;最后,金融机构集聚了众多闲散资金,可以形成规模优势,大大降低了单个贷款者的交易成本。金融市场交易成本的降低使金融活动更高效便捷,资金融通更为顺畅,市场机制得到更为充分的发挥,提高了经济效率,推动了经济发展。

转移和管理金融风险

金融机构转移和管理金融风险的功能是指金融中介通过各种业务和技术,分散、转移、控制、减轻金融活动中的各种风险。主要体现在其充当融资中介的过程中为投资者分散风险并提供风险管理服务。金融机构的类型不同,其转移和管理金融风险的方式也不同。存款类金融机构转移与管理风险主要是通过吸收不同期限和种类的存款,通过专业化的管理和规模经济效应,降低边际交易成本,使投资得以顺利进行,风险也得以分散。信息咨询服务类金融机构与投资类金融机构由于其自身的专业性特点,信息搜集与获取非常便利,信息筛选能力强,能够有效防止信息不对称情况下的逆向选择和道德风险。投资类金融机构还可以进行资产组合,使风险有效分散。保障类金融机构可以通过提供各种保险,为企业、个人、家庭分摊损失和进行经济补偿,起到分散、转移风险的目的,而保险机构自身则根据大数法则精确地预测危险,合理地厘定保险费率,通过在保险期限内收取的保险费用与损失赔偿及其他费用开支相平衡来转移和分散风险。

◆ 第 九 章 ◆

商业银行

第一节　商业银行的产生及发展

　　"Bank"是银行的英文,这个词由意大利文"Banca"演变而来。"Banca"在意大利文中是"长凳"的意思。为什么"长凳"会演变成今天的银行呢? 那是因为西方的银行就是从 11 世纪威尼斯街边的长凳发展起来的。威尼斯是中世纪欧洲的商业中心与贸易重镇,来自各国的商人云集于此,市面流通着五花八门的货币,需要兑换与鉴定,同时,随着异地交易和国际贸易的不断发展,来往于各地的商人,为了避免长途携带货币的风险,会把自己的货币交存给专业货币商,委托其办理汇兑业务,由此便催生了以兑换、鉴定货币及保管、汇兑为业的货币商。这些最早经营金融业务的商人都没有铺面,只在街边摆一张长凳,随着业务的扩大才逐渐换成铺面。货币商们开展兑换、保管、汇兑等业务需要保有大量现金,但多个存款人不会同时支取存款,于是他们开始把暂时闲置的资金贷放出去,赚取利息,发现有利可图后,为了扩大资金来源,商人们开始有意识地吸纳存款,最初的货币经营业也慢慢演变为银行业。吸收存款是普通货币经营业转变成银行业的重要标志,所以商业银行又被称为存款货币银行。

无独有偶,中国早期的金融机构则是从"桌子"发展起来的。明朝中期开始,市面开始流通白银,银子的成色需要鉴定,银和铜钱之间也需要兑换,于是便有商人在街边摆张桌子提供这些服务并赚取手续费,这就是我国明清时期钱铺、钱庄的前身,叫作"钱桌",其形态与中世纪威尼斯街边的"长凳"很相似。1580 年建立的威尼斯银行是世界上最早的银行,也是第一个采用"银行"作为名称的。但早期银行的贷款对象主要是政府等特权阶层而非工商业,并带有高利贷性质。新兴的资本主义工商业无法得到足够的信用支持,随着资本主义生产方式的发展,建立资本主义银行的需求越来越迫切。1694 年,在英国政府的支持下,世界上最早的股份制银行——英格兰银行成立。其最突出的特点就是贷款利率大大低于早期银行的利率,它的出现,宣告了高利贷性质的银行在社会信用领域垄断地位的结束,标志着现代商业银行的诞生和资本主义现代银行制度的形成。从这个意义上说,英格兰银行是现代商业银行的鼻祖。18 世纪末到 19 世纪初,欧洲各资本主义国家相继成立了规模巨大的股份制商业银行,现代商业银行在世界范围内开始普及。

资本主义商业银行的产生基本上通过两种方式:一种是旧的高利贷性质的银行逐渐适应新的制度和环境,演变为资本主义银行;另一种就是新兴的资产阶级按照资本主义原则设立的股份制银行,典型的如英格兰银行。相比较于西方,中国的银行业发展得较晚,从明朝末年才开始有一些较大的钱庄从事贷款活动,到清朝时陆续有了存款、汇兑业务。当西方资本主义国家普遍建立起现代银行体系时,中国的金融业还停留在高利贷性质的票号和钱庄阶段。中国近代银行业是在 19 世纪中叶外国资本主义银行入侵之后才兴起的。1845 年,英国人在中国开设丽如银行(分行),这是中国第一家新式银行,之后各资本主义国家纷纷来华设立银行,给中国经济发展带来巨大破坏。为了摆脱外国银行的控制,清政府于 1897 年在上海成立了中国通商银行,标志着中国现代银行的产生。

这些随着资本主义生产关系的发展而逐步发展起来的,以经营工商业存放款为主要业务,并以获取利润为目的的货币经营企业,称为"商业银行",以区别于中央银行、投资银行和其他金融机构。我国的商业银行是指依照《中华人民共和国商业银行法》和《中华人民共和国公司法》设立的吸收公众存款、发放贷款,办理结算等业务的企业法人。

第二节 商业银行的经营模式及组织制度

商业银行的经营模式

商业银行的经营模式有两种,即分业经营型和混业经营型。分业经营型又称职能分工型,混业经营型又称全能型。

所谓"分业"是指金融机构的业务范围在某种程度上的分离。分业经营有三种含义。第一种是指金融业与非金融业的分离,第二种是指金融行业中银行、证券和保险三个子行业的分离,第三种是指银行、证券和保险各子行业内部有关业务的进一步分离。通常所说的分业经营是指第二种含义,即银行、证券和保险业之间的分离。分业经营模式下,商业银行只能从事存贷款、结算、贴现、代理发行等业务,不得涉足证券和保险业,银行的主要利润来源是存贷款利差。而混业经营是指商业银行及其他金融机构可以进行多业务、多品种、多方式的交叉经营。混业经营模式下,一家金融机构既可以经营商业银行的存贷款业务,也可以经营券商的业务,还可以做保险公司承保理赔等业务。

分业经营模式和混业经营模式各有利弊。分业经营模式的最大优点是有效阻止了商业银行将过多资金用在高风险业务上,最大限度保证了商业银行资金的安全,有利于降低金融风险。但分业经营模式会将商业银行的盈利渠道限制在狭小的范围之类,导致盈利能力下降,竞争力减弱,从某种程度上来说,也增加了银行的运营风险,尤其是面对规模巨大、业务齐全的大型全能银行,分业经营型的银行很难在国际竞争中取得有利地位。而混业经营模式的最大优势是可以在组织内部进行资源的优化整合,各项业务之间也可以互补,从而降低了整体营运成本、增加了盈利,有效地分散了交易风险,竞争力也大大提高。但混业经营的弊端也很明显:规模过大的混业型金融集团可能会产生内部竞争和不协调,招致新的更大的金融风险。

在西方,以美国为代表,商业银行经营模式经历了从混业经营到分业经营,再到新一轮混业经营的过程。1929—1933 年资本主义经济大危机以前,美国的证券业和银行业之间没有严格的界限,商业银行的经营范围和市场准入也十分宽松,证券市场的高额利润吸引了商业银行大量资金,埋下巨大的风险隐患。经济大危机爆发后,股价暴跌,银行业损失惨重,很多银行因此倒闭,引发了人们对全能银行的重新思考。1933 年,美国颁布《格拉斯-斯蒂格尔法》,禁止银行包销和经营公司证券,规定商业银行只能购买由美联储批准的债券,将投资银行业务和商业银行业务严格划分开,从此开启了美国金融业分业经营的模式。但分业经营的模式严重束缚了商业银行的手脚,使银行利润不断下滑,随着美国金融业的发展和扩张以及市场竞争的日益激烈,商业银行不再满足于低利润的银行零售业,开始向投资银行渗透,很多商业银行都有变相的投资银行部门。20 世纪 80 年代开始,《格拉斯-斯蒂格尔法》遭到很多商业银行的反对。1999 年,由克林顿政府提交了 1991 年布什政府推出的监管改革绿皮书,并经国会通过,形成了《金融服务现代化法案》,废除了《格拉斯-斯蒂格尔法》的有关条款,从法律上消除了银行、证券、保险机构在业务范围上的边界,结束了美国长达 66 年之久的金融分业经营的历史,美国金融业又重回混业经营的模式,其他发达国家也紧跟其后,都纷纷转向混业经营模式。

分业经营和混业经营模式本身并没有绝对的孰优孰劣之分,到底选择哪种模式要根据一国金融业的发展水平、监管能力及特定经济环境来决定,其核心问题是能否在增进效率的同时有效地控制风险。随着电子计算机和互联网的发展,金融交易技术日益进步,为金融混业经营提供了可能性,金融自由化趋势的加强,金融业之间国际竞争的日趋激烈,也越来越成为金融机构走向兼并收购和多元化经营的必要,金融混业经营已经成为世界金融发展的大趋势。

我国目前采用的是分业经营模式。据《中华人民共和国商业银行法》的规定,中国商业银行可以经营下列业务:吸收公众存款,发放贷款;办理国内外结算、票据贴现、发行金融债券；代理发行、兑付、承销政府债券，买卖政府债券；从事同业拆借；买卖、代理买卖外汇；提供信用证服务及担保；代理收付款及代理保险业务等。按照规定，商业银行不得从事政府债券以外的证券业务和非银行金融业务。这是根据我国社会经济发展水平、金融机构、金融市场的发展及监管水平的实际情况而确定的。但为了适应中国分业经营的现时特点和混业经营的发展趋势，2003年12月27日第十届全国人民代表大会常务委员会第六次会议通过了《关于修改〈中华人民共和国商业银行法〉的决定》。修改后《商业银行法》有一项内容备受关注，原来的商业银行法规定"商业银行在中华人民共和国境内不得从事信托投资和股票业务，不得投资于非自用不动产"，修改为"商业银行在中华人民共和国境内不得从事信托投资和证券经营业务，不得向非自用不动产投资或者向非银行金融机构和企业投资，但国家另有规定的除外"。也就是说，虽然目前法律层面的规定还是分业经营，但并不排斥在法律框架以内银行、保险和证券业的合理交叉。这就给商业银行混业经营留下了发展空间。现实中，我国也在一直尝试混业经营，中信集团、光大集团、平安集团等就是很好的实践。随着中国金融业发展水平、对外开放水平和监管水平的提高，中国金融业朝着混业方向推进是必然趋势。

商业银行的组织制度

商业银行的组织制度可以分为四种类型：单一银行制度、分支银行制度、银行持股公司制度和连锁银行制度。

单一银行制度又称为单元银行制或独家银行制，是指银行业务完全由一个独立的商业银行经营而不设立分支机构。单一银行制度的优点是：银行在经营管理上比较灵活，独立性、自主性较强，能有效防止银行的集中和垄断，保证自由竞争，由于不能跨地区经营，也因此强化了地方服务功能。但单一银行制度的弊端也非常明显：由于经营范围受到地域限制，难以在大范围内调配资金，降低了规模效益，也削弱了其抵御风险的能力，目前只有美国还部分地存在这种模式。美国曾长期实行单一银行制，但随着经济的发展，地区之间经济联系的加强以及金融业竞争的加剧，客观上要求放松设立分支行的限制。1994年9月美国国会通过《瑞格-尼尔跨州银行与分支机构有效性法案》，开始允许商业银行跨州设立分支机构。

分支银行制度又称为总分行制，是指银行在大城市设立总行，并在同一地区及国内甚至国外各地设立分支机构,从而形成以总行为中心的庞大的银行网络。总行一般设在经济发达、通信便捷的大城市,分支行在业务和其他事务处理上都服从总行的管理和指挥,目前世界上绝大多数国家都实行这一制度,如西欧各国、俄罗斯、日本以及中国等。分支银行制度具体又有两种管理模式:总行制和总管理处制。总行制下,总行本身对外开展经营活动;总管理处制下,总行本身并不对外开展经营活动,一般在总管理处所在地通过另行设立分行或营业部对外营业。分支银行制度具有很多优点:分支机构较多,易于吸收存款、扩大经营规模,同时由于放款分散,可以降低放款风险,大大提高了银行的安全性,带来总体利润的提高;总行可以在分支机构间灵活调剂资金,增强了资金流动性。总体上来说,分支行制度给商业银行带来了规模效益,增加了其竞争力。但是分支行制度也有一些弊端,最大的弊端是容易形成几家超大规模银行控制整个市场的局面,导致金融垄断。同时,银行规模庞大,分支机构众多,也会给管理带来一定的困难。但不管怎么说,总分行制和其他银行组织制度相比,更能适应现代经济发展的需要,有着明显的优势,所以才能成为当今商业银行的主要组织形式。

银行持股公司制度是指由专门控制和收购银行股票的公司通过收购两家以上的若干银行并控制这些银行。大银行通过持股公司可以把许多小银行置于自己的控制之下。银行持股公司制度从 20 世纪初开始发展,在美国发展最快、最为流行。之所以如此,是因为美国长期实行单一银行制度,而银行持股公司制度能够有效扩大银行资本总量,增强实力,提高竞争和抵御风险的能力,弥补单一银行制度的不足,但这种制度同时又容易形成银行业的集中和垄断,不利于银行业的自由竞争。

连锁银行制度又称联合银行制度,指某一个人或某一集团通过购买股票的形式控制两家或更多的银行,从而形成连锁经营关系。连锁银行的成员大多是一些中小银行,它们在法律上仍然是独立的,在连锁关系中,一般由一个居于中心地位的银行来确定发展策略和业务模式,其他独立的连锁银行环绕在其周围形成内部联合,实现大银行对中小银行的控制,因此,连锁银行制度也可以有效弥补单一银行制的不足,也是为了规避设立分行的种种限制而采取的一种银行组织形式。这一组织制度与银行控股公司制度的区别在于不用成立控股公司,而是由某一控股方直接控制若干银行,美国中西部的商业银行大多采用此种制度。

第三节 商业银行的业务

尽管各国商业银行的组织形式、名称、经营内容和重点各异,但就其经营的主要业务来说,一般均分为负债业务、资产业务以及表外业务。

负债业务

负债业务是形成商业银行资金来源的业务,是商业银行最基本的业务之一,可分为三大类:(1)存款。存款是商业银行最主要的负债业务,是银行从事资产业务的基础。存款按期限来分,可以分为活期存款和定期存款;按存款的主体来分,可以分为单位存款(对公存款)、财政性存款、储蓄存款和同业存放。在各类负债业务中,存款是最核心的业务,特别是定期存款,能为银行带来了长期稳定的资金流。(2)结算性负债。结算性负债是指商业银行在结算业务中形成的负债,主要包括结算保证金、支票结算款项占用和联行汇差占用。在办理结算业务时,结算单位账户上的资金或结算过程中的在途资金都会集中在银行的存款账户上,在一定的期限内,这部分资金可以为银行所用,形成部分资金来源。(3)借入性负债。借入性负债是指商业银行通过主动借入资金的方式获得资金来源。最初,商业银行主动借入资金只是为了应付临时性的头寸短缺,20 世纪 70 年代以后,随着商业银行之间竞争日趋激烈,商业银行主动借入资金在总负债中的比重有了很大提高,这些借入性负债包括同业拆借、向中央银行贴现、发行金融债券、在国际金融市场融资等。(4)其他负债。包括应付款项和或有负债等。

资产业务

资产业务是商业银行运用其资金的业务,即商业银行将其吸收的资金用于放贷或投资以赚取收益,主要包括贷款、贴现、证券投资和金融租赁等。商业银行的资产如果按照期限划分,可分为流动资产、长期资产、其他资产。流动资产是指具有较强流动性的资产,包括库存现金、在中央银行的存款、存放同业款项、短期贷款、短期投资、一年内到期的投资和其他流动资产等;长期资产是指期限在一年以上的各项资产,包括中长期贷款、长期投资、固定资产、其他长期资产等。按种类划分,商业银行资产可分为现金资产、贷款资产、证券资产、固定资产、汇差资金五类。银行现金资产是商业银行保留的现金,主要由库存现金、在中央银行的存款、在同业的存款和托收中的现金等项目组成,是商业银行所有资产中最富流动性的部分,由于现金资产无法创造利润,所以商业银行会把现金资产的数量核定在必要的最低水平。贷款资产是商业银行发放各种贷款所形成的资产。证券资产是商业银行购买有价证券所形成的资产。贷款资产和证券资产是银行资产的主要部分,也是银行利润的主要来源。固定资产是银行赖以经营的必要的物质,包括建筑物、与经营活动有关的设备、器具、工具等。汇差资金是银行办理异地结算等业务为同一系统其他行代收、代付款项所产生的联行往来差额,是银行占用他行或者被其他行占用的资金。

表外业务

表外业务中的"表"是指银行的资产负债表,所谓表外业务是指商业银行从事的不列入资产负债表,不影响其资产负债总额,但有可能影响银行当期损益的业务。表外业务有狭义和广义之分,狭义的表外业务是指那些虽未列入资产负债表,但同表内的资产业务或负债业务关系密切,并在一定条件下会转为表内业务的经营活动,包括贷款承诺、担保、信用证、衍生金融产品(期货、期权、远期合约等)、证券代理、证券包销和分销等,是有风险的经营活动。广义的表外业务则除了狭义的表外业务,还包括结算、代理、咨询等无风险的经营活动。中国银监会于2016年11月23日发布《商业银行表外业务风险管理指引(征求意见稿)》,首次将表外业务分为担保承诺类、代理投融资服务类、中介服务类和其他等四大类,我国规定的表外业务属于广义的表外业务。

表外业务和中间业务的区别:

中间业务是指银行以中间人的身份代理客户办理收付和其他委托事项,提供各种金融服务并收取手续费的业务。商业银行在办理这些业务时依托的是其业务、技术、机构、信誉和人才等方面的优势,并不需要动用自己的资金。我国《商业银行中间业务暂行规定》明确指出中间业务是指不构成商业银行表内资产、表内负债、形成银行非利息收入的业务,同时将中间业务分为两类:适用审批制的中间业务和适用备案制的中间业务。适用审批制的业务主要为形成或有资产,或有负债的中间业务,以及与证券、保险业务相关的部分中间业务;适用备案制的业务主要为不形成或有资产,或有负债的中间业务。我国的中间业务等同于广义的表外业务,西方国家商业银行的中间业务收入一般占总收入的40%~50%,有的银行占比更高,超过70%,而我国商业银行由于发展的历史较短,经营管理水平偏低,中间业务收入占总收入比重也较低。

商业银行资产负债表

商业银行资产负债表是商业银行用以反映本行在会计期末全部资产、负债和所有者权益情况的财务报表。分为左右两方,左方列示资产项目,右方列示负债及所有者权益项目。每个项目都列有"年初数"和"期末数"两栏,资产负债表左右两方的合计数始终相等、相互平衡,即:资产=负债+所有者权益。

表9-1 商业银行资产负债表

资产	期末余额	年初余额	负债和所有者权益（或股东权益）	期末余额	年初余额
资 产:			负 债:		
现金及存放中央银行款项			向中央银行借款		
存放同业款项			同业及其他金融机构存放款项		
贵金属			拆入资金		
拆出资金			交易性金融负债		
交易性金融资产			衍生金融负债		
衍生金融资产			卖出回购金融资产款		
买入返售金融资产			吸收存款		
应收利息			应付职工薪酬		
发放贷款和垫款			应交税费		
可供出售金融资产			应付利息		
持有至到期投资			预计负债		
长期股权投资			应付债券		
投资性房地产			递延所得税负债		

资产	期末余额	年初余额	负债和所有者权益（或股东权益）	期末余额	年初余额
固定资产			其他负债		
无形资产			负债合计		
递延所得税资产			所有者权益（或股东权益）：		
其他资产			实收资本（或股本）		
			资本公积		
			减：库存股		
			盈余公积		
			一般风险准备		
			未分配利润		
			所有者权益（或股东权益）合计		
资产总计			负债和所有者权益（或股东权益）总计		

第四节　商业银行存款货币的创造

存款货币、原始存款和派生存款

存款货币是指企业或个人存放在商业银行的可用于签发支票进行转账结算的活期存款。这种活期存款既可以提现，也可以通过转账直接用于各种支付，实际上起到了货币的作用，因而被称为存款货币。存款货币的产生有两个途径：一是现金存入，二是由银行资产业务派生出来。原始存款是指银行接受客户的现金存入或通过向中央银行再贴现、再贷款而获得的存款。派生存款是指商业银行将原始存款运用于贷款或投资等资产业务后所派生出的存款。

派生存款的创造过程

商业银行获得的原始存款在扣除法定存款准备金、超额准备金及现金漏损以外,其余部分都可用于放款,获得银行贷款的客户在大部分情况下并不会全部提取现金,而是在购买相关生产资料等物品的过程中通过转账结算的方式将款项转入卖方的账户,这样就在原始存款的基础上,形成了一笔新的存款。接受这笔新存款的商业银行,除保留一部分准备金外,会将其余部分用于放款,再派生出新的存款,这个过程继续下去,就可以创造出大量的派生存款。

举例说明:A银行吸收了1000万元的原始存款,假定法定存款准备金率(r)为20%;所有银行不持超额准备金,现金漏损率也为零。则A银行在扣除200万元的法定存款准备金后,其余800万元可用于发放贷款。假设这笔贷款贷放给了甲企业,甲企业将贷款全部用于向乙企业购买机器设备,而乙企业的账户开立在B银行,因而通过转账结算的方式,这800万元就从A银行转到B银行。同样,B银行在提取20%的法定存款准备金以后,其余640万元可用于发放贷款,这笔贷款又会以同样的方式转到C银行,C银行的存款增加640万元,在扣除法定准备金后,余额又可用于发放贷款……这样持续下去,A银行1000万元的原始存款,通过贷款和转账结算,最终会衍生出成倍的派生存款。

现实中,银行吸收的存款除了要缴存法定存款准备金以外,还有一部分可能会被客户提现;另外,银行还要自己留存一部分超额准备金,这些都成为影响派生存款数量的制约因素。上例存款的派生过程可以用图表表示如下:

表9-2 存款派生过程   单位:万元

银行	存款增加额	贷款增加额	法定准备金增加额
A	1000	$800 = 1000 \times (1-r)$	$200 = 1000 \times r$
B	800	$640 = 800 \times (1-r)$	$160 = 800 \times r$
C	640	$512 = 640 \times (1-r)$	$128 = 640 \times r$
D	512	$409.6 = 512 \times (1-r)$	$102.4 = 512 \times r$
E	……	……	……

派生后的存款总额可用公式表示为:$D = R \times 1/r$

(D:派生后的存款总额   R:原始存款   r:法定存款准备金率)

上例中派生后的存款总额为:$1000 \times 1/20\% = 5000$(万元)

派生存款为:$5000 - 1000 = 4000$(万元)

派生存款扩张的原理在相反方向上也是适用的,即派生存款缩减也会呈现出倍数缩减的过程。

表 10-3　存款缩减过程　　　　　　　　　　　单位:万元

银行	存款减少额	贷款减少额	法定准备金减少额
A	1000	800	200
B	800	640 = 800×(1−r)	160 = 800×r
C	640	512 = 640×(1−r)	128 = 640×r
D	……	……	……

派生存款的制约因素

在派生存款的创造过程中,主要有三个制约因素:法定存款准备金率、提现率和超额准备金率。法定存款准备金率是指一国中央银行规定的商业银行和存款金融机构必须缴存到中央银行的法定存款准备金占其存款总额的比率。法定存款准备金率越高,商业银行向中央银行缴纳的法定准备金就越多,用于发放贷款的数量就会越少,因此它就成为制约派生存款规模的一个重要因素。提现率是指现金漏损与存款总额之比,也称现金漏损率。现金漏损是存款客户提取的现金,这部分现金会流出银行系统,现金漏损率越高,银行的存款就会越少,用于发放贷款的数量也就会越少,因而它也是制约派生存款规模的一个因素。超额准备金率是指商业银行超过法定存款准备金之外自己保留的准备金占全部存款的比率。超额准备金由库存现金和在中央银行的存款两部分构成,银行留存的超额准备金越多,用于发放贷款的资金就越少,因此它也成为制约派生存款规模的一个因素。所以,法定存款准备金率、提现率、超额准备金率三者比率越高,派生存款规模就越小,反之,派生存款规模就会越大。考虑到制约派生存款规模的三个因素,派生存款的计算公式可以表示如下:

$$存款扩张倍数 = 1/(r+e+k)$$

$$派生后存款总额 = 原始存款×存款扩张倍数$$

$$D = R/(r+e+k)$$

$$派生存款总额 = D−R$$

(D:派生后存款总额;R:原始存款;r:法定存款准备金率;e:超额准备金率;k:

现金漏损率）

第五节　商业银行经营与管理

商业银行经营原则

商业银行经营原则主要包括安全性、流动性和效益性三大原则，简称"三性原则"。

安全性原则是指商业银行在经营中应当避免经营风险，保证资金安全。银行主要依靠客户存款或吸收其他来源的资金开展业务，其自有资本所占比重很小，属于负债经营。如果大量贷款不能如期收回本息，必然影响银行清偿能力，削弱银行信誉甚至危及银行安全。因此，首先必须坚持安全性原则，力求避免或减少各种风险造成的损害。

流动性原则是指商业银行在经营过程中必须保有一定量的资金以随时满足客户提取存款和贷款需要。但商业银行资金的流动性大小要合理，流动性过大会导致银行盈利下降，甚至出现亏损；流动性过小又会使银行面临信用危机，只有适度的流动性才有利于安全性和盈利性的平衡。

效益性原则是指商业银行作为企业法人，应当以盈利为目标，以取得最大效益为其基本原则，这是由商业银行的企业性质决定的，也是商业银行股东的利益所在。

商业银行"三性原则"之间既相互联系，又相互矛盾。安全性是商业银行稳健经营的首要原则，离开安全性，商业银行的效益性也就无从谈起；流动性是商业银行正常经营的前提条件，是商业银行资产安全性的重要保证；效益性是商业银行最终目标，保持一定的效益也是维持商业银行流动性和保证银行安全性的重要基础。安全性与流动性之间呈现正相关关系，和效益性呈反向变化关系。流动性较大的资产,风险较小,安全性较高;效益性较高的资产,风险较高,流动性和安全性比较差,追求较高的效益,就必然要牺牲一定的安全性和流动性。因此商业银行必须在保持安全性和流动性的前提下,追求最大限度的收益。根据这个管理原则,银行在业务经营过程中,要根据经营环境的变化、业务经营的不同要求以及银行自身的实际情况,有所侧重,灵活调整,寻找最佳的均衡点。一般说来,经济高涨时,资金来源充足,借贷需求量旺盛,保证流动性和安全性并不十分紧迫,这时要侧重于考虑效益性的要求;经济下行或是央行紧缩银根时,就要着重考虑保持流动性以及安全性;在自身流动资产较多的情况下,侧重于增加盈利;在长期投资和贷款较多,风险较大的情况下,就要更多地考虑流动性。通过不同经营条件下侧重点的转换,实现三者的动态协调。我国《中华人民共和国商业银行法》第四条明确规定:"商业银行以安全性、流动性、效益性为经营原则,实行自主经营,自担风险,自负盈亏,自我约束。"

商业银行的资产负债管理

商业银行资产负债管理指商业银行对其整体的资产负债进行统一计划、运作、管控,以引导各项业务的收缩和扩张,合理控制风险,实现其经营目标,是现代商业银行业主流的管理方法。

商业银行经营管理理论经历了由单独的资产管理理论到单独的负债管理理论,再到资产负债综合管理理论的发展过程。资产管理理论是最早的管理理论,在20世纪60年代以前,银行资金来源大多是活期存款,银行不掌握主动权,所以只能在资产应用上着手,通过协调资产运用争取更多的盈利,单纯的资产管理侧重于资产业务的创新,给经营带来巨大的风险。负债管理理论是在金融创新中发展起来的,为了满足客户的贷款需求和扩大盈利,银行不得不进行创新以获得更多的资金来源。负债管理的核心内容就是银行通过主动负债,比如增加存款和融资来扩大资金来源,但负债管理提高了银行的融资成本,影响了银行的稳健经营。资产负债综合管理理论产生于20世纪80年代初,是在考虑了单纯的资产管理和负债管理弊端的基础上产生的,主要是通过对资产和负债规定一系列的比例来实现对运营的管控,强调把资产和负债综合协调,运用各种手段对资产和负债进行混合式计划、控制和管理,使之数量和结构上均衡,以实现利润最大化,风险最小化。这些资产负债指标能综合反映商业银行的管理战略,其中一些资产负债指标还是对商业银行进行监管的标准。比如《中华人民共和国商业银行法》第三十九条就规定了商业银行必须达到的一些资产负债比例要求,包括:资本充足率不得低于百分之八、流动性资产余额与流动性负债余额的比例不得低于百分之二十五、对同一借款人的贷款余额与商业银行资本余额的比例不得超过百分之十等。资产负债综合管理理论是商业银行在经营管理方法上不断创新和进步的结果,也是在风险限额内追求经营收益最大化,实现风险与收益平衡的最优解。

第六节　存款保险制度

存款保险制度是指国家以立法的形式强制要求商业银行、农村合作银行、信用社等吸收存款的金融机构向存款保险机构交纳保费,形成存款保险基金,当个别金融机构发生经营危机或面临破产倒闭时,存款保险机构依照规定向存款人偿付存款的制度。

美国是世界上最早建立存款保险制度的国家,这一制度源于 1929 年至 1933 年的资本主义世界经济大危机。在这场危机中,美国共有 9000 多家银行相继倒闭。为了挽救危机下濒临崩溃的银行体系,美国在 1933 年通过了《格拉斯-斯蒂格尔法》,设立了联邦存款保险公司,为储户的存款提供担保,规定所有联邦储备体系成员的银行,必须参加联邦存款保险公司的存款保险,非联邦储备体系的州银行以及其他金融机构,可以自愿参加存款保险,承保范围包括活期存款账户、定期存款账户、储蓄存款账户,自 1934 年 1 月起开始实施。20 世纪 60 年代中期以来,随着金融业自由化、国际化的发展,金融风险明显上升,绝大多数西方发达国家都相继建立了存款保险制度。目前,全球已有 112 个国家建立了存款保险制度。

我国存款保险制度经过 20 多年的酝酿,于 2015 年正式确立。早在 1993 年,国务院颁布的《关于金融体制改革的决定》就提出"建立存款保险基金,保障社会公众利益"。2004 年中国人民银行金融稳定局存款保险处挂牌,并于年底开始起草《存款保险条例》。2006 年人民银行在《2006 年金融稳定报告》中指出加快存款保险制度建设、健全金融风险处置长效机制的必要性,并阐述要重点研究存款保险机构的职能、存款保险的成员资格、存款保险的基金来源、最高赔付限额、费率制度安排等细节问题。2008 年两会《政府工作报告》中提出将"建立存款保险制度"(后因金融危机搁置)。2012 年 1 月初的第四次全国金融工作会议上,时任央行行长周小川提出,要抓紧研究完善存款保险制度方案,择机出台并组织实施。2014 年 1 月,人民银行工作会议指出,存款保险制度各项准备工作基本就绪。2015 年 5 月 1 日起,存款保险制度在中国正式实施。各家银行向保险机构统一缴纳保险费,一旦银行出现危机,保险机构将对存款人提供最高 50 万元的赔付额,最高偿付限额由中国人民银行会同国务院有关部门根据经济发展、存款结构变化及金融风险状况等因素调整。

目前,全国受存款保险保障的金融机构一共有 4000 多家。2020 年 11 月 28 日起,中国人民银行授权参加存款保险的金融机构全面启用存款保险标识,存款者通过这一标识就能立即识别自己的存款在这家金融机构是否有保障,全面使用存款保险标识是完善存款保险制度的一项重要内容,也是国际通行的做法。

存款保险制度的基础功能是"为存款提供保险",但实际上存款保险制度的重要意义不在于投入多少救助基金,而在于通过明确的法律保障政策,稳定市场和存款人信心,切断风险积累链条,改变风险处置方式,避免引起"挤兑"和金融风险的扩散,提高金融体系稳定性,在现有审慎监管和央行金融稳定职责的基础上再加上一道安全防线。同时,实施存款保险制度以后,中小银行和大银行的存款同样受到存款保险制度保障,不仅储户更安心,也大大提高了中小银行的信用和竞争能力。我国存款保险制度实施 5 年来,中小银行成长迅速,存款市场份额持续上升。截至 2020 年 9 月,中小银行的市场份额比 2015 年上升了 2.5 个百分点,竞争力明显提升。

虽然存款保险制度有很多优点,但并不是万能的,其本身也有成本,比如会产生逆向选择问题,还可能诱发道德风险。在存款保险制度这种显性存款保险下,由于储户存款保险受到保护,储户不必根据银行资质来选择存款银行,存款利率高低就成为储户选择银行的唯一标准,因而,银行可能将会不顾风险提供更高利率的存款以吸引储户,而稳健经营的银行反而会丧失很多存款市场的份额,这就是逆向选择问题。道德风险则表现为存款保险制度会导致银行自我管理的松懈,将大量信贷资产配置于高风险投资之中,以获取高额的回报,因为即使银行发生了危险,也会有存款保险机构伸出援助之手,这又可能加剧银行体系的风险积累。所以,金融业的稳定不但要靠存款保险制度,更需要宏观经济的稳定发展和金融监管制度的不断完善。

▶ 第 十 章 ◀

中央银行

第一节　中央银行的起源及发展

　　中央银行是在现代商业银行普遍发展起来以后才出现的,其产生是金融业及整个国家经济发展的必然要求:其一是为了解决银行券的发行问题。中央银行出现之前,所有的商业银行都有发行银行券的权利,但由于各商业银行规模、实力与信誉不同,因此,小银行发行的银行券往往只能在特定范围内使用,给生产和流通造成很多麻烦。同时,因为缺乏监管和约束,各银行为了争取更多的资金来源,都拼命发行银行券,其数量大大超过金属准备,难以兑现,引发一系列问题,因此,客观上需要一个资金实力雄厚,信誉好的大银行来承担并垄断银行券的发行。其二是为了解决最后贷款人问题。为了满足商业银行经营中临时性的资金不足,避免造成挤兑及破产倒闭的后果,客观上需要一个能给所有商业银行提供资金支持的银行。其三是为了解决票据交换和清算问题。随着商业银行数量的增多,业务的扩大,各家银行收进客户交存别家银行的票据也越来越多。票据交换所的出现解决了同城或以本城市为中心的一定地区内的票据交换和清算问题,而各个不同城市和地区银行之间的资金清算涉及远距离的异地资金划拨,则必须由一个具备一定条件和实力的机构统一来办理,中央银行的出现便顺利地解决了这一问题。其四是为了解决监管问题。金融业的管理,政策性和技术性较强,对一国整体经济的影响很大,所以必须有一个能超越于所有银行之上、有权威的,能代表政府行使金融监管职能的机构对金融业实施全面监管,以保证整个金融的安全规范运行。中央银行正是为解决上述问题而诞生的。最早的中央银行产生于17世纪后半期,完善的中央银行制度则在20世纪初才形成。从世界范围来看,中央银行的成立有两种方式:一是由信誉好,资金实力雄厚的大商业银行逐渐演变而来。比如,1694年成立的英格兰银行。英格兰银行是公认的世界上最早的中央银行,本来是一家商业银行,1844年根据新银行法(《皮尔条例》)改组,获得发行货币和集中银行准备金的特权,后来逐渐放弃商业银行业务,开始承担起商业银行间债权债务关系的划拨冲销、票据交换的最后清偿等业务并承担起"最后贷款人"的职责,成为英国的中央银行。另一种方式是政府通过立法手段,单独组建而成,20世纪20年代以后设立的中央银行大多是这种方式。第二次世界大战之后,世界各国普遍建立起中央银行制度,中央银行在国内承担制定与执行货币政策的重要职责,在国际上则参与制定国际货币制度,协调货币政策,成为国际金融领域合作的重要机构。

我国的中央银行起源于清末官商合办的户部银行。户部银行于1905年8月在北京开业,1908年,户部银行改名为大清银行,是效仿西方国家中央银行制度建立的我国最早的中央银行。1911年的辛亥革命推翻了大清王朝,大清银行也停业清理。1912年2月5日,中国银行在上海原大清银行的旧址开业。1913年,中国银行成为北洋政府的中央银行。1914年,交通银行修改章程,取得代理金库、代理发行公债、代收税款、发行钞票等权利,成为事实上的中央银行。1924年8月,孙中山领导的广东革命政府在广州创立中央银行,1927年春停业。随着北伐战争的胜利,国民党政府先后颁布了《中央银行条例》和《中央银行章程》,并在1928年11月1日正式成立中央银行,总部设在上海,在全国各地设有分支机构,这是中国历史上最早以立法形式成立的中央银行,1949年12月随国民党政府撤往台湾。

中华人民共和国的中央银行是中国人民银行,其前身最早可追溯到 1932 年 2 月 1 日,中华苏维埃共和国临时中央政府在江西瑞金设立的中华苏维埃共和国国家银行。1934 年 10 月,苏维埃国家银行跟随红军长征,1935 年 11 月,改组为中华苏维埃共和国国家银行西北分行,1937 年 1 月迁至延安,10 月改名为陕甘宁边区银行,总行设在延安,是抗日根据地第一家人民自己的银行,中华苏维埃共和国国家银行结束运营。1948 年 1 月,陕甘宁边区与晋绥边区统一为西北解放区后,陕甘宁边区银行同晋绥边区的西北农民银行合并,合并后仍称为西北农民银行。1938 年 4 月北海银行筹建;1939 年 1 月,由于战争的影响,早期的北海银行暂时停业;4 月中共中央恢复北海银行建制。抗日战争胜利前后是北海银行发展的鼎盛时期,各印钞厂也得以发展壮大,主要工作也由农村转移至城市。1948 年 4 月 12 日,冀南银行总行与晋察冀边区银行总行在石家庄合并为华北银行。1948 年 11 月 18 日,华北银行与北海银行、西北农民银行合并为中国人民银行,原华北银行为总行。1948 年 12 月 1 日,中国人民银行发行了全国统一的货币——人民币。

1949 年 2 月,中国人民银行总行随军迁入北京,并按行政区设立分行、中心支行和支行(办事处),支行以下设营业所。1983 年之前,中国人民银行既发行货币,又代理国家财政金库,行使国家金融管理职能,同时还从事全国的信贷、储蓄、结算、现金出纳和外汇等金融业务,形成"大一统"的金融体系。1978 年党的十一届三中全会后,各专业银行和其他金融机构相继恢复和建立,1983 年 9 月,国务院决定中国人民银行专门行使中央银行职能,负责领导和管理全国金融事务,不再兼办工商信贷和储蓄业务,"大一统"的金融体系被打破。1995 年 3 月 18 日,第八届全国人民代表大会第三次会议通过了《中华人民共和国中国人民银行法》,中国人民银行作为中央银行以法律形式被确定下来,标志着我国现代中央银行制度的正式确立。1998 年 10 月开始,中国人民银行及其分支机构在全国范围内进行改组,撤销省级分行,在全国设立 9 个跨省、自治区、直辖市的一级分行,重点加强对辖区内金融业的监督管理,大大加强了中央银行的独立性。

第二节　中央银行的功能定位

中央银行是代表国家进行金融控制与管理的货币金融管理机构,也是特殊的金融机构,在一国金融体系中居于主导地位。中央银行的特殊性体现在其既具备国家机关的性质,又具备金融机构的特征。中央银行代表国家制定、执行金融政策,进行宏观调控,金融监管,承担国家机关的职能,但中央银行有很多职能是通过办理银行业务的形式来完成的,这使得其又具备了金融机构的特征。中央银行的功能,简单来说体现在三个方面:发行的银行、国家的银行和银行的银行。"发行的银行"是指中央银行垄断货币发行权而成为全国唯一的货币发行机构,垄断货币发行权是中央银行区别于普通商业银行的重要标志,也是中央银行首要的、基本的功能,是中央银行发挥其他功能的基础,对调节全国的货币供应量、稳定币值具有重要作用。目前世界上除了几个实行准中央银行制度的国家或地区以外,其他实行中央银行制度的国家,其货币发行权都由中央银行一家独占。"国家的银行"是指中央银行代表国家管理整个金融系统,其功能主要有:(1)制定和执行货币政策。通过制定和执行货币政策进行宏观调控,以实现金融稳定并促进经济发展的目标。(2)经理国库。一般来讲,国家财政收入和支出都是通过财政部在中央银行开设的账户进行划转的,因此中央银行成为国家的总出纳。(3)代理政府债券发行。中央银行负责代理国家发行债券,并处理发行后的还本付息等事宜。(4)代表政府参加国际金融活动。中央银行作为国家的银行,代表政府参加国际金融组织,出席各种国际金融会议,并代表政府与国外中央银行进行金融往来。(5)管理国家外汇、黄金储备。中央银行代表政府进行黄金与外汇的交易,并负责管理国家外汇、黄金储备。此外,中央银行还为政府提供经济金融情报和决策建议,向社会公众发布经济金融信息。"银行的银行"是指中央银行为商业银行提供各种金融服务的功能。主要有三点:一是集中存款准备金,指中央银行负责全国商业银行的法定存款准备金的收缴和保管。二是充当最后贷款人,指如果商业银行发生资金短缺,中央银行可以通过票据贴现或信用贷款的形式向商业银行提供资金支持。三是组织、参与和管理全国的清算,指中央银行作为全国票据清算中心,统一划拨商业银行每日票据交换后产生的应收应付款项。

第三节　中央银行的业务

中央银行的业务可以分为负债业务、资产业务和表外业务。

负债业务

1. 流通中货币

中央银行通过再贴现、再贷款等方式提供基础货币,再通过商业银行存款货币创造投入流通领域,成为流通中货币,这是中央银行对公众的负债。

2. 各项存款

包括政府和公共机构存款、商业银行和非银行金融机构的存款等。

3. 对外负债和其他负债

对外负债主要指国际金融机构在中央银行的存款或中央银行向国际金融机构的借款等。中央银行对外借款主要是为了平衡国际收支、稳定汇率和化解货币金融危机。其他负债主要包括中央银行发行的债券,如央行票据等。

4. 资本项目

资本项目主要是指中央银行的自有资本。

资产业务

1. 贴现及放款

贴现及放款是中央银行作为最后贷款人对商业银行提供的资金融通。

2. 各种证券

主要指中央银行的证券买卖。中央银行持有证券是为了进行公开市场业务操作,通过证券买卖对货币供应量进行调节。

3. 黄金、外汇储备和其他国外资产

黄金和外汇储备是稳定币值的重要手段,也是国际支付的重要储备,中央银行承担为国家管理黄金和外汇储备的责任,也是中央银行的重要资金运用。其他国外资产主要包括在国际货币基金组织的普通提款权、特别提款权、其他多边合作银行的股权等。

4. 其他资产

主要包括待收款项和固定资产等。

表外业务

包括转账结算和票据清算。转账结算是指各商业银行之间的资金往来和债权债务结算,票据清算是指票据交换差额的集中清算。

中央银行资产负债表:

中央银行资产负债表是全面反映中央银行为履行职能而开展各种业务活动时所形成的债权债务存量的报表,中央银行资产负债业务的种类、规模和结构都综合地反映在资产负债表上。现代各国中央银行的任务和职责基本相同,业务活动大同小异,同时,由于各国中央银行在编制资产负债表时一般都会参照国际货币基金组织的格式和口径,从而使各国中央银行资产负债表的格式和主要项目基本一致。下面仅就中央银行最主要的资产负债项目概括成简化表。

表 10-1　简化的中央银行资产负债表

资产	负债和资本
贴现和放款 各种证券 外汇、黄金储蓄 其他资产	流通中货币 商业银行等金融机构存款 国库及公共机构存款 对外负债 其他负债和资本项目
合计	合计

不同国家的中央银行资产负债表并非整齐划一,下面给出中国和美国的中央银行资产负债表,通过对比分析可以看出两者之间存在的差异。

表 10-2　2003 年中国人民银行资产负债表(单位:亿元人民币)①

资　产			负　债		
项　目	2003 年		项　目	2003 年	
	金额	比重		金额	比重
国外资产(净)	31141.85	50.23 *	储备货币	52841.36	85.22
其中:外汇	29841.80	48.13	货币发行	21240.48	34.26
黄金	337.24	0.54	对金融机构负责	22558.04	36.38
其他国外资产	962.81	1.55	存款货币银行准备金	22274.41	35.92
对政府债权	2901.02	4.68	特定存款机构准备金	280.31	0.45
其中:中央政府	2901.02		其他金融机构准备金	3.32	0.01
对存款货币银行债权	10619.47	17.13	非金融机构存款	9042.84	14.58
对特定存款机构债权	1363.34	2.20	发行债券	3031.55	4.89
对其他金融机构债权	7255.95	11.70	国外负债	482.58	0.78
对非金融机构债权	206.25	0.33	政府存款	4954.71	7.99
其他资产	8516.19	13.73	自有资金	219.75	0.35
			其他负债	474.11	0.77
资产总额	62004.07	100	总负债	62004.06	100

表 10-3　2003 年 12 月 31 日美国联邦储备银行资产负债表(单位:百万美元)②

资　产			负债与资本		
项　目	总　额	比　重	项　目	总　额	比　重
黄金	11039	1.43	现钞	689757	89.30
特别提款权	2200	0.29	逆回购协议	25652	3.32
硬币	722	0.09	存款货币机构存款	23058	2.98
直接购买政府机构的债券	666665	86.31	美国财政部存款	5723	0.74
持有政府机构的回购协议	43750	5.66	国外机构存款	162	0.02
对存款货币机构贷款	62	0.01	其他存款	717	0.10
托收中项目	7793	1.01	待付托收现金项目	7582	0.98
银行不动产	1628	0.21	其他负债	2100	0.27
其他资产	38586	4.99	全部资本金	17694	2.29
资产总额	772445	100	负债和资本合计	772445	100

---

①　资料来源:《中国人民银行季报》2004-1 期。

②　资料来源:美联储网站 http://www.federalreserve.gov。

表 10-4 2020 年 1、2 月中国人民银行资产负债表(单位:亿元人民币)①

项目 Item	2020.01	2020.02
国外资产 Foreign Assets	218649.84	218452.13
外汇 Foreign Exchange	212374.43	212249.09
货币黄金 Monetary Gold	2855.63	2855.63
其他国外资产 Other Foreign Assets	3419.78	3347.41
对政府债权 Claims on Government	15250.24	15250.24
其中:中央政府 Of which:Central Government	15250.24	15250.24
对其他存款性公司债权 Claims on Other Depository Corporations	120824.15	108534.97
对其他金融性公司债权 Claims on Other Financial Corporations	4740.84	4741.95
对非金融性部门债权 Claims on Non-financial Sector		
其他资产 Other Assets	14030.02	14041.97
总资产 Total Assets	373495.09	361021.26
储备货币 Reserve Money	321597.94	308676.04
货币发行 Currency Issue	101156.76	96497.29
金融性公司存款 Deposits of Financial Corporations	202608.32	197359.23
其他存款性公司存款 Deposits of Other Depository Corporations	202608.32	197359.23
其他金融性公司存款 Deposits of Other Financial Corporations		
非金融机构存款 Deposits of Non-financial Institutions	17832.85	14819.52
不计入储备货币的金融性公司存款 Deposits of financial corporations excluded from Reserve Money	4715.86	4613.64
发行债券 Bond Issue	1020.00	995.00
国外负债 Foreign Liabilities	1136.57	934.72
政府存款 Deposits of Government	36788.28	37167.01
自有资金 Own Capital	219.75	219.75
其他负债 Other Liabilities	8016.70	8415.11
总负债 Total Liabilities	373495.10	361021.27

在中国人民银行的资产负债表中,资产结构中最主要的是国外资产,2003 年末外汇储备余额为 29841.8 亿元,占全部资产总额的 48.13%;占第二位的资产项

① 资料来源:中国人民银行网站 http://www. pbc. gov. cn/diaochatongjisi/116219/116319/3959050/3959052/index. html

目是对存款货币银行的债权，2003 年末余额为 10619.47 亿元，占全部资产总额的 17.13%；而 2020 年 1 月，外汇储备余额为 212374.43 亿元，占全部资产总额的 56.86%，对其他存款性公司债权占总资产的比重为 32.35%。相比之下，美国中央银行资产负债表的内容和占比跟中国相比有很大不同。美国中央银行的资产总额中，各种有价证券额 2003 年末为 710415 亿美元，占资产业务总额的 91.97%，这是美国联邦储备银行大量进行公开市场业务操作的结果；而外汇资产这一项在美国中央银行的表上没有，这是因为美元本身是世界货币的重要组成部分，对外汇的需要微不足道，可以忽略不计。通过对比，我们可以发现，由于各国在金融制度、信用方式、金融市场的发达程度等方面存在差异，因而不同国家的中央银行资产负债表在项目数量、具体内容及各项目占比上有很大不同，就是同一个国家，在不同的时期，资产负债表所反映的中央银行业务活动也是有变化的。

第四节 中央银行的类型

中央银行从组织形式上可分为四种类型：单一央行制、复合央行制、跨国中央银行制和准中央银行制度。

单一央行制

单一央行制指一国中央银行单独全面地履行中央银行的职能，具体又可分为一元式和二元式。一元式是指一国只建立一家统一的中央银行，目前，世界上绝大部分国家的中央银行都实行这种制度，我国也是如此。在这种制度下，中央银行的机构设置一般采用总分行制，逐级垂直隶属；中央银行的总行或总部通常都设在首都，并根据经济发展需要和有关规定在全国范围内设立若干分支机构，如我国的中国人民银行总行设在北京，同时在全国设立 9 个跨省、自治区、直辖市的一级分行。英国的中央银行英格兰银行总行设在伦敦，在伯明翰、利物浦等 8 个城市设有分行;日本的中央银行日本银行,总行设在东京,在全国设有 33 家分行和 13 个办事处,还在纽约、伦敦、巴黎、法兰克福、香港等设有代表处;也有少数国家的中央银行总行不设在首都,而是设在该国的经济金融中心城市,如印度的中央银行印度储备银行总行设在孟买。一元式中央银行制度的特点是权力集中统一、职能完善、有较多的分支机构。另一种称为二元式中央银行制度。是在一国内建立中央与地方两级相对独立的中央银行机构,分别行使金融调控和管理职能,不同等级的中央银行共同组成一个统一的中央银行体系,中央级中央银行和地方级中央银行按照法律规定分别行使其职能。其中,中央级机构是最高权力机构和管理机构,地方级机构有一定的独立性,但要受到中央级机构监督与指导;中央级机构和地方级机构在制定货币政策方面保持统一,但在货币政策的具体实施、金融监管和中央银行有关业务的具体操作方面,地方级中央银行在其辖区内有一定的自主权。一般联邦制国家实行这种中央银行制度,如美国、德国。

复合央行制

复合央行制是指一国中央银行全面履行中央银行职能的同时还履行商业银行职能。一般实行计划经济体制的国家采用这种制度,如苏联和以前多数东欧国家及朝鲜都实行这种制度,我国在 1983 年以前也实行这种制度。

跨国中央银行制度

跨国中央银行制度是指同一地区的不同国家,为了协调相互之间的金融活动,在各国中央银行之上建立的中央银行,由这家中央银行在其成员国范围内行使全部或部分中央银行职能,这种中央银行制度的形成一般都和特定的货币联盟相关联,是由参加某一货币联盟的所有成员国联合建立的中央银行制度。早期的货币联盟是由一些地域相邻的欠发达国家组成,如西非货币联盟、中非货币联盟、东加勒比海货币区,实行跨国央行制的国家都是参加这些货币联盟的成员国。1998 年7 月 1 日,欧洲中央银行正式成立;1999 年 1 月 1 日,欧元正式启动。这是欧洲联盟成员国经济金融一体化进程不断深入的结果,也标志着现代中央银行制度又有了新的内容并进入了一个新的发展阶段。

准中央银行制度

准中央银行制度是指在一些国家或地区,并没有通常意义上的中央银行,只是由政府授权某个或某几个商业银行,或设置类似中央银行的机构,部分地行使中央银行职能,新加坡、中国香港都实行这种制度。

中国香港于 1993 年 4 月 1 日成立了金融管理局,由外汇基金管理局与银行业监理处合并而成,负责香港的金融政策及银行、货币管理,担当类似中央银行的角色,直接向财政司司长负责。香港金融管理局只是部分履行中央银行职能,它不负责货币的发行,也不负责票据结算;港币由渣打银行、汇丰银行和中国银行发行;票据结算一直由汇丰银行负责管理。

第五节　中央银行的独立性

中央银行的独立性特指跟政府保持一定的独立性,是指中央银行在制定和执行货币政策时受政府干预的程度。那么,中央银行为什么要对政府保持独立性呢?首先,中央银行和政府的目标所不同。政府行为的出发基点通常是促进经济增长,可能会为了追求经济增长而忽略其他目标,牺牲货币政策;而央行的首要目标则是遵循货币运行的基本规律,保持货币币值的稳定。这样就使中央银行和政府在宏观经济目标的选择上出现不一致,而货币稳定对于一国经济稳定发展至关重要。因此,央行在制定和实施货币政策时必须遵循金融运行规律,不能完全听命于政府。其次,中央银行的业务具有较高的专业和技术性。政府由于缺乏相关的专业知识,无法做出准确的判断和决策,这也决定了中央银行不能完全听命于政府,而必须在保持自己独立判断的基础上制定货币政策。

由于各国的国情不同,中央银行对政府的独立性强弱也不同,即使在同一个国家,独立性也会随着时间的变化而不断变化。中央银行的独立性大致可划分为三种类型:第一种是独立性最强的美国模式。美国联邦储备系统直接对国会负责,有很强的独立性。美国 1913 年通过的《联邦储备法案》就规定联邦储备系统拥有行使制定货币政策和实施金融监管的双重职能,总统未经国会批准,不得对联邦储备委员会发布指令,美联储拥有不受国会约束的自由裁量权,成为立法、司法、行政之外的"第四部门"。第二种是独立性居中的英国模式。英国的中央银行英格兰银行名义上隶属财政部,但实践中财政部一般尊重英格兰银行的决定。第三种是独立性较弱的日本模式。日本的中央银行日本银行也隶属财政部,独立性较小,大藏省对日本银行享有监督命令权、官员任命权以及具体业务操作监督权。1998 年 4 月新的《日本银行法》实施后,日本银行的独立性有所增强,开始逐渐向第一种模式转化。我国中央银行的独立性也有一个发展变化的过程,计划经济时代的中国人民银行没有独立性,1984 年以后独立性逐渐增强,1998 年九大区行设立,独立性再增强。我国央行的独立性在《中华人民共和国中国人民银行法》中有具体反映。

需要指出的是,不管中央银行对政府的独立性强弱如何,都不是绝对的,而是相对的。这是因为货币政策是国家宏观经济政策的一部分,中央银行货币政策目标不能背离国家总体经济发展目标;其次,中央银行货币政策目标的实现,也需要其他政策特别是财政政策的协调和配合,不可能完全独立;再者,中央银行的活动都是在国家授权下进行的,无论哪国中央银行,其领导成员一般都由政府首脑或其他部门任命,这也决定了中央银行不可能绝对独立于政府之外。

第 五 篇
金 融 市 场

▶ 第 十 一 章 ◀

金融市场概述

第一节　金融市场及其功能

金融市场是资金供求双方借助金融工具进行各种货币资金交易(融通)活动的场所。广义的金融市场包括直接融资和间接融资,狭义的金融市场只包括直接融资。和其他市场相比,金融市场具有自己独有的特征:第一,金融市场是以资金为交易对象的市场,这种资金交易不是直接买卖资金,而是借助金融工具的转手来实现的,其中债权债务凭证和股票是最主要的金融工具;第二,金融市场的交易表面上是买卖关系,实质上是借贷关系;第三,金融市场可以是有形市场,也可以是无形市场。

金融市场由四大要素构成,分别是主体、客体、价格和组织形式。(1)主体。金融市场主体是指金融市场的参与者,金融市场的参与者非常广泛,包括政府部门、中央银行、金融机构、工商企业、居民个人等,它们可以是金融市场上资金的供给者,也可以是需求者,或者两者兼而有之。其中中央银行参与金融市场不以营利为目的,而是为了施行货币政策,进行宏观调控;金融机构不仅充当资金的供给者与需求者,同时还是重要的中介机构。(2)客体。金融市场客体是指金融市场上的交易工具,即金融工具。金融市场上货币资金的交易就是以金融工具为载体进行的,资金供求双方通过买卖金融工具实现资金的融通,金融工具种类繁多,各具特色,如属于基础性金融工具的票据、债券、股票以及属于衍生性金融工具的远期、期货、期权和互换等。(3)价格。金融市场上的价格是以金融工具的交易为基础形成的具体价格,它们会随资金供求关系上下波动,有利率、汇率、证券价格、黄金价格和期货价格等。(4)组织形式。金融市场组织形式是指金融市场的形态,主要有三种:一是有固定场所的,有组织、有制度、集中进行交易的方式,如证券交易所;二是柜台交易方式,即在金融机构的柜台上由买卖双方进行面议的、分散的交易方式,以上两种都属于有形市场;三是无形方式,即借助电子计算机和网络或其他通信手段实现交易的方式。

市场:按金融业务的类型,可分为票据市场、证券市场、外汇市场、黄金市场等。

金融市场的功能

金融市场是整个市场体系不可或缺的一部分,对宏观经济的正常运行具有十分重要的作用。金融市场的功能体现在多个方面,主要有以下几点:首先,金融市场可以有效调剂资金余缺。金融市场的最大优势在于可以提供多种金融工具,既能满足投资者盈利最大化需求,也可以满足筹资者高效、灵活的筹资需求,对资金供求双方都有很大的吸引力,有效促进了资金在盈余单位和赤字单位之间的转移。其次,金融市场可以有效配置资金。金融市场中金融工具价格的波动能引导资金流向效益好、回报高的生产部门,流向最需要的地方,起到高效配置资金、提高投资效益、优化资源配置的作用。第三,金融市场可以有效转化资金。金融市场通过多种形式的金融交易,起到转化资金的性质、期限和用途的作用。例如,通过发行股票、债券,能将储蓄资金转化为生产资金,股票、证券和一些票据的买卖既能让长期资金变现,又能让资金转变用途,这对于调节积累与消费的比例,调节生产性投资与非生产性投资的比例都有着重要的意义。第四,金融市场可以有效调控经济。一方面,金融市场上各种金融指标的变动,能反映出宏观经济运行状况,为国家进行宏观调控提供依据;另一方面,金融市场本身就是中央银行实施货币政策的重要场所。

第二节　金融市场的分类

金融市场从不同的角度考察,可作如下分类:

1. 货币市场和资本市场

根据金融市场上金融工具的期限,可以把金融市场分为货币市场和资本市场。货币市场是交易期限在一年以内(包括一年)的短期资金融通市场,资本市场是交易期限在一年以上的长期资金融通市场。

2. 发行市场和流通市场

根据交易性质,可以把金融市场划分为发行市场和流通市场。发行市场也称一级市场或初级市场,是资本需求者将证券首次出售给最初的购买者时形成的市场。流通市场也称二级市场,是已经发行,处在流通中的证券的买卖市场。

3. 现货市场和期货市场

按金融工具的交割期限,可分为现货市场和期货市场。现货交易是指买卖成交以后在两个营业日内完成交割,期货交易是指买卖成交后不立即交割,而是按合约规定在指定日期完成付款交割或账目轧抵。

4. 有形市场和无形市场

按金融市场的组织形式,可分为有形市场和无形市场。

另外,按金融活动的范围,可分为地方性、区域性、全国性和国际性金融。

▶ 第 十 二 章 ◀

货币市场、资本市场和投资基金市场

第一节 货币市场

货币市场最重要的特征就是交易期限短,最短为日拆,一般多为 1 周、1 个月、3 个月和 6 个月,最长不超过 1 年。因为交易期限短,金融工具的流动性强,几乎随时可以变现,其流动性跟货币差不多,因而被称为货币市场。货币市场包括短期信贷市场、同业拆借市场(短期拆借市场)、短期债券市场、商业票据市场、大额可转让定期存单市场、回购协议市场等。

短期信贷市场

短期信贷市场包括银行对工商企业和个人的信贷。主要是解决企业和个人短期的流动资金需要。短期信贷市场利率以伦敦同业拆借利率(LIBOR)为基础。LIBOR 由英国银行家协会根据其选定的银行每天在伦敦市场报出的银行同业拆借利率进行取样(按照各银行的报价进行排序,选取中间 50% 数据)并加权平均计算而成,于当天上午 11 时对外公布,是国际金融市场上商业贷款、发行债券利率的基准,长期贷款的浮动利率也会在 LIBOR 基础上确定。LIBOR 在国际信贷业务中广泛使用,成为国际金融市场上的关键利率,目前,许多国家和地区的金融市场及海外金融中心均以此利率为基础。

同业拆借市场(短期拆借市场)

同业拆借市场又称同业拆放市场,由银行同业拆借市场和短期拆借市场组成,是金融机构之间进行短期、临时性头寸调剂的市场。银行同业拆借市场是指商业银行之间为弥补短时间资金不足,平衡头寸而相互间进行的短期借贷行为。银行在日常经营活动中的头寸会经常发生变动,头寸短缺时就必须融入资金维持正常的经营,头寸盈余时则可以贷放出去获取一定的收益。银行同业间的拆借手续简便,主要通过电话、网络完成,一般也不需要抵押品;期限按日计算,有 1 日、2 日、5 日不等,一般不超过 1 个月,最长期限为 120 天,期限最短的甚至只有半日,拆借利率由交易双方协商决定。

我国同业拆借市场始建于 1984 年,经历了曲折的发展过程。1984 年 10 月,中国人民银行允许各专业银行互相拆借资金,同业拆借市场开始萌芽。1986 年 1 月国务院颁布《中华人民共和国银行管理暂行条例》,规定专业银行之间的资金可以相互拆借,同业拆借市场开始正式发展。截至 1987 年 6 月底,除西藏外,全国各省、自治区、直辖市都建立了不同形式的拆借市场,初步形成了一个以大中城市为依托,多层次、纵横交错的同业拆借网络。1990 年,中国人民银行下发《同业拆借管理试行办法》,同业拆借市场开始有了规范。但是,1992 年下半年到 1993 年上半年,受宏观经济形势的影响,同业拆借市场出现了严重的违规拆借现象,大量拆借资金被用于房地产投资、固定资产投资及炒卖股票等,一些商业银行甚至绕过人民银行对贷款规模的控制,超负荷拆借资金,严重扰乱了金融秩序。1993 年 7 月,针对同业拆借市场的乱象,人民银行对拆借市场进行了清理整顿,拆借市场秩序开始好转。1996 年 1 月,为了从根本上消除同业拆借市场的混乱现象,经过中国人民银行长时间的筹备,全国统一的银行间同业拆借市场正式建立;同年 6 月,放开了同业拆借利率,拆借利率由拆借双方根据市场资金供求状况自行决定,初步形成了全国统一的同业拆借市场利率(CHIBOR),清算方式为 T+0 或 T+1。为了支持资本市场的发展,经国务院批准,中国人民银行于 1999 年 8 月 19 日下发了《证券公司进入银行间同业拆借市场管理规定》,开始允许证券公司进入全国银行间同业拆借市场。

随着同业拆借市场逐步发展完善,市场交易主体的增加,市场交易量也逐年扩大。目前,同业拆借市场的市场主体包括经中国人民银行批准,具有独立法人资格的商业银行及其授权分行、农村信用联社、城市信用社、财务公司和证券公司等有关金融机构以及经中国人民银行认可经营人民币业务的外资金融机构。截至 2021 年 6 月,成交总金额达到 192633.93 亿元。[①]

短期拆借市场是商业银行与非银行金融机构(如证券商)之间进行短期资金融通的市场,这种拆借又叫"通知放款",交易所经纪人大多采用这种方式向银行借款。"通知放款"的担保品多是股票、债券等有价证券,如到期不能偿还,银行有权出售其担保品。

短期债券市场

短期债券市场是发行和买卖期限在一年以内债券的市场,市场上流通的中长期债券离到期日不足一年的时候,也被纳入短期债券的范畴。发行短期债券的主要是政府和工商企业,政府发行短期债券多是为了平衡预算开支,比如美国政府发行的短期债券分为 3 个月、6 个月、9 个月和 12 个月四种;企业发行短期债券是为了解决短期流动性资金不足的问题。短期债券的特点是期限短,流动性强,风险低,但收益也较低。因此,一般购买短期债券的投资者主要目的是追求较好的流动性和较低的风险,而不是为了盈利,比如金融机构,经常持有政府短期公债及短期公司债作为资产的二级储备。

商业票据市场

商业票据市场主要是指商业票据发行、流通、转让、票据承兑及贴现的市场。

典型的商业票据是以商品交易行为为基础的表明债权债务关系的信用工具,是商业信用关系的体现,票据的持有者可以持有到期取得款项,也可以去贴现,提前获取款项,因而又具有了融资功能。随着商业票据的广泛使用和发展,商业票据

---

① 数据来源:中国外汇交易中心 http://www.chinamoney.com.cn/chinese/mtmoncjgl/

的融资职能开始与商品交易相分离,产生了一种无实际交易背景而只是单纯以融资为目的而发行的票据,通常叫融通票据或商业证券,是一种没有抵押和担保,出票人凭自身信用发行并允诺到期付款的短期流动票据,不同于以商品交易为基础的商业汇票、本票等广义上的商业票据。融通票据的可靠程度依赖于发行企业的信用程度,可以背书转让,可以承兑,也可以贴现。融通票据的期限在 1 年以下,由于其风险较大,利率高于同期银行存款利率,通常不记名。目前西方发达国家的商业票据市场上大量流通的都是这种融通票据,商业票据市场也已经成为企业短期融资的重要场所。融通票据通常以折扣的方式发售。可以由企业直接发售,也可以由经销商代为发售。融通票据是短期票据,没有规定其必须评级,但为了取得投资者的信任,大部分融通票据都会向信用评级机构申请评级。

票据承兑市场是接受承兑,创造承兑汇票的市场,是商业票据市场的组成部分。承兑是指票据付款人在汇票正面签名,承诺到期付款的行为,是汇票特有的票据行为,主要目的在于明确汇票付款人的票据责任。承兑可以由付款人自己完成,也可以由付款人申请其开户行完成,由付款人自己承兑的汇票称为商业承兑汇票,其依托的是企业自身的信用,由银行承兑的汇票称为银行承兑汇票,银行承兑汇票使得汇票增信为银行信用。票据承兑市场上办理汇票承兑业务的机构通常是商业银行,或者是专门的承兑机构如承兑公司等。由于银行信用可靠,市场上的银行承兑汇票往往更受欢迎,可随时在货币市场上转让流通,是银行乐于贴现和客户乐于接受的货币市场工具。

票据贴现市场是对未到期票据进行贴现,为客户提供短期资金融通的市场,也是商业票据市场的组成部分。票据贴现是指票据持有者将未到期的商业票据交给银行或贴现公司,提前取得款项的过程。银行或贴现公司收进票据,扣除贴现息后,将余款支付给票据贴现者。票据持有者通过这种方式可以提前获取资金,实际上是短期融资的一种方式,银行或贴现公司在票据到期时再向出票人收回款项。贴现息根据贴现率计算,贴现率是银行根据市场利率以及票据的信誉程度规定的。贴现息及贴现额的计算方法如下:

$$贴现利息=票据金额×贴现天数×(月贴现率÷30 天)$$

$$实付贴现金额=票据金额-贴现利息$$

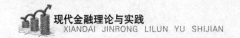

例:某人持有一张 60 天后到期的商业票据向银行申请贴现。票据面额为 30000 元,月贴现率为 5‰,则票据贴现人能够获得的现款金额为:

$$贴现利息 = 30000×60×(5‰÷30) = 300(元)$$

$$实付贴现金额 = 30000-300 = 29700(元)$$

票据贴现市场的参加者主要是商业票据持有者、商业银行、贴现公司、中央银行以及专门从事短期借贷活动的金融机构。可贴现的票据主要有融通票据、商业承兑汇票、银行承兑汇票和金融债券等。票据贴现是商业银行资金运用的有效方式,用票据贴现方式放出的款项比一般贷款风险更小;同时,商业银行还可以利用贴现市场解决自身的资金周转问题,比如,可以把收进的未到期的票据再转让给中央银行,提前取得款项,称为再贴现,还可以通过转贴现的方式将持有的商业票据转让给其他商业银行以提前取得款项。

大额可转让定期存单市场

大额可转让定期存单市场是专门发行和流通大额可转让存单的市场。大额可转让定期存单简称 NCDS 或 CD,是银行发行的可以在金融市场上转让流通的定期存款凭证。这种金融工具有几个明显的特点:一是面额比较大。比如,美国的银行向机构投资者发行的大额可转让存单的面额最少为 10 万美元,向个人投资者发行的面额最少为 100 美元。二是期限固定。存款期限为 3~12 个月不等,以 3 个月居多,最短的 14 天。三是不记名。采取不记名的方式是为了便于流通转让。这种存单广受投资者和银行的欢迎,对于投资者来说,因为期限固定,相较于活期存单利率较高,可以获得较丰厚的收益,同时也可以通过转让的形式随时支取资金,又有很好的流动性;对于商业银行来说,可以通过发行大额可转让存单获得大量稳定的资金来源。

世界上第一张大额可转让定期存单是美国花旗银行于 1961 年发行的。20 世纪 60 年代,美国市场利率上涨,但美国商业银行受 Q 条例的限制,定期存款不能支付较高的市场利率,活期存款不能支付利息,存款对投资者失去了吸引力,导致银行的存款急剧下降,为了阻止存款外流,扩大资金来源,银行不得不进行金融创新,于是,美国花旗银行率先设计了大额可转让定期存单这种短期的有收益票据,并迅速推广开来。大额可转让定期存单一般由较大的商业银行发行,主要是由于这些机构信誉较高,可以相对降低筹资成本,且发行规模大,容易在二级市场流通。

我国第一张大额可转让定期存单诞生于 1986 年,与西方国家相比已经晚了很多,其后又经历了曲折的发展历程。1986 年,交通银行首先引进和发行大额存单;1987 年,中国银行和工商银行相继发行大额存单。当时存单的主要投资者是个人,企业不多。但由于缺乏统一的管理办法,在期限、面额、利率、计息、转让等方面曾一度出现混乱,因此中国人民银行于 1989 年 5 月下发了《大额可转让定期存单管理办法》;1996 年,人民银行重新修改了《大额可转让定期存单管理办法》,对大额存单的审批、发行面额、发行期限、发行利率和发行方式进行了明确。但由于各专业银行发行的大额可转让定期存单利率过高,增加了银行资金成本,中国人民银行开始限制大额定期存单的利率,加之完整的二级流通市场也未形成,大额存单优势开始丧失,加上大额存单发行过程中的出现的很多问题,中央银行于 1997 年暂停审批银行的大额存单发行申请,大额存单业务实际上被完全停止,此后,大额存单开始淡出人们的视野。2015 年 6 月,中国人民银行颁布了《大额存单管理暂行办法》,我国的大额存单业务开始重启。根据《大额存单管理暂行办法》的规定,我国大额存单的发行人包括政策性银行、商业银行、农村合作金融机构以及中国人民银行认可的其他金融机构,投资人包括个人、非金融企业、机关团体和中国人民银行认可的其他单位。个人投资者认购大额存单起点不低于 30 万元,机构投资人认购起点不低于 1000 万元。大额存单期限包括 1 个月、3 个月、6 个月、9 个月、1 年、18 个月、2 年、3 年和 5 年共 9 个品种。大额存单发行利率以市场化方式确定,固定利率存单采用票面年化收益率的形式计息,浮动利率存单以上海银行间同业拆借利率(Shibor)为浮动利率基准计息。我国大额存单的转让可以通过第三方平台开展,转让范围限于非金融机构投资人,对于通过发行人营业网点、电子银行等自有渠道发行的大额存单,可以根据发行条款通过自有渠道办理提前支取和赎回,转让、提前支取和赎回及相应的计息规则等都由发行人在发行条款中予以明确规定。我国大额存单业务的重启,对于健全市场化利率形成机制,培养金融机构的自主定价能力,扩大负债产品市场化定价范围,用正规的存款替代理财等高利率负债产品,降低社会融资成本等都具有积极意义。

回购协议市场

回购协议市场是指对回购协议进行交易的短期资金融通场所,由回购与逆回购组成。回购协议是指证券卖方在售出时向买方承诺在未来某个时间按原定价格或约定价格再将证券购回的协议,也就是通常所说的正回购;逆回购协议是指买入证券一方同意按照约定期限和价格再卖出证券的协议。简单地说,正回购是先卖出,将来再买回,逆回购是先买进将来再卖出。实际上,回购协议和逆回购协议是一个事物的两个方面,同一项交易,从证券卖出者的角度看,是回购,从证券买入者的角度看,是逆回购。

回购协议的期限一般都很短,最常见的是隔夜回购,也就是期限为 1 天,此外还有 7 天、14 天、21 天、1 个月、2 个月、3 个月、6 个月等,但最长不会超过 1 年;此外,还有一种"连续合同"的形式,这种形式的回购协议没有固定期限,合同每天自动展期,直至一方提出终止为止。回购协议的利率取决于多种因素,包括交易的证券本身的质量、回购期限的长短以及当时的市场利率水平。

回购协议其实就是一种短期质押贷款,协议中证券的卖方通过质押一定数量的证券进行短期融资,协议到期后通过购回证券的方式偿还贷款。回购协议中的金融资产主要是证券,在发达国家,几乎任何类型的证券都可进行回购交易,我国规定政府债券、中央银行债券、经中国人民银行批准的金融债券和符合标准的企业债可用于回购交易。回购协议是各经济主体之间融通短期资金的重要途径,也是中央银行调节市场货币量的重要手段。例如:央行若在市场上进行正回购操作,就会向一级交易商售出有价证券,过一段时间再买回来,因此起到了先收缩市场货币,再释放货币的作用;而央行若进行逆回购,会向一级交易商购买有价证券,并在约定的日期卖出去,起到先释放货币,再收缩货币的作用。

世界上规模最大的回购协议市场在美国,早在 20 世纪 90 年代初,美国隔夜回购协议的日交易量就已经超过了 100 亿美元。我国的回购协议市场始于 1991 年,是随着国债市场的发展而发展起来的。由于当时国债发行难的问题比较突出,为提高国债的流动性,经过一段时期的准备,上海证券交易所和全国证券交易自动报价系统(STAQ)于 1991 年 7 月宣布试办国债回购交易,当年 9 月,在两家 STAQ 系统的会员公司之间,完成了第一笔回购交易;1992 年,武汉证券交易中心推出了国债回购业务,随后上海证券交易所、深圳证券交易所,分别于 1993 年和 1994 年先后开办了国债回购业务,我国国债回购业务逐渐发展起来。在发展过程中,用于回购的标的物的范围也扩展了,不仅包括国债,还包括金融机构债券以及在各证券交易中心上市的基金凭证。在回购协议市场发展初期,由于缺乏有效的管理,各种违规行为盛行,信用风险十分突出,1995 年 8 月,中国人民银行、财政部、中国证监会联合对国债回购市场进行了整顿;当年 10 月,三部门又联合下发了《关于认真清偿证券回购到期债务的通知》,进一步强化了整顿市场和清理债务等各项措施的可操作性;1997 年 6 月,银行和非银行金融机构开始实施严格的分业经营,各商业银行退出沪深证券交易所,银行间债券现券交易和回购协议交易改在全国银行同业拆借市场进行,包括国债、政策性金融债和中央银行融资券业务。由此,我国的回购业务形成了银行间和交易所两大市场,两大市场分割,在交易模式等方面都存在一定的区别。

第二节　资本市场

资本市场是指期限在一年以上的金融工具进行交易的市场,又称为长期资金市场,包括长期借贷市场和证券市场。其中证券市场是资本市场的主要部分和典型形态,包括股票市场、长期债券市场和投资基金等市场。与货币市场相比,资本市场特点主要有:(1)融资期限长。资本市场上的金融工具期限在 1 年以上,也可以长达几十年,甚至无到期日,比如股票,属于永久性证券。(2)流动性较差。在资本市场上筹集到的资金多用于解决中长期融资需求,故流动性和变现性相对较弱。(3)风险大、收益高。由于融资期限较长,不确定性增加,市场价格波动大,投资者需承受较大风险,但作为对承受高风险的补偿,其收益也较高。资本市场上资金交易的这些特点类似于资本投入,故称为资本市场。

长期借贷市场也称长期存贷款市场,是指提供长期资金存款、贷款业务交易的市场。证券市场是股票、债券、投资基金等有价证券发行和交易的场所,由证券发行人、投资人、中介机构、自律性组织及证券监管机构组成。证券发行人是指为筹措资金而发行债券、股票等证券的发行主体,包括企业和政府机构。证券投资人是指通过买入证券而进行投资的各类机构投资者和个人投资者。机构投资者主要包括政府机构、金融机构、企事业法人及各类基金等。政府机构参与证券投资的目的主要是为了调剂资金余缺和进行宏观调控。比如,中央银行进入证券市场就是通过买卖证券影响货币供应量或利率水平从而达到宏观调控的目的。参与证券投资的金融机构包括证券经营机构、银行业金融机构、保险经营机构、合格境外机构投资者(简称 QFII)与合格境内机构投资者(简称 QDII),及其他金融机构等。企业可以通过股票投资实现对其他企业的控股或参股,也可以将暂时闲置的资金通过自营或委托的方式进行证券投资以获取收益。基金性质的机构投资者包括证券投资基金、社保基金、企业年金、社会公益基金等。个人投资者是指从事证券投资的社会自然人,他们是证券市场最广泛的投资者。证券市场中介机构是指为证券的发行、交易提供服务的各类机构,包括证券公司、证券投资咨询机构、证券登记结算机构、财务顾问机构、资信评级机构、资产评估机构、会计师事务所、律师事务所等。证券市场的自律性组织主要包括证券交易所和行业协会。证券监管机构是指依法制定有关证券市场监督管理的规章、规则,监督有关法律法规的执行,负责保护投资者的合法权益,对全国的证券发行、交易、中介机构的行为等依法实施全面监管,以维持公平而有序的证券市场的机构,我国的证券监管机构是中国证监会及其派出机构。

股票市场

股票市场是股票发行和交易的场所,包括发行市场(一级市场)和流通市场(二级市场)

发行市场

发行市场是完成股票从发行规划到销售的全过程,使筹资者直接获取资金的市场。不管是新公司成立初次发行股票还是老公司增资,都要通过发行市场完成。股票发行市场没有固定场所,也没有统一的发行时间,由筹资者根据自己需要和市场行情走向自行决定何时发行,可以委托投资银行、信托投资公司和证券公司等发行,也可以在市场上公开出售新股票。

股票发行方法有很多,根据发行对象的不同,可以分为公募和私募两种。公募是指以公开方式面向社会不特定投资者发行股票,公募发行有很多优点:一是可以扩大股东的范围,增加筹资规模;二是众多投资者分散持股,可以防止囤积、操纵股票;三是有利于提高公司的社会知名度;四是只有公开发行的证券方可申请在交易所上市。私募是指以非公开方式向特定投资者发行股票,通常在两种情况下采用:一是股东配股,是上市公司根据公司发展需要,依照有关法律规定和相应程序,向原股东进一步发行新股筹集资金;二是私人配股,又称第三者配股、第三者分摊或关系户分摊,即股份公司将新股票分售给股东以外的本公司职员、贸易伙伴及与公司有业务关系的第三者,不管是股东配股还是私人配股,其价格一般都低于市价,有很大的增值空间。私募也有很多优点:私募的发行对象较固定,一般都是直接发行,因而降低了财务成本。另外,以较低的价格发售股票,可以调动股东的积极性及巩固和发展公司的外部关系。

按照发行者具体销售股票的方式不同来划分,可以分为直接发行和间接发行。直接发行又叫直接招股,是指直接向认购者推销股票,自己承担股票发行的一切事务和发行风险,若认购数量达不到发行数量,剩下的股票自行消化,私募一般会采用这种方式。间接发行又称间接招股,是委托证券中介机构出售股票,具体包括代销、承销和包销。代销方式下,中介机构只是代理销售,不承担任何风险,卖不掉的股票可以退还给发行者。承销方式下,中介机构承担一定的风险,未卖完的股票必须自己买下。包销方式下,中介机构必须先用自己的资金一次性地把将要公开发行的股票全部买下,然后再卖出,卖什么价格可以自行决定。若卖价高于买价,则可以赚取买卖差价;若有滞销股票,中介机构减价出售或自己持有,承担全部风险。因此,包销费用最高,代销费用最低。

按照投资者认购股票时是否交纳股金,分为有偿增资、无偿增资和搭配增资。有偿增资是指认购者在购买股票时必须支付现款,一般公募和私募方式发行股票都采用有偿增资的方式。无偿增资是指认购者不必向股份公司缴纳现金就可获得股票。这种方式下,股本的增加不是靠外部资金,而是来自股份公司自己的盈余,一般只在股票派息分红及法定公积金或盈余转作资本配股时采用。采用这种方式发行的股票,发行对象只限于原股东,原股东无偿获得新股票。搭配增资是指认购者只需支付发行价格的一部分就可获得股票。股份公司向原股东分摊新股时,仅让股东支付发行价格的一部分就可获得一定数额的股票,这种发行方式也是对原有股东的一种优惠政策。股票发行的几种方式各有利弊,股份公司一般会根据自己的实际情况进行合理选择。当前,世界各国采用最多、最普遍的方式是公开发行和间接发行。

发行价格和股票票面价格相等的,称为平价发行;发行价格高于股票票面价格的,称为溢价发行。《中华人民共和国公司法》第一百二十八条规定,股票发行价格可以等于票面金额,也可以超过票面金额,但不得低于票面金额。发行价格高于股票票面价格的,须经国务院证券管理部门批准。目前,西方国家的股份公司也很少有按折价发行股票的。股票发行价格非常重要,它关系到发行的总收入和发行的成败;价格定得太高,可能会使成交量大大减少,导致发行失败;价格定得太低,无法筹足资金。股票发行价格的确定可以采取协商定价方式,也可以采取询价方式、上网竞价方式等。

流通市场

流通市场是投资者买卖已经发行股票的场所,分为有组织的证券交易所和场外市场两种形式。证券交易所是进行证券集中交易的固定场所,通过规范的组织和管理,保证各种证券以合理公正的价格顺利完成交易,属于场内交易市场。证券交易所分为公司制的营利性法人和会员制的非营利性法人,我国的证券交易所中2021年9月3日注册成立的北京证券交易所属于前者,1990年11月成立的上海证券交易所和1990年12月成立的深圳证券交易所属于后者。场外交易是相对于证券交易所交易而言的,凡是证券交易所之外的股票交易活动都可称作场外交易,它主要由柜台交易市场、第三市场、第四市场组成。场外交易市场没有固定的集中的场所,而是分散于各地,通过券商的柜台和电话、电报、传真及计算机网络等电讯设施进行买卖。其中柜台市场是通过券商的柜台进行证券交易的市场,这种市场在证券产生之时就已存在,是最古老的一种场外交易市场,随着计算机和网络技术的发展,柜台交易市场也在不断地改进,其效率已和场内交易不相上下。第三市场是在证券交易所之外买卖上市股票的市场,与其他场外市场的区别主要是第三市场的交易对象是在交易所上市的股票,而其他场外交易市场则是从未上市股票的交易。第三市场的产生有一定的历史背景。1929年,世界经济大危机爆发,美国证券市场暴跌,陷于崩溃,危机过后,美国加强了对证券市场的监管,其中一项内容就是规定了买卖股票的最低佣金。为了降低交易佣金,减轻大额交易的费用负担,20世纪60年代开始出现了在场外市场进行上市股票的交易,第三市场由此形成。第四市场是一些大的机构投资者为节约佣金绕过证券商直接进行大宗股票交易的市场,通过电子计算机网络联结,自行报价和寻找交易对手方,双方直接成交。第四市场的发展大大降低了交易双方的成本,给证交所和其他形式的场外交易市场带来巨大的压力,促使这些市场降低佣金、改进服务,也对证券市场的监管提出了挑战。

场外市场的规模有大有小,由券商自行组织交易,成交价格通过双方商议达成,管制少,灵活方便,和场内市场共同构成一个完整的证券交易市场体系。美国的场外交易市场是世界上最发达的场外交易市场,其交易量总值占全部证券交易量的95%左右。一个非常重要的原因就是美国的证券在交易所挂牌上市的要求非常高,一般的中小企业无法达到,因此大部分无法上市的企业股票就只能到场外市场交易。

我国股票交易以场内交易为主,场外交易规模不大。目前我国的场外市场由代办股份转让系统(包括三板和新三板)、各地产权交易市场,以及天津股权交易所等主体共同组成。

股票流通市场的存在具有重要意义。一是有利于资金的筹集。股票的流通转让给股票提供了变现的机会,使投资者愿意认购股票,对股票发行起到了积极的推动作用。二是股票流通市场可以反映宏观经济发展状况。流通市场上股票行情的变化能反映出市场资金供求状况、企业经营状况,是进行经济预测和分析的重要指标。

长期债券市场

长期债券市场是发行和买卖长期债券的场所,一般把偿还期限在10年以上的称为长期债券,1年以上、10年以下的为中期债券。但我国对企业债券的期限规定稍有不同,规定 1 年以上 5 年以下的为中期债券。中长期债券的发行者主要是政府、金融机构和企业。我国政府发行的债券主要是中期债券,一般在 3~5 年。

长期债券市场和股票市场一样,也可以分为发行市场和流通市场。在发行市场上,债券经过认购,即确定了筹资人和投资人之间一定期限的债权债务关系,但这种债权债务关系不是一成不变的,当投资者通过流通市场转让债券变现时,债券的债权人随之也发生变更。债券流通市场也可分为场内交易市场和场外交易市场。场内交易市场是指在证券交易所内买卖债券所形成的市场,交易所为债券交易提供服务,并进行监管;场外交易市场是指在证券交易所以外进行交易的市场,包括柜台市场、银行间交易市场,以及一些机构投资者通过电话、电脑等通信手段形成的市场等。债券发行市场和流通市场相辅相成,发达的流通市场是发行市场的重要支撑,流动性越好,投资者认购的积极性就越高。我国债券流通市场包括沪深证券交易所市场、银行间交易市场及金融机构柜台交易市场三种。

债券的发行方式。债券的发行方式按照发行对象的不同,可分为私募和公募两种。私募又称为定向发行、私下发行,即面向少数特定投资者发行,包括机构投资者(如金融机构及与发行者有密切业务往来的企业)和个人投资者(如发行单位的员工)。私募发行不经过证券发行中介机构,属于直接发行,成本低,利率比公募债券高,但是私募债券不能公开上市,流动性差。

公募具体又有代销、承购包销和招标发行三种形式。和股票发行一样,代销方式下,中介机构只是代理销售,不承担任何风险。承购包销是中介机构先买入债券,卖不完的部分不能退还发行机构,需要自己承担一定的风险。招标发行是通过招标方式确定债券承销商和发行条件的发行方式,根据中标规则不同,又可分为荷兰式招标和美式招标两种形式。荷兰式招标又称单一价格中标,是指按照投标人所报买价自高向低(或者利率由低而高)的顺序中标,直至满足预定发行额为止,最后,所有的中标机构以相同的价格(所有中标价格中的最低价格)来认购中标的债券。美国式招标又称多种价格招标,中标机构以各自报出的价格认购中标的债券。我国国债发行方式经历了 80 年代的行政分配,80 年代末和 90 年代的代销发行、承购包销,到目前的定向发售、承购包销和招标发行并存的发展过程,总的变化趋势是不断趋向低成本、高效率,逐步走向规范化和市场化。

债券的发行价格。债券的发行价格是指投资者认购新发行的债券实际支付的价格,按照债券的发行价格和票面价格的异同,债券的发行可分为平价发行、溢价发行和折价发行三种方式。(1)平价发行,即债券的发行价格与票面额相等。平价发行方式下,债券利率一般跟市场利率相当,发行者按既定的票面额获取发行收入,按既定的票面额偿还本金并按票面利率支付利息。(2)溢价发行,即债券的发行价格高于票面额。溢价发行方式下,债券利率一般高于市场利率,发行者获得高于债券面额的发行收入,偿还本金时仍然按票面额偿还。(3)折价发行,即债券的发行价格低于票面额。折价发行方式下,票面利率一般低于市场利率,发行者获得的发行收入少于票面额,偿还本金时也仍然按票面额偿还。

债券收益率。债券收益率是指债券每年的总收益与投资本金之间的比率。债券的总收益由三部分组成:按债券的票面利率计算的利息收入、认购价格与票面价格(偿还价格)之间的差益差损、利息再投资的收益。影响这些收益的因素有利率、期限和购买价格。债券收益率有三种:当期收益率、到期收益率和提前赎回收益率。当期收益率又称直接收益率,是用债券的年息除以债券当前的市场价格所计算出的收益率,这里的收益不考虑债券投资所获得的资本利得或是损失,所以这一指标仅用来衡量纯利息收入所产生的收益。随着到期日的接近,债券价格在不断逼近面值,当期收益率也会不断下降,逐渐接近票面利率,因此当期收益率不能用于评价不同期限付息债券的优劣。

当期收益率=(债券面额×票面收益率)/债券当前市场价格×100%

到期收益率是债券持有到全部付息结束后的复利回报率,又称最终收益率。

到期收益率=(票面金额-购买价格+总利息)/(购买价格×持有期数)×100%

提前赎回收益率是指债券发行人在债券规定到期日之前赎回债券时投资人所取得的收益率,这时债券的期限不再使用票面规定的期限,而是使用首个提前赎回日作为期限,计算时,到期收益率的计算公式仍然成立。

提前赎回收益率=(收回金额-购买价格+利息)/购买价格×持有期数×100%

债券的收益变化情况可以用债券收益率曲线来表示。债券收益率曲线又叫孳息曲线,是描述在某一时点上一组可交易债券的收益率与其剩余到期期限之间数量关系的一条曲线,即在直角坐标系中,以债券剩余到期期限为横坐标、以债券收益率为纵坐标而绘制的曲线。债券收益率曲线有四种情况：一是正向收益率曲线，表现为一条向上倾斜的曲线，表明在某一时点上债券的投资期限越长，收益率越高，预示着经济处于增长阶段；二是反向收益率曲线，也称为"倒挂"的收益率曲线，表现为一条向下倾斜的曲线，表明在某一时点上债券的投资期限越长，收益率越低，预示着经济进入衰退期；三是水平收益率曲线，表现为一条大致水平的曲线，表明收益率的高低与投资期限的长短无关，这是社会经济发展出现的极不正常情况；四是波动收益率曲线，表现为一条驼峰形的曲线，表明债券收益率随投资期限不同而呈现波浪变动，预示着宏观经济未来有可能出现波动。以下是四种不同债券收益率曲线的简图。

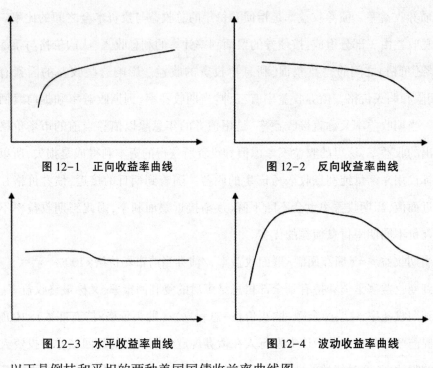

图 12-1　正向收益率曲线　　　　　　　图 12-2　反向收益率曲线

图 12-3　水平收益率曲线　　　　　　　图 12-4　波动收益率曲线

以下是倒挂和平坦的两种美国国债收益率曲线图

美国国债收益率走势(%)[1]

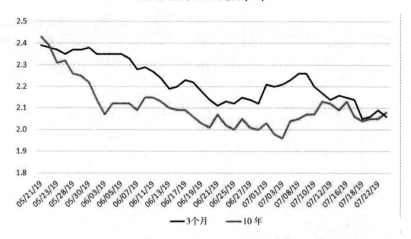

图 12-5　倒挂的美国 3 个月与 10 年期国债收益率曲线[2]

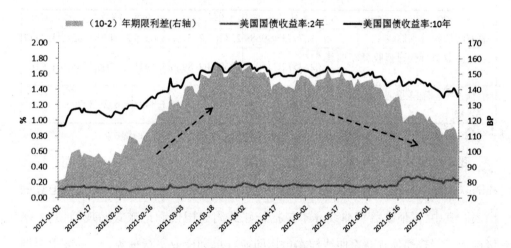

图 12-6　平坦的 2 年期美国国债收益率曲线[2]

以下是 2021 年 8 月 2 日我国国债和其他债权收益率曲线

---

①　资料来源:美国财政部,新浪财经整理。
②　资料来源:Wind 资讯。

国债及其他债券收益率曲线①

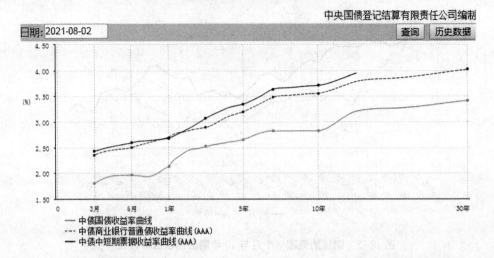

2021-08-02(%)	3月	6月	1年	3年	5年	7年	10年	30年
中债国债收益率曲线	1.7973	1.9589	2.1281	2.5162	2.6515	2.8180	2.8212	3.4117
中债商业银行普通债收益率曲线（AAA）	2.3512	2.4944	2.6924	2.8900	3.1941	3.4766	3.5519	4.0163
中债中短期票据收益率曲线（AAA）	2.4209	2.5859	2.6728	3.0686	3.3407	3.6339	3.7033	

注：表中三个月期限国债收益率是用于计算 SDR 利率的人民币代表性利率

　　我国国债及其他债券收益率曲线是由中央国债登记结算有限责任公司(www.chinabond.com.cn)编制提供的一组反映在岸人民币债券市场到期收益率走势的图表。其中,国债收益率曲线样本包括记账式附息国债和记账式贴现国债;AAA级商业银行普通债收益率曲线样本包括同业存单和商业银行债券;AAA级中短期票据收益率曲线样本包括 AAA 级超短期融资券、短期融资券和中期票据。

　　中债收益率曲线包括国债在内的各信用等级的到期、即期和远期收益曲线约1000 余条,采用赫尔米特模型编制。曲线数据源包括银行间市场和交易所市场的做市商报价、货币经纪公司报价、成交价和结算价等。收益率曲线的样本点优先选取新发行且满足流动性要求的债券。中债收益率曲线每个工作日日终发布一次,发布时间为北京时间 17:30。

---

　　① 资料来源:https://yield.chinabond.com.cn/cbweb-pbc-web/pbc/more? locale=cn_ZH(中央国债官网)

第三节　投资基金市场

投资基金市场是进行投资基金交易的场所,是金融市场中不可缺少的组成部分。投资基金也称为互助基金或共同基金,是通过发售基金份额募集资金,由基金管理人统一管理,投资于股票、债券或其他资产并按一定规则将投资收益分配给基金持有者的一种金融机构。

投资基金按照不同的标准可以分为不同的类型。(1)按照资金募集方式和来源,分为私募基金和公募基金。私募基金面向特定的投资群体,以非公开方式募集资金;公募基金面向大众,以公开方式募集资金。(2)按照运作方式,分为封闭式基金和开放式基金。封闭式基金是指基金发行总额和期限固定不变,在基金存续期间内,投资者不能申请赎回,但可以在证券交易所通过转让基金份额的方式变现,所以,封闭式基金一般都在证券交易所上市;开放式基金是指基金规模不固定,可以随时根据市场供求情况发行新份额或被投资人赎回,所以,开放式基金一般是不上市的。开放式基金是世界各国基金运作的基本形式之一,也是国际基金市场的主流品种,美国、英国及中国香港、中国台湾的基金市场均有90%以上是开放式基金。(3)根据组织形态,分为公司型基金和契约型基金。公司型基金是按照公司法,以发行股份的方式募集资金而组成的公司形态的基金,认购基金股份的投资者即为公司股东,凭其持有的股份享有投资收益,公司型基金是具有独立"法人"资格的经济组织;契约型基金是基于一定的契约原理而组织起来的代理投资行为,根据基金投资者、管理人、托管人之间所签署的基金合同而设立,基金投资者即受益者,通过购入基金份额,享受基金收益,基金管理人负责发行基金份额,并对资金进行经营和管理运作,基金托管人则负责保管基金资产,执行管理人的有关指令,办理基金名下的资金往来。我国的证券投资基金均为契约型基金。(4)根据基金投资的对象,分为货币市场基金、对冲基金、养老基金、证券投资基金和产业投资基金。货币市场基金是指投资于货币市场上短期有价证券的一种投资基金,主要投资国库券、商业票据、银行承兑汇票、政府短期债券、企业债券等短期有价证券。对冲基金是利用衍生金融工具,采用对冲交易手段来盈利的基金,也称避险基金或套期保值基金。对冲基金广泛运用期权、期货等金融衍生工具,风险极高,因此,通常采取私募的方式,严格限制普通投资者投资,是专门为追求高收益高风险的投资人设计的基金。养老基金是为了向退休职工支付固定费用而设置的基金。养老基金通过发行基金股份或受益凭证,募集社会上的养老保险资金,用于产业投资、证券投资或其他项目的投资,以实现保值增值。证券投资基金是以投资组合的方法进行股票、证券等金融工具投资的一种基金,实际上是一种间接的证券投资方式。产业投资基金是指向具有高增长潜力的未上市企业进行股权或准股权投资,并参与被投资企业的经营管理,待所投资企业发育成熟后通过股权转让的方式退出,实现资本增值的基金。我国对产业投资基金的定义来自《产业投资基金管理暂行办法》,是指一种对未上市企业进行股权投资并进行经营管理的利益共享、风险共担的集合投资制度。产业投资基金一般投资于高新技术产业和有回报的基础设施建设等实体经济,但也作一定比例的证券投资,以保持基金资产的流动性。产业投资基金又可分为风险投资基金和私募股权投资基金。风险投资基金又叫创业基金,通常称为"VC",是指投向那些不具备上市资格的中小企业和新兴企业,尤其是初创期的高新技术企业,在高风险中追求高收益,是当今世界上广泛流行的一种新型投资机构。私募股权投资基金,通常称为"PE",是指通过私募形式募集资金,对优秀的高成长性的未上市公司进行注资,推动公司发展、上市后通过转让股权退出获利。风险投资基金和私募股权投资基金都属于产业投资基金,都是对未上市的企业进行投资,但两者也有区别:一是资金的募集方式上,风险投资基金的资金募集方式可以是私募方式,也可以是公募方式,而私募股权投资基金主要通过私募方式募集。二是在投资领域上,风险投资基金是对高新技术为主的中小公司的初创期和扩张期进行融资,因此风险更高;私募股权基金的投资对象比较偏向于那些已经形成一定规模的,并产生稳定现金流的成熟企业。

投资基金在许多发达国家已经成为与银行、保险并列的三大金融业之一,作为一种现代化的投资工具,它具有集合投资、分散风险和专业理财三大优势。特别是公募基金,投资门槛较低,有些基金甚至不限制投资额大小,因而可以最广泛地吸收社会闲散资金,集腋成裘,汇成规模巨大的投资资金,并可以凭借其雄厚的资金,投资于多种证券,达到分散投资风险的目的;基金实行专家管理,大大提高了投资效益,使没有时间、没有专业投资知识的中小投资者可以借用专家的金融知识、投资经验,避免自己盲目投资带来的失败。

第四节　新中国证券市场的发展历程

新中国证券市场的发展,主要经历了以下几个阶段:

第一阶段:过渡时期短暂存在的证券市场(1949 年至 1980 年)

1949 年 6 月,在接收和清理了原国民党时期证券交易所的基础上,天津证券交易所成立并营业,这是中华人民共和国的第一个证券交易所,1950 年 2 月北京证券交易所成立,这两家交易所的诞生对中华人民共和国成立初期的经济发展起了积极作用。1952 年,社会主义改造开始,证券交易所功能逐渐消失,也失去了存在的意义;1952 年 2 月,北京证券交易所停业,同年 7 月,天津证券交易所并入天津投资公司。

第二阶段:证券市场起步(1980 年至 1992 年)

1954 年开始,为筹集建设资金,我国连续 5 年发行国家经济建设公债,但这些公债只能持有到期,不能流通转让,此后都没有再发行过;直到 20 世纪 80 年代才重新开启了国债、企业债券和股票的交易。1981 年, 国库券开始发行;1984 年至 1986 年间,北京、广州、上海等城市选择了少数大中型企业进行股份制试点,包括 1984 年 7 月北京天桥百货股份有限公司的成立和同年 11 月上海第一家股份制企业——上海飞乐音响公司的成立;1985 年 1 月,上海延中实业有限公司、上海爱使电子设备公司发行股票;同年,广州市政府也批准了广州绢麻厂、明兴制药厂、侨光制革厂3家国有中小型企业的股份制试点。这些股份制试点企业的诞生和股票的发行,引起了众多投资者的兴趣,在国内外产生了很大的影响。截至1989年,全国发行股票的企业达到6000家,遍及北京、上海、天津、广东、江苏、河北、安徽、湖北、辽宁、内蒙古等省市,筹资总额达35亿元人民币。随着证券发行量的增加和投资者队伍的扩大,证券流通的需求日益强烈,股票和债券的柜台交易陆续在全国各地区出现:1986年8月,沈阳市信托投资公司率先开办了代客买卖股票和债券及企业债券抵押业务;同年9月,中国工商银行上海信托投资公司静安业务部对其代理发行的飞乐音响公司和延中实业公司的股票进行柜台挂牌交易,意味着我国股票二级市场开始萌芽;1988年4月,沈阳等7个城市首先开展了个人持有国库券的转让业务;同年6月,这种转让市场扩大到全国28个省市区54个大中城市;1989年全国有100多个城市的400多家交易机构开办了国库券转让业务。在这样的背景下,1990年11月,上海证券交易所成立,12月自动报价系统(STAQ)正式落成并投入使用;1991年7月,深圳证券交易所开始营业,中国证券市场进入启动阶段。需要指出的是,1991年我国投资基金也开始发展,最初只有深圳"南山风险投资基金"和"武汉证券投资基金"两家,规模为9000万元;1992年,随着海南"富岛基金"、深圳"天骥基金"、淄博"乡镇企业投资基金"等37家基金的成立,我国投资基金规模开始扩大。截至1994年底,我国投资基金共有73家,其中有31家基金在沪、深两地证交所以及一些区域性证券交易中心挂牌成为上市基金。

第三阶段:全国统一监管体制建立(1992年至1999年)

我国证券市场形成初期,股份制企业少、股票发行数量有限,但股票红利优厚,因此受到大量投资者的追捧,股票市场出现供不应求的局面,并引发内部交易和私自截留行为,最终导致了投资者抗议舞弊行为的"8·10"事件,凸显了证券市场监管的漏洞。1992年10月,国务院证券管理委员会和中国证监会成立;同年12月,国务院发布《关于进一步加强证券市场宏观管理的通知》,明确了中央政府对证券市场的统一管理。同时,在监管部门的推动下,证券市场一系列的规章制度开始建立,初步形成了证券市场的法规体系。1993年以后,股票发行量逐年递增,债券市场、基金市场也呈现出品种多样化、规模不断扩大的状况。1995年,国务院批准中国人民银行颁布了《设立境外中国产业投资基金管理办法》,这是中国关于投资基金的第一个全国性法规;1997 年 11 月,国务院证券管理委员会又颁布了《证券投资基金管理暂行办法》。两部法规的颁布,为我国基金业的规范发展奠定了良好的法律基础。我国股票、债券、基金发展的同时,也迎来了证券中介机构种类、数量和规模的迅速扩大。为了促进证券市场健康发展,1998 年 4 月,撤销了国务院证券管理委员会,其全部职能及中国人民银行对证券经营机构的监管职能同时划归中国证监会,中国证监会成为全国证券期货市场的监管部门, 全国集中统一的证券期货市场监管框架由此确立。1997 年亚洲金融危机后,为防范金融风险,中央政府又对各地设立的股票场外交易市场和柜台交易中心进行了清理,并对证券经营机构、证券投资基金和期货市场进行整顿,较好地化解了金融业的潜在风险。

第四阶段:依法治市和市场结构改革(1999 年到 2012 年)

1999 年,《证券法》颁布实施,证券市场得到法律上的正式认可。此后,中国股票市场开始快速发展,上市公司数量不断增加,但是随之而来的制度性缺陷和结构性矛盾也逐步显现。2001 年开始,市场步入持续四年的调整期,到 2005 年全行业连续四年总体亏损。2004 年和 2005 年,《证券法》又历经两次修订,使我国证券市场的法制建设进入一个新的历史阶段。2004 年 1 月,国务院发布《关于推进资本市场改革开放和稳定发展的若干意见》,明确了证券市场的发展目标、任务和工作要求,成为资本市场定位发展的纲领性文件。同年 6 月,《中华人民共和国证券投资基金法》颁布实施,对促进证券投资基金和资本市场的健康发展起到了重要作用,也标志着我国基金业的发展进入了一个新的阶段。2004 年之后,一些开放式基金开始到证券交易所上市交易,称为上市开放式基金,这是我国开放式基金运行的一项创新。2005 年 4 月,中国证监会发布了《关于上市公司股权分置改革试点有关问题的通知》,启动股权分置改革试点工作。2006 年 9 月,中国金融期货交易所成立,有力推进了中国金融衍生产品的发展,完善了中国资本市场体系结构。2009 年 10 月创业板的推出标志着多层次资本市场体系框架基本建成。2010 年 3 月和 4 月,融资融券和股指期货业务相继推出,为资本市场提供了双向交易机制,这是中国证券市场金融创新的又一重大举措。

第五阶段:证券市场逐步走向成熟(2012 年至今)

2012 年 8 月和 2013 年 2 月,转融资、转融券业务陆续推出,有效扩大了融资融券发展所需资金和证券的来源。2013 年 11 月 30 日,为贯彻党的十八届三中全会决定中关于"推进股票发行注册制改革"的要求,进一步推进新股发行体制改革,中国证监会发布《关于进一步推进新股发行体制改革的意见》,为股票发行注册制奠定了良好的基础;同年 12 月,新三板准入条件进一步放开,新三板市场正式扩容至全国。随着多层次资本市场体系的建立和完善,新股发行制度改革的深化,新三板、股指期权等制度创新和产品创新的推进,2015 年 10 月 29 日,《中共中央关于制定国民经济和社会发展第十三个五年规划的建议》明确提出要积极培育公开透明、健康发展的资本市场,提高直接融资比重,降低杠杆率。2017 年 1 月 26 日,国务院办公厅出台《关于规范发展区域性股权市场的通知》,指出规范发展区域性股权市场是完善多层次资本市场体系的重要举措,并从市场定位、监管体制、运营机构、监管底线等方面对区域性股权市场做出专门的制度安排。2018 年 11 月,人民银行、证监会、发改委联合发布《关于进一步加强债券市场执法工作的意见》,提出需一步加强债券市场执法,为促进我国债券市场健康稳定发展提供了保障。2019 年 12 月 28 日,第十三届全国人大常委会第十五次会议审议通过了修订后的《中华人民共和国证券法》,又称《新证券法》,于 2020 年 3 月 1 日起施行。《新证券法》进一步完善了证券市场基础制度,为证券市场有效防控市场风险,提高上市公司质量,切实维护投资者合法权益提供了坚强的法治保障,具有非常重要而深远的意义。

2020 年 2 月 29 日,国务院办公厅印发《关于贯彻实施修订后的证券法有关工作的通知》,明确了稳步推进证券公开发行注册制等重要安排;同年 8 月,证监会又发布《公开募集基础设施证券投资基金指引(试行)》。在证券市场相关制度不断丰富完善的同时,执法力度也在不断加强。党的十九大以来,证监会全系统共做出行政处罚决定 810 件,市场禁入决定 82 件,罚没款金额 193.04 亿元,通过强有力执法传递出"零容忍"鲜明信号,为注册制改革及资本市场健康发展提供了坚实的法治保障。总之,2012 年党的十八大以来,随着我国证券市场相关制度的不断完善、执法水平的不断提高,多层次资本市场正逐步完善,整个证券市场也日趋稳定成熟。

▶ 第 十 三 章 ◀

金融衍生市场

金融衍生市场是交易各类金融衍生工具的市场。金融衍生工具又称"金融衍生产品"，是指依附于基础金融产品或基础变量，价格随基础金融产品的价格或某些变量的变动而变动的金融产品，正因为这类金融产品具有依附和衍生的特性，才被称为"金融衍生产品"。基础金融产品又称为"原生金融工具"，不仅包括股票、债券、存单，也包括一些金融衍生工具，作为金融衍生工具基础的变量则包括利率、汇率、各类价格指数、通货膨胀率甚至天气指数等。金融衍生工具在形式上都表现为一种合约，主要包括远期、期货、期权、互换四种基本类型。

第一节　远期

远期合约是买卖双方在未来某一确定时间，按约定的价格买卖一定数量的某种金融资产的合约。在合约中，双方对交易的标的物、数量、价格、交割日期等都有明确规定，合约中同意将来在某一时刻以某一约定价格买入资产的一方被称为多头寸方,同意将来在某一时刻以某一约定价格卖出资产的一方被称为空头寸方。远期合约具有以下几个特点:(1)合约由买卖双方自由签订。合约的具体内容可以根据买卖双方各自的需求商定,合约的条款也可以因双方需要的不同而不同,这跟期货交易的标准化合约有很大的不同。(2)到期必须进行实物交割。而在期货交易中,大部分合约会通过对冲了结,或在到期之前被强行平仓。(3)没有固定的交易场所,属于场外交易,对交易双方来说都存在一定的信用风险。(4)具有保值功能。远期合约是以双方确定的价格交割某种资产,而不管资产的市场价格如何变动,从而使双方都避免了价格波动的风险。(5)到期必须履行。这跟期权合约不一样,期权合约的买方在到期时可以根据市场行情选择放弃交割。

远期合约主要有远期利率协议、远期外汇合约、远期股票合约。远期利率协议简称 FRA,是指买卖双方商定将来一定时间点(利息起算日)开始的一定期限的协议利率,并确定好参照利率,在利息起算日,按规定的协议利率、期限和本金额,由当事人一方向另一方支付按协议本金计算的协议利率与参照利率之间的利息差。参照利率也是借款人未来借款时使用的实际利率。交易双方可以是客户与银行或银行与银行。远期利率协议的买方是名义借款人,卖方是名义贷款人。倘若协议约定利率低于参照利率,所发生的利息差额由贷方付给借方,借方因此将利率锁定在协议利率水平,避免了利率上升带来的风险;如果协议约定利率高于参照利率,则由借方将超过利息差额付给贷方。在 FRA 市场中,买方是为了防止利率上升引起筹资成本上升的风险,实质上是用 FRA 市场的盈亏抵补现货资金市场的风险,因此,FRA 是防范将来利率变动风险的一种金融工具。

远期外汇合约是指外汇买卖双方签订的在将来某一时间按协议确定的汇率买卖一定数量外汇的合约。未来要交易的货币种类、数量、汇率及交割的期限等内容都会以合约的形式确定下来,在规定的交割日双方再履行合约,办理实际的交割。远期外汇买卖合约中规定的汇率即为远期汇率,远期合约到期时,无论即期汇率变化如何,买卖双方都要按合约规定的远期汇率交割。远期汇率与即期汇率的差额称为远期差价。当远期汇率高于即期汇率时,称之"升水"或"溢价";远期汇率低于即期汇率时,称为"贴水"或"折价";远期汇率与即期汇率相同时,则称为平价。远期外汇合约的作用是规避汇率变动的风险。进出口企业可以通过与银行签订远期外汇合约来锁定未来买卖外汇的汇率,避免汇率变动带来的进口成本上升或销售收入的减少。远期外汇合约市场属于无形市场,通常是通过现代通信手段进行,可以 24 小时交易;远期外汇合约是非标准化的合约,交易双方都要承担信用风险。

远期股票合约是指在将来某一特定日期按特定价格交付一定数量的某种股票或一揽子股票的协议。合约中载明未来交易的股票名称、价格、数量、结算日期及双方违约责任。远期股票合约在世界上出现时间不长,总交易规模也不大。有些公司为了向市场宣传该公司未来良好的股价走势,会在制定股票回购协议时采用远期股票合约的形式,承诺在未来某个日期按较高的协议价格买回本公司的股票,但如果远期股票合约到期时市场上该公司股价下跌,则会给该企业造成很大的损失。

第二节　期货

期货交易是在期货市场上是进行的。广义的期货市场包括期货交易所、结算所或结算公司、经纪公司和期货交易员;狭义的期货市场仅指期货交易所。现货交易当天成立,当天交割,最迟三日内交割完毕。期货交易是买卖双方先订立合约,隔一段时间再进行交割的交易,期货交易的交割期放在未来,但价格、商品数量、交割方式、地点和其他条件是在即期由买卖双方在合同中确定好的。现代期货交易在期货交易所通过期货合约的买卖来完成。期货交易根据买卖的标的物不同,分为商品期货和金融期货两大类。

期货交易的起源

期货交易是在远期合约交易发展的基础上,为更好适应商品生产、加工、流通的需要而产生的。世界上第一个近代期货交易所诞生在美国的芝加哥。芝加哥位于美国中西部,是五大湖地区的最大城市,因其优越的地理位置,19 世纪中叶芝加哥就已经成为重要的农产品集散地和加工中心。每到收获季节,大量的农产品都会集中到芝加哥进行买卖,由于供过于求,往往导致价格暴跌,农场主常常连运费都收不回来,而到了第二年春天,又会因为农产品的匮乏导致价格暴涨。价格的暴涨暴跌给农场主、加工商和消费者都带来了很大的困扰。为了解决这个问题,粮食等谷物生产地的经销商应运而生,商人们设立仓库,秋季从农民手中收购粮食并囤积起来,来年再发往芝加哥,因此缓解了粮食供求的季节性矛盾。但是,这样价格波动的风险便转移到经销商那里,为了解决这个问题,经销商在购入粮食后就立即与芝加哥的加工商签订第二年春季的供货合同,即远期交易合同,事先锁定销售价格。这样,就成功地避免了未来粮食价格涨落的风险。随着谷物远期交易的不断发展,芝加哥的农场主、经销商和加工商们迫切需要一个集中交易的场所,于是,1848 年,82 位谷物交易商发起并组建了芝加哥期货交易所(又称芝加哥谷物交易所)。芝加哥期货交易所成立之初,只是一个集中进行现货交易和现货中远期合约转让的场所,还不是一个真正现代意义上的期货交易所。1865 年,芝加哥期货交易所用标准的期货合约取代了远期合约,同时,为了保证履约,芝加哥期货交易所又建立了保证金制度,至此,现代意义的期货交易市场初步形成。现代期货交易的产生和现代期货市场的诞生,是商品经济发展的必然结果,是社会生产力发展和生产社会化的内在要求。

从 1848 年到 20 世纪 70 年代,期货市场的交易品种主要是商品期货,包括以小麦、玉米、大豆等为代表的农产品期货,以铜、铝、锡、银等为代表的金属期货和以原油、汽油、丙烷等为代表的能源期货三大类型。20 世纪 70 年代开始,金融期货相继推出,金融期货合约的标的物不是实物商品,而是金融工具或某个金融指标,如证券、货币、利率、股票指数等。金融期货主要包括货币期货、利率期货和指数期货三种。当前,金融期货已经占整个期货市场交易量的 80%,大大超过了商品期货。

期货合约是由期货交易所统一制定的,规定在将来某一特定时间和地点交割一定数量和质量商品的标准化合约。期货交易就是通过在期货交易所买卖期货合约来完成的。期货合约一个重要的特征就是条款的标准化,每一份合约的标的物数量、质量等级、交割地点、交割月份等条款都是标准化的,只有期货价格可以变动,在交易所以公开竞价方式产生。期货合约的条款包括:(1)数量和单位条款,是指统一的、标准化的数量和计量单位,统称"交易单位"。例如芝加哥期货交易所的小麦期货合约的交易单位为 5000 蒲式耳(蒲式耳是重量单位,每蒲式耳小麦约为 27.24 公斤)。(2)质量和等级条款,是指统一的、标准化的质量等级。一般采用被国际上普遍认可的商品质量等级标准。例如日本名古屋谷物交易所就以我国产黄豆为该交易所黄豆质量等级的标准品。(3)交易时间条款,是指统一的交易时间。一般是周一至周五,上午盘为 9:00-11:30,下午盘为 1:30-3:00。(4)报价单位条款,是指对期货合约报价所使用的单位的规定,即每计量单位的货币价格。例如我国阴极铜、白糖、大豆等期货合约的报价单位以元(人民币)/吨表示。(5)交割地点条款,是指为期货交易的实物交割指定的标准化的、统一的交割仓库。(6)交割期条款,是指对实物交割的月份的规定。一般规定几个交割月份,由交易者自行选择。例如芝加哥期货交易所为小麦期货合约规定的交割月份就有 7 月、9 月、12 月,以及第二年的 3 月和 5 月,交易者可自行选择交易月份进行交易。(7)最小变动价位条款,是指期货交易时买卖双方报价所允许的最小变动幅度。每次报价时价格的变动必须是这个最小变动价位的整数倍。(8)每日价格最大波动幅度限制条款,是指交易日期货合约的成交价格不能高于或低于该合约上一交易日结算价的一定幅度,达到该幅度则暂停该合约的交易。例如芝加哥期货交易所小麦合约的每日价格最大波动幅度为每蒲式耳不高于或不低于上一交易日结算价 20 美分。(9)最后交易日条款,是指期货合约停止买卖的最后截止日期。最后交易日就要停止合约的买卖,准备进行实物交割。例如芝加哥期货交易所规定,玉米、大豆、豆粕、豆油、小麦期货的最后交易日为交割月最后营业日往回数的第七个营业日。另外,期货合约还包括交割方式、违约及违约处罚等条款。

表 13-1 郑州商品交易所粳稻期货合约

交易品种	粳稻谷(简称"粳稻")
交易单位	20 吨/手
报价单位	元(人民币)/屯
最小变动价位	1 元/吨
每日价格波动限制	上一交易日结算价±4%及《郑州商品交易所风险控制管理办法》相关规定
最低交易保证金	合约价值的 5%
合约交割月份	11、1、3、5、7、9 月

续表

交易品种	粳稻谷(简称"粳稻")
交易时间	每周一至周五(北京时间　法定节假日除外) 上午 9:00—11:30　下午 1:30—3:00 最后交易日上午 9:00—11:30
最后交易日	合约交割月份的第 10 个交易日
最后交割日	合约交割月份的第 12 个交易日
交割品级	见《郑州商品交易所期货交割细则》
交割地点	交易所指定交割地点

期货交易的特征

期货交易具有以下一些基本特征。(1)采用标准化合约。期货合约都是标准化合约,每一份合约中商品的品级、数量、质量等都是预先规定好的,不允许买卖双方自行确定,只有价格可以变动,标准化的期货合约,最大限度地减少了交易双方因对合约条款理解不同而产生的争议与纠纷,简化了交易手续,降低了交易成本。(2)交易场所固定。期货交易都是在依法建立的期货交易所内进行的,一般不允许进行场外交易,期货交易所为买卖双方提供场所与交易设施,制定交易规则,组织交易,但不介入期货交易活动,不干预价格的形成,是非营利性组织。(3)实行统一结算。所有在交易所内达成的交易,必须在结算所进行结算,经结算处理后才成为合法交易,交易双方都以结算所作为自己的交易对手,互相之间没有款项往来,这种付款方式不仅简化了交易手续,也为对冲了结合同提供了可能性。(4)多以对冲了结。期货交易多以对冲了结,最终进行实物交割的只占很小的比例。对冲是指交易者买入建仓后,可以通过卖出同一期货合约来解除履行责任;卖出建仓后,可以通过买入同一期货合约来解除履约责任。对冲了结使投资者不必通过交割来结束期货交易,从而提高了期货市场的流动性期。(5)交易经纪化。期货交易必须由场内经纪人代表所有买方和卖方进行交易,买卖双方互不见面。(6)实行保证金制度。交易者在进入期货市场开始交易前,必须按照交易所的有关规定交纳一定的保证金,并且在交易过程中维持最低保证金水平,以便为所买卖的期货合约提供履约保证。由于交易时不需要支付合约价值的全额资金,只需要支付一定比例的保证金就可以交易,使得期货交易具有了"以小博大"的杠杆原理。(7)实行每日无负债结算制度。每日无负债结算制度又称每日盯市制度,是指每日交易结束后,交易所按当日各合约结算价结算所有合约的盈亏,并计算、检查保证金账户余额,通过及时发出追加保证金通知,使保证金余额维持在一定水平之上,防止负债现象发生,是对合约保证金的一种管理方式。(8)商品具有特殊性。期货交易对交易的商品有一定的特殊要求,进行期货交易的商品必须符合价格波动较频繁,耐储存,容易运输,等级、规格、质量易划分这几个特征。

期货交易的功能

期货交易的功能主要体现在三个方面:

一是套期保值功能。这是期货市场最基本的功能,生产经营者可以通过期货市场将价格风险部分转移出去,获取稳定的收益。套期保值一般是采用期货和现货对冲的方法,具体来说是指在期货市场买进(或卖出)与现货种类相同、数量相等,但交易方向相反的商品期货合约,以期在未来某一时间通过卖出(或买进)期货合约,用一个市场的盈利去弥补另一个市场的亏损。

例如:某农场主将在9月份出售100吨大豆。7月份大豆的现货价格为每吨2010元,该农场主担心9月份大豆的现货价格下跌,为了避免将来价格下跌的风险,该农场主决定在某商品期货交易所通过期货交易进行套期保值。具体操作如下:7月份卖出10手9月份的大豆期货合约,价格为2040元/吨(1手为10吨),9月份时,在现货市场卖出100吨大豆,价格为1990元/吨,同时在期货市场 买入10手9月份大豆期货合约平仓,价格为2020元/吨。由于9月份大豆现货价格下跌,农场主每吨亏损20元,总亏损为20×100=2000元。但现货市场价格下跌的同时,期货市场价格也在下跌,在期货市场上,农场主一手合约盈利为:(2040−2020)×10=200元,10手共盈利2000元,盈亏正好相抵,实现了套期保值的目的。从这个例子可以看出,要想成功实现套期保值,必须有一个前提条件,就是现货市场和期货市场的价格走势一致,只有两者同涨同跌,才可以利用两个市场上的相反操作实现盈亏相抵。但是,在进行套期保值的同时,也会错失可能的收益。比如,上例中,假设9月份现货市场上大豆的价格没有下跌反而上涨,则农场主在现货市场上的收益同样会被期货市场上的亏损抵消。所以,套期保值的目的在于保值,而不是投机。一般来说,期货价格都高于现货价格。但也有例外,期货价格与现货价格之差称为基差,基差=现货价格−期货价格。期货价格高于现货价格,基差为负值,称为远期升水,反映的是正常的市场供求状况;反之,基差为正值,称为远期贴水。一般来说,基差都是负值,只有在供求失常、价格扭曲、投机盛行的不正常的市场中,基差才出现正值。随着合约接近交割期,基差会越来越小。

二是价格发现功能。价格发现也称价格导向,是指在一个公开、公平、公正的竞争市场中,通过无数交易者之间的竞争形成某一成交价格。在期货市场上大量的交易者公开买卖,通过讨价还价,激烈竞争,使商品价格水平不断更新;各地期货市场的竞争价格信息也不断向全世界传播,相互影响,从而形成了世界价格。期货市场的价格发现就是形成竞争性价格、世界性价格的过程。由于所有的交易都必须在期货交易所通过公开喊价的方式进行,使得期货市场形成的价格公开、透明、权威,真实地反映了供求双方对未来某个时间供求关系变化和价格走势的预期,成为引导生产和交易的重要信号。

三是投机功能。期货投机是以获取价差收益为目的的合约买卖。投机者利用期货市场频繁的价格波动,通过低买高卖来赚取利润。投机行为是期货市场不可缺少的组成部分,只有投机者愿意承担起套期保值者所转移出来的价格风险,期货的套期保值功能才能实现。同时,投机行为也加速了市场的流动,保证了期货价格的连续性。

我国期货市场的发展

我国期货市场产生于 20 世纪 90 年代,经历了初创、治理整顿、稳步发展和创新四个阶段。

1990 年到 1993 年是我国期货市场发展的初创阶段。1990 年 10 月,郑州粮食批发市场经国务院批准,以现货交易为基础,正式引入期货交易机制,我国第一家商品期货交易所诞生(1993 年 5 月更名为郑州商品期货交易所),标志着我国迈出期货市场发展的第一步。1990 年 11 月,上海期货交易所成立;1991 年,深圳有色金属交易所成立,1992 年 1 月正式开业;1992 年 5 月,上海金属交易所开业。从1992 年开始,期货交易所在全国各地如雨后春笋般涌现;到 1993 年下半年,全国各类期货交易所达 50 多家,期货经纪机构达数百家。由于监管严重滞后以及对期货市场的发展规律认识不足,我国期货市场的发展开始陷入无序状态,并发生多次期货市场风险事件,直接影响到期货市场功能的发挥,期货市场的治理整顿迫在眉睫。

从1993年至2000年,我国期货市场进入治理整顿阶段。经过两轮治理整顿,全国的期货交易所精简合并为3家,分别是郑州商品交易所、大连商品交易所和上海期货交易所。同时,为了规范期货市场的行为,加强对期货市场的监管,国务院及有关政府部门先后颁布了一系列法规:1999年6月,国务院颁布《期货交易管理暂行条例》。随后,与之配套的《期货交易所管理办法》《期货经纪公司管理办法》《期货经纪公司高级管理人员任职资格管理办法》和《期货业从业人员资格管理办法》也相继颁布实施。2000年12月,中国期货业协会成立,标志着中国期货行业自律管理机制形成,对推动我国期货市场的稳步发展具有重要意义。

从2001年至2013年,中国期货市场进入稳步发展阶段。在这一阶段,中国期货市场的监管体制和法规体系不断完善,新的期货品种不断推出,期货交易量也逐步提高。2006年5月,中国期货保证金监控中心成立,有效降低了保证金被挪用的风险,维护了投资者的利益。2006年9月,中国金融期货交易所在上海成立,并于2010年4月推出了沪深300股票指数期货,标志着中国期货市场开始进入商品期货与金融期货共同发展的阶段。

2014年以后,我国期货市场进入创新发展阶段。2014年5月,国务院出台了《关于进一步促进资本市场健康发展的若干意见》(简称新"国九条"),为资本市场的改革发展提供了顶层设计和战略规划,是资本市场全面深化改革的纲领性文件,标志着中国期货市场进入了创新发展的新阶段。2014年9月,首届期货创新大会召开,加快了我国期货公司业务创新的步伐。2019年,证监会公布《期货公司监督管理办法》,对规范期货公司经营活动,加强期货公司监督管理,保护客户合法权益,推进期货市场建设和创新起到了重要作用。2021年4月,十三届全国人大常委会第二十八次会议首次审议了《中华人民共和国期货法(草案)》,加快了《期货法》的制定,对推动期货市场双向开放,进一步拓展和深化期货市场服务实体经济能力,维护国家金融安全都具有重要意义。目前,我国的期货交易所有郑州商品交易所、大连商品交易所、上海期货交易所和中国金融期货交易所4家。郑州商品交易所目前上市交易普通小麦、早籼稻、棉花、甲醇、玻璃、硅铁等23个期货品种和白糖、棉花、甲醇等6个期权合约,共有会员163家。上海期货交易所目前已上市铜、铝、锌、纸浆、20 号胶、国际铜等 20 个期货品种以及铜、天然橡胶、黄金、铝、锌、原油 6 个期权合约,现有会员 201 家。上海期货交易所的原油期货是我国首个国际化期货品种,对我国期货市场对外开放具有标志性意义;铜期权是我国首个工业品期权,铜期货已成为世界影响力最大的三大铜期货市场之一。大连商品交易所的交易品种有玉米、黄大豆 1 号、焦炭、焦煤、铁矿石、鸡蛋等 21 个期货品种和豆粕、铁矿石、聚乙烯等 8 个期权,共有会员 162 家。中国金融期货交易所的交易品种有沪深 300 股指期货,沪深 300 股指期权,2 年、5 年、10 年期国债期货,上证 50 和中证 500 股指期货,共有会员 148 家。虽然跟西方 150 多年的期货市场历史相比,我国期货市场发展的时间很短,但发展速度很快,目前已成为全球最大的期货市场之一。

金融期货是以金融工具(或金融变量)为基础工具的期货交易,金融期货合约是买卖双方在期货交易所内以公开竞价的形式达成的、在将来某一特定日期交割标准数量的特定金融资产的协议,金融期货合约的基础工具是各种金融工具(或金融变量),如外汇、债券、股票、价格指数等。金融期货合约是标准化的远期合约,主要有外汇期货、利率期货、股票指数期货等。

第三节　期权

期权市场是进行期权合约交易的市场,是现代金融市场的重要组成部分。期权是一种在未来某一特定日期,以特定的价格购进或卖出某种金融资产的权利,双方买卖这种权利的合约就是期权合约。

期权合约的要素

期权合约最早是 1973 年在芝加哥期权交易所诞生的。期权合约主要由买方、卖方、权利金、执行价格、标的物、到期日等要素构成。合约买方向卖方支付一定数额的权利金后,就获得特定的权利,即在一定时间内以一定的价格出售或购买一定数量的标的物的权利;而合约卖方在收取期权费后,就必须在买入者行权时履行相应的义务,期权的买入者可以根据需要行使权利,也可以放弃权利;但期权的卖出者在对方行使权利时就必须履行相应的义务。合约的权利金就是买方向卖方支付的费用,又称期权费,权利金是期权合约中唯一的变量,由买卖双方在期权市场公开竞价形成。合约的执行价格也称敲定价格、合同价格、履行价格,是指合同规定的买进或卖出相关标的物的固定价格。期权的标的物是要购买或出售的资产,包括股票、债券、货币、股票指数、商品期货等。到期日是双方约定的期权到期可以执行的日期。

期权合约的类型

期权合约按期权的权利类型,分为看涨期权和看跌期权,又分别称为买入期权和卖出期权,看涨期权的持有者有权在某一确定时间以某一确定的价格购买标的资产,看跌期权的持有者有权在某一确定时间以某一确定的价格出售标的资产。按行权的日期,分为欧式期权和美式期权。如果该期权只能在到期日执行,则称为欧式期权;如果该期权可以在到期日及之前的任何时间执行,则称为美式期权。

期权合约的特点

期权合约有两个重要的特征:第一,期权合约是标准化的合约。合约中对交易金额、期限及协定价格都有统一规定。第二,期权合同是单项合同。期权交易买卖双方之间是一种权利由买方单独享有,义务由卖方单独承担的关系。期权交易赋予买方单方面的选择权,在期权交易合同有效期内,当证券价格对买方有利时,买方可选择买入或卖出,卖方必须履行相应的卖或买的义务;买方也可以选择不行使权利,卖方无权干涉。因此,期权合约的权利和义务划分属于买卖的单方,只对卖方具有强制力。

例:某人预测上证 50 指数在未来 1 个月内会上涨,于是选择购买一个月后到期的 50ETF 看涨期权,共买入 10000 份、行权价格为 2.9 元,每份权利金为 0.3 元,则共需要花费 $0.3 \times 10000 = 3000$ 元的权利金。假如一个月后,50ETF 涨至 3.3 元/份,则行使该权利,以 2.9 元的价格买入,并在后一交易日卖出,可以获利 $(3.3 - 2.9) \times 10000 = 4000$ 元,减去权利金 3000 元,可获得利润 1000 元。上证 50

指数涨得更多,获利就越多。相反,如果1个月后50ETF下跌,只有2.5元/份,则可以放弃购买的权利,则亏损权利金3000元。也就是说不论上证50跌到什么程度,最多只损失3000元。所以,在期权交易中,买方的盈利可能是无限的,但亏损是有限的;而卖方的亏损是无限的,盈利是有限的,最大的盈利也就是期权费。

我国期权交易的发展

期权交易起源于18世纪后期的美国和欧洲市场,开始由于制度不健全,期权交易在发展中出现了很多问题。直到1973年4月26日芝加哥期权交易所建立,期权交易有了集中的场所和标准化的合约,一系列问题才逐步得到解决,开始走向成熟。我国期权交易始于2015年。2015年2月,上证50ETF期权于上海证券交易所上市,是我国首只场内期权品种,宣告了中国期权时代的到来。此后,多个品种的期权交易陆续上市。2017年3月,豆粕期权作为国内首只期货期权在大连商品交易所上市;2017年4月,白糖期权在郑州商品交易所上市交易;2018年9月,铜期权在上海期货交易所上市交易。2019年开始,国内期权市场快速发展,截止到2020年11月底,我国期货和期权品种总共达到了90个。

第四节 互换

互换合约是指两个或以上的交易当事人按照一定条件交换一系列支付款项的金融交易合约,主要有利率互换与货币互换两大类。比如利率互换,也叫利率掉期,指合同双方同意在未来的某一特定日期以需要偿还的贷款本金为基础,相互交换利息支付的合同,具体来说就是交易的一方在未来一定的期限内按照事先商定的固定利率以一定本金为基础支付利息给另一方;而交易的另一方在同样的期限内按照浮动利率支付利息给对方,即同种货币以不同利率计算的利息相交换。金融市场上,不同的筹资者有条件获取的贷款种类是不一样的,有的人可以得到优惠的固定利率贷款,但却希望以浮动利率筹集资金,而有的人可以得到优惠的浮动利率贷款,却希望以固定利率筹集资金。通过互换交易,双方都可以以自己希望的利率形式获得融资,最大可能减少各自的融资成本。

▶ 第 十 四 章 ◀

外汇和黄金市场

第一节 外汇市场

外汇市场是进行外汇交易的市场,是世界上最大、最具流动性的金融市场,2019年,全球日均外汇交易量达到了6.6万亿美元。

外汇市场的作用

1. 有助于国际经济往来

国际经济往来最终要涉及资金清算问题,但各国货币制度不一样,凡是在国际结算中不能使用本国货币时,不管是收入还是支出,都需要进行货币兑换。收进外汇时,需要兑换成本国货币才能在国内使用;支付外汇时,需要将本币兑换成外汇进行支付。这种兑换都是在外汇市场上进行的。所以,国与国之间的经济往来,必然要依赖外汇市场才能实现。

2. 提供套期保值和投机的机会

有远期外汇收支的企业,为了避免汇率变动而遭受损失,可以通过远期外汇买卖进行套期保值。外汇市场的套期保值,实质是"锁定"汇率,避免汇率波动的风险;而外汇投机则纯粹是以赚取利润为目的。当前,外汇市场上投机资金占了交易量的绝大部分,远远超过经济交易的实际需要,外汇市场与资本市场实际上已经融为一体。

3.为中央银行稳定汇率提供便利

中央银行可以根据需要,在外汇市场上买进或卖出外汇,以平抑汇率。当本币汇率升值过快时,中央银行就可以在外汇市场上抛出本币,买进外汇,促使本币汇率下跌;反之,可以在外汇市场上买进本币,抛出外汇,促使本币汇率上升。

外汇市场的参与者

外汇市场的参与者有外汇银行、中央银行、外汇经纪人和客户。

1.外汇银行。外汇银行又称外汇指定银行,是指经本国中央银行授权经营外汇业务的商业银行或其他金融机构。外汇银行包括专营或兼营外汇业务的本国银行、在本国的外国银行分行、本国和外国的合资银行以及其他经营外汇买卖业务的本国金融机构,如信托投资公司、财务公司等。外汇银行经办的外汇业务包括汇兑、结售汇、外币存款放款、外币买卖及中央银行指定或委托办理的其他外汇业务。

2.中央银行。中央银行也是外汇市场的主要参加者,但其参加外汇市场不以营利为目的,主要是管理国家外汇储备和维持本国合理的汇率水平,而不是进行套期保值,更不是投机。中央银行通常设立外汇平准基金,当汇率波动幅度过大时,会通过动用外汇平准基金直接参与外汇市场买卖,调整外汇市场资金的供求关系,使汇率维系在一定水平上。所以,中央银行不单纯是参与外汇市场,也能在一定程度上操纵外汇市场。

3.外汇经纪人。外汇经纪人是指经中央银行或有关外汇经营机构批准,代客买卖外汇业务的中间人。外汇经纪人分为两种,一种称为跑街掮客,他们接受客户的委托,代为买卖外汇,只收取佣金,对外汇买卖的风险不负任何责任;另一种称为一般外汇经纪人,除代客买卖外汇外,本身也兼做外汇交易。外汇经纪人除了主要代客买卖外汇以外,还会以专业知识和技术为客户其提供理财建议和规划,帮助其合理规避风险。

4.客户。这里的客户是指那些利用外汇市场完成国际贸易或投资交易的个人或公司,他们有可能是外汇市场的直接客户,也可能是外汇银行的顾客,包括进出口商、国际投资者、投机者、跨国公司和个人等。

四类外汇市场的参与者构成了外汇市场五种交易关系,包括:外汇银行与外汇经纪人或客户之间的交易,同一外汇市场的各外汇银行之间的交易,不同外汇市场的各外汇银行之间的外汇交易,中央银行与各外汇银行之间的外汇交易,各中央银行之间的外汇交易。

外汇市场的分类

外汇市场按照不同的标准,可以分为不同的类型。

按组织形式,外汇市场可以分为有形外汇市场和无形外汇市场。有形外汇市场是指有固定交易场所和固定交易时间的外汇市场,一般实行外汇管制的国家都采取有形市场的形式。无形外汇市场没有固定场所,交易双方通过电话、电报、电传等通信设备联系,无需见面。由于各个地区的外汇市场所处的时区不同,因此它们在营业时间上此开彼关,一个市场闭市的时间,恰巧是另一个市场开市的时间。比如,以北京时间为标准,每天凌晨的时候,从新西兰的惠灵顿开始,直到凌晨的美国西海岸市场的闭市,澳大利亚、亚洲、北美洲各大市场首尾衔接,在营业日的任何时刻,交易者都可以寻找到合适的外汇市场进行交易。因此,对于全球外汇市场来说,也就没有统一的开市和闭市时间。同时,通过通信设备和计算机网络,市场的参与者可以在世界各地进行交易,由此形成了全球一体化运作、全天候运行的国际外汇市场,不仅没有固定场所,也没有固定的交易时间,可以 24 小时连续不断交易。目前,西方国家除了一部分国家的银行与顾客之间的外汇交易还在外汇交易所进行外,其他大部分交易均通过现代通信网络进行。无形外汇市场已经成为当前外汇市场的主导形式。世界各个地方的外汇市场也已相互联结,形成网络。我国的外汇市场目前还属于有形市场,中国外汇交易中心是我国外汇交易的固定交易场所。

按照政府管制程度,分为自由外汇市场、官方外汇市场和外汇黑市。自由外汇市场是指买卖外汇不受任何管制的市场,交易者可以在市场上买卖任何币种、任何数量的外汇,汇率也是根据市场的供求关系自由波动。美国、英国、法国、瑞士等国的外汇市场都属于自由外汇市场,在全世界,自由外汇市场已经占主导地位。官方外汇市场是指受所在国政府管制的市场,政府对外汇市场上的交易者和交易币种都有具体规定。比如,只有经过中央银行授权的银行和金融机构或者企业才可以进入市场进行交易,另外,官方外汇市场上汇率的波动也有一定的幅度,要受到政府的管控。当前,大部分发展中国家的外汇市场仍属于官方外汇市场。外汇黑市是指非法进行外汇买卖的场所,一般出现在实行外汇管制的国家。黑市交易都是非公开的,主要是为了逃避政府的管制。

按外汇买卖的范围进行分类,外汇市场可以分为批发市场和零售市场。批发市场是指银行同业之间的外汇交易形成的市场。因为其交易规模大,有最小交易金额的限制,所以称为批发市场。批发市场交易量巨大,交易成本较低,买卖差价较小,是外汇市场的主体,其交易占外汇交易总额的90%以上。外汇零售市场是指银行与个人及公司客户之间的外汇交易形成的市场。零售市场中的客户主要是企事业单位、进出口商和个人等,客户需要用汇时,需要从银行购买,有外汇收入时,需要卖给银行兑换成本币。在零售市场中,一方面,银行为客户提供了外汇服务;另一方面,也能从买卖差价中赚取利润。零售业务是外汇市场的基本业务,零售市场也是整个外汇市场存在的基础。

外汇市场的交易

外汇市场主要的外汇交易种类有以下五类:即期交易、远期交易、期货交易、期权交易和掉期交易。即期外汇交易也称现汇交易或现汇买卖,是外汇市场上最常见、最普遍的交易形式。远期外汇交易是指外汇买卖成交后在将来某个约定的时间再进行交割的一种交易方式,交易期限从一个月到一年不等,以3个月居多。外汇期货交易是指按照合同规定在将来某一指定月份买进和卖出一定数量外币的交易方式,它是套期保值和投机的重要工具。外汇期权交易是指通过支付一定的费用而获得的一定时间内买入或卖出某种外汇的权利的交易形式。掉期交易是指外汇交易者在买进或卖出一种期限、一定数额的某种货币的同时,卖出或买进另一种期限、相同数额的同种货币的外汇交易,也就是指同时买进和卖出相同金额的某种外汇,但买和卖的交割期限不同,买卖的汇率也不一样。掉期交易中买卖的货币币种、金额都是相同的,只是买卖时间不一样,掉期交易改变的只是交易者持有外汇的期限结构,因此成为"掉期"。掉期交易的操作同时涉及即期交易与远期交易,故称之为复合的外汇买卖。进行掉期交易的主要目的是避免汇率波动的风险,但也可以利用不同交割期限汇率的差异,贱买贵卖,赚取差价。

第二节　我国外汇市场发展历程

中华人民共和国成立以来,我国的外汇市场从无到有,从小到大,从分散到统一,逐步规范完善,实现了跨越式发展。大致经历了改革开放以后的起步探索、90年代中期以后初步成型、2000年以后正式形成和发展以及新时代的创新发展四个阶段。

第一阶段:起步探索(1979年至1994年)

1979年,我国开始实行外汇留成制度,但是每个企业和部门用汇需求不一样,因此出现各部门和企业之间外汇余缺调剂的需求,由此诞生了外汇调剂业务。经国家批准,1980年10月以后,中国银行首先开办外汇调剂业务,允许留成单位将闲置的外汇按国家规定的价格卖给或借给需要外汇的单位,随后各主要城市陆续开办了外汇调剂业务,标志着我国外汇市场开始起步。当时,外汇调剂市场的价格以美元兑人民币的贸易内部结算价为基础,在10%的浮动幅度内,由买卖双方议定,与官方汇率形成了双重汇率安排,1981年1月1日起,为了鼓励出口,我国采取了国家公布的外汇牌价与贸易外汇内部结算价并存的办法,形成了又一个双重汇率,多重汇率的存在,引起使用上的极大混乱,也在国际上引起不少争议。1985年1月1日,贸易外汇内部结算价取消,外汇调剂市场开始加速发展;1985年底,首先在深圳,随后在其他几个经济特区和各个城市都设立了外汇调剂中心;1988年9月,在上海成立了我国首家外汇调剂公开市场,取消限价、随行就市、竞价成交。随后,这种形式逐渐在全国范围内复制推广,形成了中国外汇市场的初级形态。截至1993

年底,全国外汇调剂市场多达 108 家,当时外汇调剂公开市场上的汇价,就是我国最早的市场化汇率。因此,从 1988 年 9 月至 1993 年底期间,外汇调剂市场与我国官方外汇市场并存,形成两个市场、两种汇率并存的局面。同时,由于外汇调剂中心都是按行政区划设置,各家外汇调剂中心也不联网,一个地方一种价格,市场分割、汇率不统一,引起一系列问题,阻碍了整个市场的正常发展。虽然当时还处于起步阶段的外汇调剂市场存在很多问题,但客观上起到了调剂外汇余缺、合理配置外汇资源的作用,也调动了地方、部门和企业创汇的积极性,对整个国民经济的发展起到了积极的推动作用。

第二阶段:初步成型(1994 年至 2005 年)

外汇调剂市场只是一个初级形式的外汇市场,汇率双轨制不仅引起使用上的混乱,也不符合国际货币基金组织的有关规定,以市场化为方向的外汇市场和人民币汇率制度改革势在必行。1993 年 11 月,党的十四届三中全会通过的《中共中央关于建立社会主义市场经济体制若干问题的决定》明确要求:"改革外汇管理体制,建立以市场为基础的有管理的浮动汇率制度和统一规范的外汇市场。逐步使人民币成为可兑换的货币。" 1994 年 1 月 1 日,国务院决定改革现行汇率制度,实行以市场供求为基础的单一的有管理的浮动汇率制,即从原来官方汇率和市场汇率并存的汇率"双轨"制转为单一市场汇率,同时,外汇留成制度取消,实行银行结售汇制度。结售汇制度有强制结售汇和意愿结售汇之分,强制结售汇是指所有的外汇收入必须卖给银行,不允许自己保留外汇,所有的外汇支出必须向银行购买;意愿结售汇则是可以根据自己的意愿决定是否向银行买卖外汇。1994 年汇改后,我国实行的是强制性结汇和有条件售汇的制度,人民币实现经常项目下的有条件可兑换,企业、个人符合规定的外汇收支要按照市场汇率在银行办理兑换,由此形成了银行与客户间的零售外汇市场。而银行间结售汇头寸的调剂则通过 1994 年 4 月成立的全国统一的银行间外汇市场——中国外汇交易中心办理,交易双方通过外汇交易系统自主匿名报价,系统按照"价格优先、时间优先"原则撮合成交和集中清算。各外汇银行以中国人民银行每日公布的人民币对美元及其他主要货币的汇率为依据,在规定的浮动幅度之内自行挂牌公布汇率。以市场供求为基础的汇率就是通过这一机制形成的。统一外汇市场的建立,使全国的外汇交易通过银行结售汇体系纳入银行间外汇市场,形成单一的集中竞价交易市场,改变了原来市场分割的局面,其深度和广度也得以拓展,标志着我国外汇交易市场初步成型。1996年12月我国宣布接受国际货币基金组织第八条款,实现人民币经常项目可兑换,意味着我国外汇市场自由度进一步提高,中国外汇管理体制改革又迈出了重大一步。2003年10月,党的十六届三中全会确定了人民币汇率改革的总体目标,即建立健全以市场供求为基础的、有管理的浮动汇率体制,保持人民币汇率在合理、均衡水平上的基本稳定。

第三阶段:正式形成和发展(2005年至2012年)

2005年7月,中国人民银行发布《关于完善人民币汇率形成机制改革的公告》,开始进行又一轮外汇管理制度改革。公告指出:"自2005年7月21日起,我国开始实行以市场供求为基础、参考一篮子货币进行调节、有管理的浮动汇率制度。人民币汇率不再盯住单一美元,形成更富弹性的人民币汇率机制。"这是我国汇率市场化改革的关键一步,此次汇改以后,中国人民银行又出台了一系列配套措施,推进了外汇市场建设,外汇市场也开始进入更高的发展阶段。首先是增加了交易品种和交易货币的种类。由2005年前的即期和远期两类产品,扩大至即期、远期、外汇掉期、货币掉期和期权五种产品,可交易的货币也超过了30多种,具备了国际市场的基础产品体系。其次,扩大了市场主体的范围。由2005年前的外汇银行扩大到非银行金融机构和非金融企业,市场开放程度提高,多元化的分层结构逐步形成。第三,丰富了交易模式。由2005年前电子集中竞价的单一模式,扩大到做市商制度、电子集中竞价、电子双边询价等多样化的交易模式。2008年,强制结售汇制度取消,企业和个人购买外汇的额度进一步放宽,买卖外汇的自由度进一步提升,使市场更能反映真实的外汇供求,这也标志着我国外汇交易市场已经正式形成。2007年6月,首支人民币债券登陆香港,人民币国际化进程加快,也进一步提升了外汇市场的对外开放水平。2010年6月19日,中国人民银行宣布进一步推进人民币汇率形成机制改革,汇率形成机制灵活性不断提高,人民币汇率弹性不断增强,外汇市场也不断发展。这一阶段我国的外汇市场从正式形成到之后的持续发展,取得了丰硕的成果,但在交易量、市场活跃程度和定价方面仍有很多不足。

第四阶段:创新发展的新时期(2013年至今)

　　2013 年党的十八届三中全会指出要"建立健全宏观审慎管理框架下的外债和资本流动管理体系",为进一步深化外汇市场发展指明了方向。2015 年 8 月 11 日,新一轮汇率改革启动,人民银行宣布调整人民币对美元汇率中间价的报价机制,做市商参考上日银行间外汇市场收盘汇率,向外汇交易中心提供中间价报价。这种机制能更真实反映外汇市场的供求关系,使汇率决定的市场化程度进一步提高,我国外汇市场进入创新发展的新时期。2015 年 12 月 11 日,中国外汇交易中心发布人民币汇率指数,强调要加大参考一篮子货币的力度,更好地保持人民币对一篮子货币汇率基本稳定。根据这一原则,做市商在报价时,需要考虑"收盘汇率"和"一篮子货币汇率变化"两个因素,初步形成"收盘汇率+一篮子货币汇率变化"的人民币兑美元汇率中间价形成机制。2016 年 10 月 1 日,人民币正式成为国际货币基金组织特别提款权(SDR)货币篮子中的一员,人民币在国际化道路上又前进了一步,也进一步推动了外汇市场的对外开放。2017 年 5 月 8 日,《中国外汇市场准则》正式发布,这是中国外汇市场自律机制的基础性制度,对于促进外汇市场专业、公平、高效、稳健运行具有重要意义,也意味着我国外汇市场规则的进一步国际化。2017 年 5 月底,人民币中间价定价机制引入逆周期因子,从之前的两因素模型变成"收盘价+一篮子货币汇率变化+逆周期因子"的三因素模型。2018 年 1 月,央行陆续将"逆周期因子"调整至中性。2018 年 6 月起人民币快速下跌,市场贬值预期再起。同年 8 月 24 日央行宣布重启逆周期因子,以适度对冲贬值方向的顺周期情绪。2020 年 10 月 27 日晚,中国人民银行下属中国外汇交易中心全国外汇市场自律机制秘书处发公告,宣布人民币对美元中间价报价模型中的"逆周期因子"将陆续淡出使用。"逆周期因子"的两次启用,对冲了当时人民币汇率的单边下行压力,成功防范了系统性金融风险,有效维护了国家金融安全;而"逆周期因子"淡出使用,是因为我国外汇市场运行平稳,国际收支趋于平衡,淡出使用"逆周期因子"增强了中间价报价的透明度和有效性,也是外汇市场自律机制发挥作用的体现。

　　2013 年以后,随着金融市场对外开放和人民币国际化的推进,我国的外汇市场也不断从封闭走向开放,市场会员数量不断增加。截至 2018 年末,银行间外汇市场会员共 631 家,其中境外机构 88 家,包括央行类机构 37 家,人民币清算行和参加行 51 家。同时,允许银行间债券市场的境外投资者参与境内外汇衍生产品市场,外汇市场、债券市场、股票市场的对外开放已形成积极互动。2020年,我国银行间外汇市场又推出多项创新举措,如:成功上线银企交易平台,更好地服务了实体经济发展;上线了主经纪业务、交易接口等新业态,大大提升了交易效率;深化了交易平台建设、完善了业务流程,推出了挂钩新外币浮动利率相关产品,满足了市场多元化的需求。

中华人民共和国成立以来,我国外汇市场已经形成了既有中国特色又与国际规范接轨的开放包容、功能完善的多层次外汇市场体系,既满足了涉外经济发展需要,又服务了金融监管需求。未来,我国的外汇市场将进一步对外开放、并不断健全基础设施、完善市场监管,在切实维护国际收支平衡和外汇市场稳定的同时为经济社会平稳、健康发展提供更有力的支撑。

第三节　黄金市场

黄金市场是专门进行黄金买卖的市场,分国内黄金市场与国际黄金市场两种。国内黄金市场限于本国居民参加,不允许非居民参加交易,并禁止黄金的输出入;国际黄金市场只允许非居民参加或居民与非居民均可参加,对黄金的输出输入不加限制或只有某种程度的限制,是国际金融市场的重要组成部分。黄金市场是一个全球性的市场,伦敦和纽约是目前世界上最大的两个黄金交易市场所在地。伦敦黄金市场历史悠久,迄今已有300多年,是目前世界上最大的现货黄金市场,也是世界金条精炼和销售、各国金币兑换和处理中心。美国的黄金市场是世界上最大的黄金期货交易市场,也是全球黄金期货交易中心;主要集中在纽约、芝加哥、底特律、布法罗、旧金山五大交易所,其中纽约和芝加哥的交易所交易规模最大,最有影响。

黄金市场的主要参加者

黄金市场的参加者主要有金商、银行、对冲基金等金融机构、法人机构、私人投资者、经纪公司以及中央银行。(1)金商。金商是从事黄金交易的商行。当前,黄金市场上最著名的金商有美国汇丰银行、加拿大丰业银行、洛希尔国际投资银行、德意志银行,它们同时也是伦敦黄金市场上的定价金商。瑞士信贷第一波士顿银行原来也是定价金商,但已于 2004 年 10 月 12 日退出。早在 1919 年,伦敦黄金市场就开始实行日定价制度,每日两次,分别为上午 10 时 30 分和下午 3 时。定价金商与世界上各大金矿和许多其他金商有广泛的联系,因此能够根据自身掌握的供求情况不断报出黄金的买价和卖价。伦敦金价是许多涉及黄金交易合约的基准价格,也是许多国家和地区黄金价格的基准。(2)银行。黄金市场上的银行又可分为两类,一类是仅仅为客户代理买卖和结算,自身并不参加黄金买卖,实际上充当的是经纪人的角色;另一类则是以自营商身份从事自营业务的银行。(3)对冲基金。对冲基金参与黄金市场的目的主要是进行买空和卖空,从中牟利。(4)各种法人机构和私人投资者。包括出售黄金的各大金矿、黄金生产商、购买黄金的工业企业、黄金制品商等,也包括专门从事黄金买卖、进行投资或投机的投资公司和个人投资者。(5)经纪公司。黄金市场上的经纪公司是专门代理客户进行黄金交易的组织,又称经纪行。他们本身不参与黄金交易,只是派场内代表在交易厅里为客户代理黄金买卖,并收取一定的佣金。(6)中央银行。各国中央银行参与黄金市场的交易主要是为了管理官方储备。

黄金市场的分类

黄金市场根据不同的标准可划分为不同的类型。(1)按其性质和对整个世界黄金交易的影响程度,可分为主导性市场和区域性市场。主导性市场是指其价格的形成及交易量的变化对其他黄金市场起重要影响作用的市场,如伦敦、纽约、苏黎世、芝加哥、香港等市场;区域性市场主要指交易规模有限,且大多集中在本地区并对整个世界市场影响不很大的市场,如巴黎、法兰克福、新加坡、东京等市场。(2)按交易类型和交易方式的不同,可分为现货交易和期货交易。(3)按照是否有固定的交易场所,分为无形市场和有形市场。无形市场是没有固定交易场所,主要通过金商之间的联系网络形成的市场,如,伦敦黄金市场由各大金商的销售联络网组成,苏黎世黄金市场由瑞士银行、瑞士信贷银行和瑞士联合银行组成的清算网络构成。有形市场是指黄金交易在固定交易场所内进行的市场。这类市场又可以分为两种具体的类型,一种是专设黄金交易所的黄金市场,如新加坡黄金交易所,我国的上海黄金交易所;另一种是设在商品交易所之内的黄金市场,如纽约和芝加哥的黄金市场。(4)按对黄金交易管理程度的不同,可分为自由交易市场和限制交易市场。自由交易市场是指黄金可以自由输出入,居民和非居民均可自由买卖黄金的市场,如苏黎世黄金市场。限制交易市场又可分为两种情况:一种是只准非居民自由买卖,不准居民进行自由交易的黄金市场,如 1979 年 10 月以前的伦敦黄金市场;另一种是只准许居民自由买卖的国内黄金市场,如巴黎黄金市场。限制交易市场一般都对黄金的输出入实行管制。目前,世界上大多数国家都有对黄金交易管理的规定,只有少数几个国家采取完全不加限制的政策,因而黄金交易存在着"黑市"和"灰市"。

黄金市场的功能

黄金兼具商品和货币双重属性,不仅是很多工业品的原料,也是珠宝首饰等装饰品的原料,同时还具有保值避险、国际储备和国际支付等金融功能。黄金的特殊属性决定了黄金市场是金融市场必不可少的组成部分。首先,为投资者提供保值增值的工具。在不兑现的信用货币制度下,通货膨胀会导致纸币贬值,而黄金由于其稀缺性及不容易磨损等物理特性,其价值一直比较稳定。虽然国际金价也在不断波动,但从长期来看,黄金具有很好的保值、增值功能,是一种重要的避险的工具。其次,为中央银行调节国际储备提供可能。黄金不隶属于任何国家,不受任何一个国家经济政策影响,具有很强的独立性,是一国金融体系的信任锚和稳定器。同时,黄金储备量的多少也是一国资信程度的表现,因而一直是各国中央银行国际储备的重要组成部分。中央银行可以通过买卖黄金调整国际储备的构成,还可以以此调节市场上的货币量,起到货币政策工具的作用。

新中国黄金市场的发展历程

中华人民共和国成立以后关于黄金交易的第一个法规是1950 年 4 月中国人民银行制定颁布的《金银管理办法(草案)》,该办法明确规定国内的金银买卖统一由中国人民银行经营管理,禁止民间自由买卖金银。改革开放以后,我国的金银交易逐步放开。1982 年 9 月，国内恢复出售黄金饰品，迈出中国开放金银市场的第一步，2000 年 8 月，上海老凤祥公司获得中国人民银行上海分行批准，开始经营旧金饰品收兑业务，成为国内首家试点黄金自由兑换业务的商业企业。2000 年，我国将建立开放的黄金市场写入了"十五计划"。2002 年 10 月 30 日，上海黄金交易所正式运行，实现了中国黄金生产、消费、流通体制的市场化，是我国黄金市场开放的重要标志。2008 年上海期货交易所推出黄金交易标准期货合约。2012 年开始，上海黄金交易所在银行间黄金市场陆续推出了黄金远期询价、黄金掉期询价和黄金期权询价等衍生产品，与竞价交易互为补充，形成快速发展的态势。2014 年 9 月，上海黄金交易所启动国际板，成为中国黄金市场对外开放的重要窗口；2016 年 4 月，发布全球首个以人民币计价的黄金基准价格"上海金"，有效提升了我国黄金市场的定价影响力；2018 年 9 月，正式挂牌中国熊猫金币，打通了我国黄金市场与金币市场的通道；2019 年 10 月，挂牌"上海银"集中定价合约，为国内市场提供了白银基准价。目前，中国已逐步形成了以上海黄金交易所集中统一的一级市场为核心，竞争有序的二级市场为主体，多元的衍生品市场为支撑的多层次、全功能的黄金市场体系，涵盖竞价、定价、询价、金币、租借、黄金 ETF 等市场板块。2020 年，上金所黄金交易量、实物交割量均居全球交易所市场前列，交易所会员总数已达到280 家。目前，我国黄金市场正处于快速成长期，基本框架已经形成，市场功能不断健全，交易品种不断创新，交易规模也在不断扩大，竞争力及影响力日益增强。

第六篇
货 币 均 衡

◢ 第 十 五 章 ◣

货币需求和货币供给

第一节 货币需求及其理论

货币需求会以一定的数量来体现,即货币需求量,具体来说是指社会各部门在既定的收入或财富范围内能够而且愿意以货币形式持有的金融资产数量。这里的货币包括现金和存款货币两种形态。货币需求是存量概念,它反映的是某个时点和空间内,社会各部门在其拥有的全部资产中愿意以货币形式持有的数量。另外,货币需求不是单纯的主观需要,必须是在具备获得或持有货币的能力的前提下,愿意以货币形式保有的财产数量,是一种欲望与能力的统一。那么,为什么会产生货币需求呢?人们保有货币的动机是什么?如何测算现实中需要的货币需要量?在西欧,古典经济学家们早就注意到了货币流通问题,并做了多方面的理论分析。早在 17 世纪,英国哲学家和古典经济学家约翰·洛克就提出了商品价格决定于货币数量的学说,此后大卫·休谟和大卫·李嘉图发展了此学说。19 世纪,又诞生了一系列研究理论,包括马克思的货币需求理论、费雪方程式和剑侨方程式、凯恩斯的货币需求理论等。由于分析的角度、方法不同,各种理论观点存在着很大的差异和分歧。

马克思的货币需求理论

马克思在对传统货币数量论进行批判以及在论述商品流通与货币流通的关系时,对货币需求问题有重点论述。马克思认为:

1. 商品流通决定货币流通。金属货币制度下执行流通手段职责货币的必要量取决于商品价格总额和货币流通速度。因此,在一定时期内,社会对执行流通手段职能货币的需求量取决于三个基本的因素,即商品可供量、商品的价格水平和货币流通速度,用公式可表示为:

$$执行流通手段职能的货币需要量 = \frac{商品价格水平 \times 商品可供量}{货币流通速度}$$

如果用 Ma 表示货币需求量,P 表示商品价格,Q 表示商品数量,V 表示货币流通速度,PQ 为商品价格总额,则上述公式可以表示为:

$$Ma = PQ/V$$

2. 货币需求总量中要考虑因支付功能产生的延期支付的因素。货币有支付手段的职能,当货币行使支付手段职能时,是作为价值的独立运动形式而进行单方面转移的,一定时期的商品价格总额中应当考虑支付的因素。即:

$$执行流通手段职能的货币需要量 = \frac{待实现的商品价格总额 - 延期支付总额 + 到期支付总额 - 彼此抵消支付}{货币流通速度}$$

3. 纸币在流通中代表金属货币发挥职能,因此,纸币的需求量不能超过它所代表的金属货币量。马克思说:“纸币的发行限于它象征地代表的金(或银)的实际流通的数量。”在纸币为唯一流通手段的条件下,商品价格水平会随纸币数量的增减而涨跌。

4. 金属货币制度下,流通中的货币量会根据市场中商品量的多少进行自我调节,纸币则不行。马克思认为,金属货币自身具有价值,在需要交换的商品量确定的情况下,流通中的金属货币会根据商品的数量而相应增减。当流通中金属货币量超过商品流通需要量时,过多的金属货币会自动退出流通领域而贮藏起来;当流通中货币不足时,贮藏中的货币又会自动进入流通领域。纸币本身没有价值,一旦进入流通,无法自动调节,当纸币的量超过流通中需要的货币量时,只能通过物价上涨来平衡。

费雪方程式和剑桥方程式

20 世纪初,美国经济学家、耶鲁大学教授欧文·费雪在其 1911 年出版的《货币的购买力》一书中,提出了交易方程式:

$$MV = PT$$

称为费雪方程式。其中,M 表示一定时期内流通中货币的平均数量;V 表示一定时期单位货币的平均周转次数,即货币流通速度;P 表示商品和劳务价格的加权平均数;T 表示商品和劳务的交易数量。该式也可以变形为:

$$P = MV/T$$

费雪通过这一方程式对物价水平同货币数量之间的关系做出了系统阐述,费雪认为:在这三个经济变量中,M 是外生变量,其变动由模型之外的因素决定;V 由于制度性因素在短期内不变,可视为常数;商品和劳务的总交易数量 T 取决于产出水平,在短期内也是大体稳定的,所以 P 的值取决于 M 数量的变化。也就是说物价水平受一定时期内流通中货币数量的影响,流通中货币数量增加,价格会按比例上升。但是,如果价格水平不变,总交易量与所需要的名义货币量具有一定的比例关系。也就是说,要使价格保持既定水平,就必须使货币量与总交易量保持一定比例关系。

费雪方程式还可以变形为:M = PT/V,根据这个方程式,如果价格水平不变,则在一定时期内所需要的货币量跟社会中需要实现的商品价值总量成一定的比例关系。这个比例是 1/V,即货币流通速度的倒数,这个方程式跟马克思给出的货币需求量的公式其实是相同的。

马克思的货币需求理论主要考察的是金属货币制度下货币需要量的确定,而当费雪方程式提出的时候,金属货币已不占主导地位,存款货币的使用正越来越广泛,因此费雪方程式亦称为现金交易说。费雪方程式在货币需求理论研究的发展进程中是一个重要的阶梯。

剑桥方程式由英国经济学家、剑桥学派的代表人物阿瑟·塞西尔·庇古在

1917 年提出的货币需求函数,又称现金余额方程式。表示为:

$$Md = kPY$$

其中,Md 表示名义货币需求,Y 表示总收入,P 表示价格水平,PY 表示名义收入,k 表示人们持有的现金量占名义收入的比率,因而货币需求是名义收入和人们持有的现金量占名义收入比例的函数。庇古提出的这一货币需求函数,其理论根据是阿尔弗雷德·马歇尔的货币数量论。在这个需求函数中,假定 Y 是一个不变的常数(充分就业的情况下),则货币的需求取决于 k 和 P 的变动。而 k 的变动取决于个人的选择,即个人选择以什么样的方式保有自己的资产,人们可将资产用于投资,用于消费,也可保持在货币形态上。剑桥方程式把 k 作为变量,说明在方程中考虑了微观主体的动机因素,这就克服了费雪方程式中不考虑微观主体动机对货币需求的影响的缺陷。庇古认为,在 Y 不变的条件下,k 与 P 成反比,与 Md 成正比。因为将 Md=kPY 变形,则可得到 P= Md / kY。因此,若人们选择增加现金余额,在货币形态上保存资产,则会降低物价水平,增加货币需求量。说明了人们保有的现金余额对物价和货币需求量的影响。庇古还假定,如果 k 也是个常量,则从这个方程式还可以得出货币的供给对物价的影响,即 P 的高低取决于 Md 的多少,P 与 Md 成正比,即价格水平越高,货币需求量越大,价格水平取决于货币的供求。

虽同属古典经济学派,但费雪方程式和剑桥方程式在研究方法和内容上都有本质的区别。一是两者分析所针对的货币表现方式不同。费雪方程式侧重于货币流量分析,考察的货币需要量是某一时期的货币流通量;剑桥方程式侧重于货币存量分析,考察的货币需要量是某一时点人们手中所持有的货币存量。因此,费雪方程式称为现金交易说,剑桥方程式称为现金余额说。二是两者分析所针对的货币职能不同。费雪方程式强调货币的交易手段职能,侧重于研究商品总交易量对货币需求的影响;剑桥方程式强调货币作为一种资产的职能,侧重于研究总收入和人们的资产保有偏好对货币需求的影响。三是两者对货币需求的分析角度有所不同。费雪方程式从宏观角度分析,重视货币流通速度以及经济社会等制度因素;剑桥方程式是从微观角度对货币需求进行分析,重视人们选择不同的资产保有形式对货币需求量的影响,重视人们持有货币的动机。

凯恩斯货币需求理论

1936 年,约翰·梅纳德·凯恩斯的《就业、利息和货币通论》一书出版,凯恩斯在书中阐述了把利率作为重要影响因素的货币需求理论,摒弃了古典经济学派中以货币流通速度作为常量的观点,并将这一理论称为"流动性偏好理论"。凯恩斯认为,人们具有流动性偏好,即愿意持有具有流动性的货币而不愿意持有其他缺乏流动性的资产。人们愿意持有货币有三种动机,即交易动机、预防动机和投机动机。交易动机是指人们为了应付日常的交易支付而持有货币;预防动机是指人们为了应付未来预料之外的需求而持有货币,又称谨慎动机;投机动机是指人们出于投机的需要而保有一定货币。交易动机、预防动机和投机动机产生的货币需求加在一起,构成货币总需求。

在货币需求的三种动机中,由交易动机和谨慎动机产生的货币需求都与商品和劳务交易有关,称为交易性货币需求,而由投机动机产生的货币需求主要用于金融市场的投机,称为投机性货币需求。如果交易需求用 L1 表示,投机需求用 L2 表示,货币总需求用 L 表示,则

$$L = L1 + L2$$

凯恩斯认为,交易性需求与待交易的商品和劳务总量有关,这个量越大,交易性需求就越多;而待交易的商品和劳务总量可以用国民收入(Y)来表示,因而货币的交易性需求是国民收入的函数,即:

$$L1 = L1(Y)$$

因此,该函数是收入的递增函数。对于投机性需求,凯恩斯认为它主要与货币市场的利率(i)有关,而且利率越低,投机性货币需求越多,利率上升,投机性货币需求减少,它与利率呈负相关关系。因此,投机性货币需求是利率的递减函数,可以表示为:

$$L2 = L2(i)$$

这样,货币总需求函数就可写成:

$$L = L1(Y) + L2(i) = L(Y, i)$$

也就是说,货币的总需求是由收入和利率两个因素决定的。但是,当利率降至一定低点之后,货币需求就会变得无限大,即出现"流动性陷阱"。凯恩斯认为,

正常情况下,由于流动性偏好的存在,货币需求在数量上受收入和一定水平利率的影响,货币需求是有限的;但是当利率降到一定低点之后,持有生息资产的收益太低,人们就宁愿以货币的形式保有财富,这时,利率再下降也不会对货币总需求造成影响。也就是说,当利率下降到一定低点以后,中央银行希望靠降低利率增加的货币供应量都不会流向资本市场,而是被人们以货币的形式储存起来,因而对总体需求、物价等经济指标都不会产生任何影响,中央银行的货币供给都落入这个"流动性陷阱里面",这时,单单依靠调整货币政策已经无法达到刺激经济的目的。

弗里德曼的货币需求理论

弗里德曼认为,货币是资产的一种形式,消费者的选择决定货币的需求。一般来说,消费者在选择消费品时会考虑三类因素。(1)收入或财富。这是决定货币需求的首要因素。(2)持有货币的机会成本。这是持其他资产的预期报酬。(3)财富持有者的偏好。此外,弗里德曼的货币需求理论的突出特点是强调了永恒收入对货币需求的重要影响作用,弱化了利率对货币需求的影响。根据这些因素,弗里德曼给出的货币需求函数公式为:

$$Md/P = f(Y, w, Rm, Rb, Re, gP, u)$$

公式左端 Md/P,表示货币的实际需求量,右端是决定货币需求的各种因素,其中:

Md 表示名义货币需求量。

P 表示物价水平。

Y 表示名义恒久收入,就是长期的平均收入,与货币需求呈正相关关系。

w 表示非人力财富占总财富的比例。弗里德曼认为,人力财富所占比重越大,货币需求就越多,它们呈正相关关系;而非人力财富所占比重越大,货币需求就越少,它们呈负相关关系。

Rm 表示货币的预期名义收益率;Rb 表示债券的预期收益率;Re 表示股票的预期收益率;gP 表示预期的物价变动率,同时也是保存实物的名义报酬率。若其他条件不变,物价越高,货币需求量就越小。因为在物价上升的条件下,人们会放弃用货币购买商品,从而减少对货币的需求。Rm、Rb、Re 和 gP 统称为机会成本变量,即这几个变量的相互关系可以显示持有货币的潜在收益或潜在损失。u 表示人们对货币的主观偏好、制度等影响货币需求的其他因素,这些多重因素可能从不同的方面对货币需求产生不同的影响,它和货币需求量的关系是不确定的。

弗里德曼的货币需求理论和凯恩斯的货币需求理论存在着很大的差别。在弗里德曼的货币需求函数中,利率包括各种资产的收益率,而在凯恩斯的货币需求函数中,利率仅限于债券利率;弗里德曼将货币看作是资产的一种形式,并考虑了持有货币本身的收益或损失的因素,而凯恩斯则将货币作为不生息的资产看待;弗里德曼认为,货币需求函数具有稳定性,因为决定货币需求的因素本身就具有相对稳定性,货币流通速度也相对稳定,因此货币对于总体经济的影响主要来自货币的供给,凯恩斯则认为货币供给量对经济起的是间接影响作用;弗里德曼货币需求理论的一大贡献就是将货币视为一种资产,从而将货币理论纳入了资产组合选择理论的框架,摒弃了古典学派将货币作为纯交易工具看待的观念,同时弗里德曼还特别强调实证研究的重要性,使货币理论具有了更好的实践应用基础。

货币需求理论自从产生以来就在不停地发展变化之中。从研究对象来看,马克思及其前人研究货币需求时,注重的是贵金属;到费雪方程式建立时,货币的研究范围就已经涉及存款货币领域;而在弗里德曼的货币需求公式里,货币的边界已经扩展到比现钞和存款货币更广的范围。从研究的角度来看,费雪及其前人研究货币需求时大多从宏观角度出发;到剑桥方程式时提出时,已经把微观主体的行为作为研究的出发点,大大拓宽了货币需求的研究视野。所以,任何货币理论都脱离不了时代的背景,脱离不了当时的客观经济发展状况。随着社会的发展,科技的进步,新生事物的不断出现,人们需求的不断变化,整个经济发展环境也会发生改变,货币需求理论也会不断与时俱进。

第二节　货币供给及其层次划分

货币供给是指一国或某一货币区的银行系统向经济体中投入、创造、扩张（收缩）货币的金融活动。投放到市场中的货币数量称为货币供应量，是一国经济中可用于交易的货币总量，包括现金、存款、商业票据、可流通转让的金融债券、政府债券等不同形式。由于货币形式和数量的变化能反映整个经济运行状况，因此有必要将不同形式的货币进行分类，以便于中央银行掌握货币运行态势，制定合理的宏观调控政策，这就是货币的层次划分。各国中央银行划分货币层次的口径并不完全一致，但划分的依据都是货币的流动性，根据流动性由强到弱，划分为 M0、M1、M2 等层次。不同形态的货币，其流动性不一样，现钞的流动性最强，其次是银行的活期存款，其他如定期存款、储蓄存款、政府债券等金融资产，其流动性逐渐降低。

国际货币基金组织一般把货币划分为三个层次：

M0 = 流通中现金

M1 = M0+活期存款

M2 = M1+储蓄存款+定期存款+政府债券

我国将货币层次作如下划分：

M0 = 现金

M1（狭义货币）= M0+单位活期存款

M2（广义货币）= M1+个人储蓄存款+单位定期存款

M3 = M2+商业票据+大额可转让定期存单。

我国目前只公布 M0、M1 和 M2 的货币供应量，M3 只测算不公布。

美国联邦储备银行公布的货币层次划分是：

M1 = 流通中的通货+所有存款机构的支票性存款

M2＝M1+所有存款机构的小额定期存款(10 万美元以下)+所有存款机构的储蓄存款+隔夜回购协议

M3＝M2+所有存款机构的大额定期存款+定期回购协议

L＝M3+其他短期流动资产(如美国国库券、商业汇票、银行承兑汇票等)

我国和美国货币层次划分的主要差异在于我国有 M0 这一货币层次,而美国没有。此外,欧盟和日本等一些西方国家的货币层次划分中也没有 M0 这一层次。出现这一差异的原因主要是我国在建立货币划分层次时,金融业的发展相比于西方国家还处于较低的水平,现金在国家整体的货币流通中占据的比重非常大,远远高于美国,因此现金的供应量对于整体货币供应的把控来说是极为重要的一个指标,必须单列出来。另外,美国和日本的货币层次包含的内容明显比我国多,且有很大的差异,这是因为,各个国家金融市场的具体发展情况不一样,金融工具的种类及数量都不一样造成的。

第三节 货币供给的过程

在现代中央银行制度下,货币供给包括两个环节,一是中央银行提供基础货币,二是商业银行创造存款货币。

基础货币,又称始初货币、强力货币或高能货币,是指流通于银行体系之外被社会公众持有的现金与商业银行体系持有的存款准备金(包括法定存款准备金和超额准备金)的总和。基础货币是整个商业银行体系存款货币创造的基础。中央银行通过三种方式提供基础货币:一是变动其储备资产,如在外汇市场买卖外汇或黄金;二是进行公开市场操作,如买卖政府债券;三是对商业银行办理再贴现或发放再贷款。中央银行通过这些途径提供的基础货币会首先进入商业银行,商业银行通过存款货币创造使基础货币成倍增加并进入流通领域。现举例说明货币供

的具体过程:

假定某中央银行通过公开市场业务从甲商业银行购买有价证券 100 元,则商业银行在得到这 100 元原始存款后,通过贷款进行存款货币的创造,其过程可表示如下:

某中央银行

资产		负债	
有价证券	100	现金	100

表 15-1　商业银行存款货币创造

银行	存款	法定存款准备金	超额存款准备金	现金漏损	贷款
甲	100	10	5	5	80
乙	80	8	4	4	64
丙	64	6.4	3.2	3.2	51.2
……					
N	500	50	25	25	400
$\sum\limits_{i=1}$					

关于商业银行存款货币的创造过程在前面章节已经阐述,这里不再重复。从上例中可以看出,中央银行向商业银行提供的原始资金,经过商业银行存款货币的创造,得以成倍扩张,扩张的倍数就称为货币乘数。中央银行提供的基础货币与最终货币供给量之间存在的数倍扩张(或收缩)的效果,称为乘数效应。所以,货币供给方程式可以表示为:

$$Ms = Bm$$

式中 Ms 为货币供应量,B 为基础货币,m 为货币乘数

影响货币乘数大小的有三个因素,即现金比率、超额准备金率和法定存款准备金率。如果对定期存款和活期存款规定不同的法定存款准备金率,那么定期存款的法定存款准备金率及定期存款和活期存款的比率也会成为影响因素。现金比率、超额准备金率、法定存款准备金率和货币乘数都呈反向变化关系。因为定期存款的法定准备金率要比活期存款的低,因而定期存款对活期存款比率上升,货币乘数就会变大;反之,货币乘数会减小。我国实行统一的法定存款准备金率,不分定期存款和活期存款。

整个货币供给形成的主体是中央银行和商业银行,也就是通常所说的银行系统。其中中央银行提供基础货币,商业银行创造存款货币。但是银行系统供给货币是需要前提条件的:一是流通中的货币全部是不兑现的信用货币,不存在金属货币;二是必须实行存款准备金制度;三是转账结算方式广泛采用。中央银行在整个货币供给过程中处于主导地位:首先中央银行可以根据需要提供不同数量的基础货币;其次,中央银行可以通过改变法定存款准备金率来控制商业银行的存款货币创造。但是中央银行并不能完全掌控最终的货币供应量,因为超额准备金比率的变动取决于商业银行的经营需要、商业银行融资难易及整个宏观经济发展状况,而现金比率和定期存款比率又受社会公众流动性偏好的制约。因此,总的来说,货币供给过程由中央银行主导,但最终结果是由中央银行、商业银行和社会公众共同决定的。

第四节 货币均衡

货币均衡的含义

货币均衡是货币供应量与国民经济正常发展所需要的货币量之间基本相等的状态。可以用公式表示为 $Ms = Md$(Ms 表示货币供应量, Md 表示货币需要量)。货币均衡需要从三个方面把握:一是货币均衡不是指货币供给与需求数量上的绝对相等,而是两者之间大体一致、基本适应的一种状态。二是货币均衡是动态的,不是某一时点上货币供给与需求的完全相等,而是从平衡到不平衡,再到平衡的发展变化过程。所以,货币均衡允许短期内货币供给与需求之间出现偏差,从长期来看,货币供求之间是大体一致的。三是货币供求是否均衡从一定程度上反映社会总供求是否平衡。因为在现代商品经济条件下,整个经济运行过程都离不开货币,任何需求,都表现为有货币支付能力的需求。货币需求由社会总供给决定,货币供给形成社会总需求。所以,货币均衡是一定时期内社会总供求平衡的一种反映。

货币均衡的判断

在市场经济条件下,可以根据物价指数来判断货币均衡状况。如果物价基本稳定(物价指数的变动在3%以内),说明货币均衡;如果物价指数变动超过3%,说明货币失衡。在计划经济体制下,由于物价在国家的管控下保持不变,则只能通过货币流通速度的变化来判断。如果货币流通速度放慢,则说明流通中货币的供给量大于需要量,过剩的货币越多,货币流通速度减慢的幅度越大,这是因为流通中超过需要量的货币不能通过物价上涨实现平衡,只能停留在流通领域,造成整个流通速度放缓。

如果货币没有达到均衡状态,则称为货币失衡。货币失衡主要有两大类型:总量性货币失衡和结构性货币失衡。总量性货币失衡是指货币供给和需求在总量上不相适应,表现为货币供给量大于或小于需求量。货币失衡会对整个宏观经济运行造成不利的影响。如果货币供给量大于需求量,会造成市场需求过度,物价上涨,甚至引发严重的通货膨胀;如果货币供给量小于需求量,则造成市场有效需求不足,导致产品积压、生产萎缩、经济衰退。结构性货币失衡是指货币供给与需求在总量上大体相当的情况下出现的货币供给结构与货币需求结构不相适应的状况,其原因在于经济结构不合理造成某些行业某些领域产能过剩。所以这部分商品和生产要素供过于求,价格下跌;而另一些领域和行业产能不足,产品短缺,价格上涨。

货币均衡与社会总供求的均衡

社会总供求平衡是指一定时期一个国家或地区社会总供给与社会总需求在总量和结构上的协调和平衡。社会总供给是一定时期一个国家或地区提供的按市场价格计算的商品和服务总量,社会总需求则是一定时期一国或地区商品和劳务的购买总量。社会总供求平衡是商品市场和货币市场平衡的统一。从下面简单的图示可以看出商品供求与货币供求之间的关系。

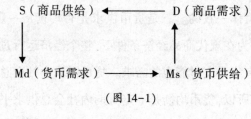

(图14-1)

　　首先,一定时期的商品供给量决定了一定时期的货币需求量。因为,在商品货币经济条件下,任何商品要想在市场上实现其价值,必须通过与货币的交换来完成,因此,有多少商品供给,就需要多少货币,否则就会出现商品积压卖不掉的情况。其次,货币需求决定货币供给,货币的需求和供给必须相适应。在金属货币制度下,货币供给大于货币需求时,黄金白银会自动退出流通领域,进行自发调节;在纸币制度下,如果货币供给大于货币需求,则会引发纸币贬值、通货膨胀,中央银行对货币供应量进行调控的依据就是货币的需求。再次,一定时期的货币供给形成对一定时期商品的需求,因为货币可以换来商品,有多少货币就会形成多少需求。最后,商品的需求必须与商品的供应保持平衡,这是宏观经济平衡的基本要求。所以,货币供求和商品供求总是紧密联系在一起的,货币供求和商品供求之间协调平衡,社会总供求才能达到平衡。一般情况下,货币供求的变动总会相应引起商品供求的变动。但是,货币供求和商品供求的变动并不总是一致的,比如,货币供应量变动以后,能在多大的程度上引起商品供求的相应变动,则取决于货币持有者的资产选择行为。如果货币供应量增加以后,人们所持有的货币量增加,但人们不是把这些增加的货币用于消费或投资,而是全部用于窖藏,因为这些增加的货币量并没有形成现实的购买支出,则对商品供求不会产生影响。如果货币供应量增加引起社会总需求相应增加,社会又有闲置生产力,货币量的增加将使得社会总供给相应增加,对货币的需求也相应增加,货币市场和商品市场达到均衡。但是,如果货币供应增加,社会总需求增加,但由于种种原因,没有引起生产的增长,则会造成商品短缺,物价上涨,货币市场和商品市场由于物价的上涨处于一种强制均衡状态。所以,社会总供求的平衡有时候并不能仅仅通过货币的调控来实现,还必须有其他条件做基础。

▶ 第 十 六 章 ◀

通货膨胀和通货紧缩

通货膨胀和通货紧缩都是不兑现的信用货币制度下一种特有的经济金融现象,是社会总需求和总供给不平衡的表现。

第一节 通货膨胀及其分类

通货膨胀的含义

通货膨胀是指纸币流通(不兑现的信用货币制度)条件下,流通中货币供应量超过商品流通客观需要量而引起的货币贬值、物价普遍持续上涨的经济现象。理解通货膨胀时需要注意三点:一是通货膨胀与纸币流通相连,是纸币流通条件下一种特有的经济现象。金属货币制度下,即使有纸质的银行券,也不会超发,因为银行券是可以随时兑换金银的,当银行券偶尔发行过多导致贬值时,人们就会通过兑换金属货币而保值,使超发的银行券回流到银行。二是通货膨胀与物价总水平相连。物价总水平又称一般物价水平,是指包括所有商品和劳务价格在内的总物价水平,是所有商品和劳务交易价格总额的加权平均数。只有物价总水平的普遍持续上涨才是通货膨胀,而个别商品比如鸡蛋、门票价格等上涨并不代表发生了通货膨胀,因为一些商品价格在上涨,而另一些商品的价格可能在下跌,两者会相互抵消。三是通货膨胀与物价的持续上涨相连。一些瓜果蔬菜等农副产品的季节性价格上涨,不能算通货膨胀,国际通用的一个衡量指标就是 CPI 连续六个月超过 3%。

判定通货膨胀的指标

判定通货膨胀通常有三个指标,分别是:(1)居民消费价格指数(CPI)。这是衡量居民购买并用于消费的商品和服务项目价格水平的变动趋势和变动幅度的指数。(2)GDP 平减指数(GDP Deflator)。这是按当年价格计算的国内生产总值与按不变价格计算的国内生产总值的比率,这个指数涉及的商品范围最广,能反映全部生产资料、消费品和劳务的价格变动状况,而 CPI 只能反映消费领域的价格的变动。(3)生产价格指数(PPI)。这是衡量工业企业产品出厂价格变动趋势和变动程度的指数,能较好地反映某一时期生产领域的价格变动情况,因而是制定有关经济政策的重要依据。同时,由于生产领域的价格变动最终会反映到消费领域,所以,这个指标对预测消费物价指数的变动也有重要作用。三个指标各自测算的内容不同,需要将三个指标综合起来分析判断。

通货膨胀的分类

通货膨胀按不同的标准可以分为不同的类型。

按物价总水平上涨的幅度,分为温和的通货膨胀、飞奔的通货膨胀和恶性通货膨胀。(1)温和的通货膨胀。通胀率保持在 2%～3% 之间,最高不会超过 5%,并且始终比较稳定,这样的通货膨胀不会给经济发展带来不稳定因素,相反,在经济发展过程中,适度的、温和的通货膨胀可以增加企业利润,增强企业对市场的信心,刺激经济增长。(2)飞奔的通货膨胀,亦称为奔腾的通货膨胀、急剧的通货膨胀。特点是通胀率较高,一般会达到两位数以上,而且上涨速度很快,是一种不稳定的、迅速恶化的通货膨胀;这种通货膨胀发生时,货币迅速贬值、市场价格极度扭曲,经济指标恶化,人们通常会通过囤积实物、购置房产来保值。这种通货膨胀不仅对经济发展产生不良影响,而且会给整个社会带来很多不稳定的因素。(3)恶性通货膨胀。年通胀率会达到三位数,而且完全失去控制,所以又称为脱缰的通货膨胀。

也有学者把恶性通货膨胀界定为每月通货膨胀率50%或更多。恶性通货膨胀下，货币大幅度贬值，市场物价持续飞速上涨，金融体系趋于崩溃，正常的社会经济关系遭到破坏，财政政策和货币政策失效，还会严重影响一国汇率水平，打乱进出口秩序，人民收入和生活水平都会受到严重影响，从而引发严重的社会危机，甚至导致政府垮台。这种通货膨胀通常发生于战争或社会大动乱之后。例如一战后的德国，1923年德国的物价在一个月内上涨了2500%；我国从1937年6月到1949年5月，国民党政府法币的发行量增加了1445亿倍，同期物价指数上涨了36807亿倍。进入21世纪，这种恶性通货膨胀仍有发生。例如，发生在津巴布韦的恶性通货膨胀，从21世纪初开始，到2004年初，通胀率已升至624%；2006年4月达到1042.9%；2007年6月，更是上升到11000%；到了2008年5月，通货膨胀率已上升到2200000%。2009年，由于货币金融体系完全崩溃，津巴布韦取消了津元，引入以美元为主的多货币体系。

根据通货膨胀的表现形式，可分为隐蔽的通货膨胀和公开型的通货膨胀。隐蔽的通货膨胀是指不表现为普遍的物价上涨，而是出现抢购潮，黑市盛行，实行配给制度等。这时的社会总需求已经超过总供给、物价上涨压力已经出现，但由于政府实行价格管制，市场物价仍然保持稳定，一旦政府解除或放松价格管制措施，市场物价即会大幅度上涨，所以这种通货膨胀并不是不存在，而是以一种隐蔽的方式表现出来。改革开放前我国的通货膨胀主要是隐蔽型的。公开型的通货膨胀则是一种最常见形式的通货膨胀，表现为物价的普遍持续上涨。

根据通货膨胀产生的原因，分为需求拉动型、成本推动型和结构性通货膨胀。需求拉动型通货膨胀是指总需求超过总供给所引起的物价总水平的持续显著上涨；成本推动型通货膨胀是指在总需求不变的情况下，由于产品成本的提高所引起的价格水平持续显著的上涨；结构性通货膨胀是指总需求不增加的情况下，由于经济发展结构的不平衡而导致的通货膨胀。

第二节　通货膨胀的成因

通货膨胀的形成有直接原因,也有深层次原因。直接原因都是货币供应过多,过多的货币供应量没有与之适应的商品和劳务量相对应,必然导致货币贬值,物价上涨,出现通货膨胀。那么,又是什么原因导致货币供应超过需求呢?这就要考察其深层次原因了。通货膨胀形成的深层次原因包括下列几种:

需求拉动

需求拉动是指总需求过度增加,超过了既定价格水平下商品和劳务的总供给而造成的通货膨胀,即以"过多货币追求过少商品"。引起总需求增加的主要原因包括政府为弥补财政赤字而进行财政透支、投资过热导致的信用膨胀以及消费总需求超过消费品总供给形成的消费膨胀。这种过量的需求虽然发生在非金融部门,但实际上都是由货币供给增多引起的。如果经济中还存在着闲置资源,需求的增加会促使生产规模扩大,产品供给增加,使社会总供给和总需求达到新的平衡,反之则会造成通货膨胀。

成本推动

成本推动是指由于供给方工资增长、原材料价格上涨等原因导致成本增加形成的通货膨胀。例如,如果是因为工会等其他非市场因素,而不是由于劳动生产率提高带来的工资的提高,必然会引起产品单位成本增加,成本的增加又迫使企业提高产品的价格,导致物价上涨;而物价上涨后,工人会再要求提高工资,新一轮的工资上涨又会导致新一轮的物价上涨,由此形成工资—物价"螺旋",不断推高商品的价格,造成通货膨胀。此外,农业歉收、国际大宗商品价格的上涨,都会带来企业原材料成本的上升而导致物价总水平的提高。1973 至 1974 年,石油输出国组织(OPEC)将石油价格提高了 4 倍,直接导致很多原材料价格上涨,原材料价格上涨又导致很多工业品和生活必需品涨价,最终导致通货膨胀。

供给不足

在社会总需求不变的情况下,如果总供给相对不足,也会造成需求大于供给而引发通货膨胀。所以,要解决通货膨胀问题,不仅可以从需求端入手,也可以通过增加供给,解决需求过多问题。但是供给的增加受到生产力发展水平,资源闲置状况等条件的制约。我国在改革开放前出现的隐蔽型通货膨胀就是因为社会生产力发展水平较低,商品供给严重匮乏导致的。

结构失衡

由于一国的国民经济结构失调,各个部门、各个行业之间发展不平衡,也会引发通货膨胀。比如,不同的行业和部门之间发展得快慢不一样。有的部门或行业劳动生产率水平比较高,有的行业或部门劳动生产率水平比较低。劳动生产率高的部门工资会随之上涨,但劳动生产率低的部门受外界环境、内部压力等多种因素,其实际工资也随之不断提高。结果使全社会工资增长速度超过生产率增长速度,因而引发通货膨胀。

预期不当

在已经发生通货膨胀的情况下,人们通常会有通货膨胀继续延续下去的预期,因而,厂家会继续提高产品价格,工人会要求增加工资,通货膨胀也会因此真的持续下去,这就是通货膨胀的惯性。另外,在物价进一步上涨的预期下,为了减少货币贬值带来的损失,人们会抢购商品,因此造成货币流通速度的加快;而货币流通速度越快,流通中需要的货币量越少,这使得流通中本来就过量的货币相对于客观需要量来说进一步增加,因而使得通货膨胀越发恶化。

第三节　通货膨胀的社会经济效应

通货膨胀的社会经济效应主要表现为强制储蓄效应、收入分配效应和产出效应。

强制性储蓄效应是指政府可以通过通货膨胀手段来增加储蓄的比重。这里所说的"储蓄"指的是用于投资的货币积累。正常情况下,可用于投资的货币积累来自家庭、企业和政府三个主体,家庭储蓄来源于收入剔除消费支出后的结余,企业储蓄来源于利润和折旧基金,而政府储蓄则来源于增加税收或向中央银行举债。如政府通过增加税收来增加储蓄,则全社会的储蓄总量并不增加;政府如果通过向中央银行借债,则会增发货币,引发通货膨胀,相当于把家庭和企业持有的部分货币收入转移到政府部门,这部分收入就是通货膨胀税,它以隐蔽的手段增加了政府的储蓄。政府为保证经济高速增长,常用这种办法实行高积累低消费的政策,强制压缩消费基金,将个人储蓄转化为政府储蓄,形成强制储蓄。

收入分配效应是指通货膨胀会将不同收入来源的人的收入进行再次分配,使一部分人在通货膨胀中获益,一部分人在通货膨胀中受损。具体来说,对于有固定工资收入的阶层,比如以工资或薪金收入为主和以固定利息和租金收入为主者会受到损失,因为固定收入增加的速度一般会落后于物价水平上升的速度。而那些靠变动收入维持生活的人则会从通货膨胀中得益,例如,产品价格可以在通货膨胀发生时同步提升,甚至可以比原材料、资源价格上升得快,企业主从而增加其利润。另外,通货膨胀使货币贬值,从而使债务人在还债时实际偿还的金额缩水,因而通货膨胀使债务人获益,而使债权人受损。

产出效应是指通货膨胀对经济发展的影响,这种效应可分为短期和长期两种情况。短期来看,温和的或爬行的需求拉动型通货膨胀会增加就业,增加产出,对经济增长有良好的促进作用;但成本推动型通货膨胀会使企业收入降低,产出减少,给经济发展带来不良影响;恶性通货膨胀则会导致经济崩溃。从长期来看不论什么类型的通货膨胀都会给经济发展带来不良的影响。

第四节　通货膨胀的治理

针对通货膨胀形成的不同原因,可以采取不同的治理方式。

控制需求

大部分通货膨胀形成的原因都是总需求超过了总供给,因此采取紧缩性政策,控制需求是治理通货膨胀最常见也是最传统的方法,主要包括紧缩性货币政策、紧缩性财政政策和紧缩性收入政策等。紧缩性货币政策的目的是减少流通中的货币量,控制总需求。中央银行可以通过提高法定存款准备金率、提高贴现率以及在证券市场出售证券的方式降低流通中的货币存量。紧缩性财政政策主要是通过削减财政支出和增加税收的办法来降低总需求,削减财政支出主要是通过压缩政府投资、削减政府经费开支,减少社会福利支出等方式来减少政府需求;增加税收主要是通过增加税种、提高税率的方式减少企业和居民收入,抑制企业和个人的需求。紧缩性财政政策从政府、企业和个人三方入手,可以很好地达到控制总需求的目的。紧缩性收入政策主要是通过行政手段限制工资水平的提高和原材料价格,比如进行工资管制和价格管制等,以此降低企业的生产成本,控制物价的上涨,这是应对成本推动型通货膨胀的主要方法。

增加供给

治理通货膨胀除了控制总需求,还可以从供给端入手,通过增加总供给,使社会总供求达到新的平衡。但增加总供给的方式不能靠扩张性政策,不能靠单纯增加生产要素的投入,这样反而容易加剧通货膨胀,只有从提高全要素生产率入手,在提高经济效益的基础上合理进行投资,增加供给,才能解决通货膨胀问题。主要措施包括给企业提供税收等方面的优惠政策、简政放权,减少企业的制度性交易成本、鼓励企业创等。

调整经济结构

国民经济结构的不平衡也是导致通货膨胀的一个重要原因,针对这种类型的通胀,可以通过调整经济结构来治理,使目的是使各产业部门之间保持合理比例。例如,积极化解产能过剩,紧缩长线产品的生产,扩大短线产品的生产。

除此以外,还有其他治理通货膨胀的方法,主要是辅助一些行政手段来干预通货膨胀问题。比如,限价政策,是通过行政或法律的手段限制工资和商品劳务的价格;在经济过热,通货膨胀形势比较严峻时,可以强制性停建一些工程项目,实行部分商品的经营垄断,实行消费品的凭票供应等;另外,还可以采取指数化政策,把主要经济变量与通货膨胀率挂钩,若物价指数上涨,则相应提高存款利率、提高工资收入等,以尽可能消除通货膨胀对生产生活的不利影响。

第五节　通货紧缩

通货紧缩的概念和判定指标

通货紧缩是和通货膨胀相对应的一个概念,可以和通货膨胀联系起来研究。从概念上来看,通货紧缩正好和通货膨胀相反,是指在纸币流通(不兑现的信用货币制度)条件下,流通中货币供应量过少,满足不了商品流通的客观需要而引起的货币升值和物价普遍持续下跌的经济现象。

和测定通货膨胀一样,测定通货紧缩也有三个指标:居民消费价格指数(CPI)、GDP 平减指数(GDP Deflator)和生产价格指数(PPI)。三个指标测定的范围各不相同,但通常都用 CPI 来判定通货紧缩。至于 CPI 的变动幅度到底是多少,以及持续多长时间才可视为通货紧缩,不同学者有不同的看法。有学者把 CPI 低于 1%作为判定通货膨胀的标准。也有学者根据 CPI 变动的不同幅度和持续时间的长短,把通货紧缩划分为不同的类型:CPI 变动在-2%到 1%之间,时间不超过两年的称为轻度通货紧缩;CPI 在-2%到-5%之间,时间超过两年的称为中度通货紧缩;CPI 低于-5%,持续时间超过两年甚至更长的情况称为严重通货紧缩,如 20 世纪 30 年代世界性的经济大萧条所对应的通货紧缩。还有学者提出了相对通货膨胀的观点,认为如果 CPI 仍然在零以上,但物价水平已经低于保证经济发展和充分就业所需要的水平,货币处于相对紧缺的状态,也可以视为通货紧缩,并称之为相对的通货紧缩。而物价水平在零值以下,即物价出现负增长,说明一国通货处于绝对不足状态,则称为绝对的通货紧缩。相对的通货紧随也要引起重视,如果任由其发展,则会越来越严重,引发绝对的通货紧缩。我国学者一般认为 CPI 持续六个月低于-3%就是通货紧缩的标志。

通货紧缩的社会经济效应

通货紧缩的社会经济效应主要体现在财富效应、分配效应和产出效应三个方面。通货紧缩的财富效应是指通货紧缩发生后引起的社会财富的增减。发生通货紧缩时,物价普遍下跌,企业产品价格也随之下跌;同时,由于消费不振,企业产品销售困难,利润会大幅度减少。企业盈利能力的下降又使企业资产的市场价格相应降低;同时,通货紧缩导致的货币升值,又使企业的偿债负担加重,最终导致企业总财富缩水。通货紧缩会带来经济萎缩,使一部分人失业或减薪,还会导致房价、股票价格下跌,所以,社会个体财富也是缩水的。

通货紧缩的收入分配效应主要体现在社会财富在债务人与债权人之间的分配。物价的持续普遍下跌使货币升值,实际利率升高,这将有利于债权人而损害债务人的利益,而从总体上来看,债务人以生产者和投资者居多,债务负担加重,不利于生产与投资活动,给经济增长也带来了直接的负面影响。

通货紧缩的产出效应主要是指通货紧缩与经济增长之间的关系。首先,通货紧缩使实际利率提高,投资成本上升,影响了企业投资的积极性;其次,通货紧缩下,企业产品价格下跌,销售困难,企业利润减少甚至亏损,严重打击了生产者的积极性,使企业减产甚至停产,直接导致经济萎缩;第三,通货紧缩下,消费者不论是当期的收入还是预期收入都可能下降,这会大大降低消费者的消费能力,同时,受"买涨不买跌"的心理因素的影响,很多消费者会推迟消费。这些都会降低社会整体消费需求,给经济增长带来负面影响。

另外,还需要指出的是,通货紧缩极可能引发银行危机。通货紧缩不仅加重了借款人的债务负担,还会直接导致企业利润下滑甚至破产倒闭,影响企业偿还贷款,引发银行危机,严重的话可能导致整个金融体系的崩溃。但是,通货紧缩也并非一无是处。适度的通货紧缩,可以消除某些领域的投资过热,挤去经济中的"泡沫",有利于经济结构的调整;同时,市场竞争的加剧,可以促使企业加强技术创新,改进产品和服务质量,对经济发展有一定的积极作用。但是,持续时间过长、超过合理限度的通货紧缩则会对社会经济发展造成严重危害。

通货紧缩的成因及治理

通货紧缩和通货膨胀一样,都是由于社会总供求不平衡造成的。从需求方面看,通货紧缩是由于总需求不足引发的,而总需求的不足可能是由于央行采取紧缩性政策的结果,也可能是因为国际经济不景气带来的出口下滑,外资流入减少造成的。从供给方面看,则是因为供给过剩,超过了需求,导致产品价格下跌。治理通货紧缩的措施和治理通货膨胀相反,需要实行扩张性货币政策的财政政策。扩张性的货币政策主要是扩大货币供应量,刺激总需求,而扩张性的财政政策则是通过降低税率、减少税种、扩大政府投资和支出的方式扩大社会的总需求。

▶ 第十七章 ◀

货币政策

货币政策是指一国中央银行为实现既定的宏观调控目标而采取的调节货币供应量的各种措施。

第一节　中央银行货币政策目标

中央银行货币政策目标的内容

货币政策目标是央行实施货币政策所要达到的最终目标。一般包括稳定物价、充分就业、经济增长、国际收支平衡四项内容。1997年亚洲金融危机发生以后,有很多经济学家认为,金融问题对整个宏观经济的运行有重要影响,避免金融危机的产生是中央银行的一个重要任务,因此,应当把"金融稳定"加入货币政策目标之中。稳定物价又称稳定币值,是指将一般物价水平的变动控制在一个比较小的区间内,大体保持稳定。一般来说,物价上涨率保持在2%~3%,控制在5%以下都可以认为是物价稳定。充分就业反映的是一定时期内一个国家或地区的就业水平,充分就业并不是指没有人失业,而是指失业率不超过 4%。经济增长是指经济在一个较长的时期内始终处于稳定增长的状态。经济增长的快慢是衡量一个国家或地区经济实力增强程度的标志,一般用不变价计算的 GDP(国内生产总值)的增速作为反映经济增长速度的指标,经济增长没有统一标准,不同国家可以根据自身发展的实际和目标确定一个合理的增长速度。国际收支平衡是指一国在一定时期对其他国家的全部货币收入和全部货币支出基本持平,表现为国际收支平衡表上自主性交易的差额为零。但国际收支平衡并不要求自主性交易的差额绝对为零,各国可以根据各自发展阶段和水平确定一个合理的顺差或逆差水平。

中央银行货币政策目标选择

虽然货币政策有四个目标,但这四个目标之间有的相互协调,具有一定的一致性,有的却相互矛盾。比如,稳定物价和经济增长这两个目标之间就是相互矛盾的,要刺激经济增长,就必须采取较宽松的货币政策,增加货币供应量,结果就会带来物价上涨;而为了稳定物价,就要采取较紧缩的货币政策,这又会对经济增长产生不利的影响。因而物价稳定和经济增长的目标不可能同时达到。但经济增长和充分就业是相一致的,只有经济不断增长,才能带来稳定的就业水平,因而稳定物价和充分就业两个目标也是相互矛盾的。而物价水平与国际收支之间存在着较为复杂的关系。当国内物价升高,也就是货币对内贬值,且对内贬值的幅度大于对外贬值幅度时,国外商品相对便宜,必然会引起进口增加,出口下降,出现贸易逆差;当一国物价稳定,而国外物价上涨时,会使本国商品的价格相对于外国商品显得较低,会导致出口增加,进口减少,国际收支产生顺差。由于各种目标都不能同时兼顾,因此任何一个国家都必须在这些相互冲突的目标中做出适当的选择。目前国际上经常采用的货币政策最终目标的选择方式主要有两种:一种是单一目标,即突出重点,选择一个首要目标;另一种是双重目标,同时确定两个同等的目标,力图统筹兼顾。由于物价稳定对于宏观经济的健康至关重要,许多国家都把物价稳定作为中央银行的首要政策目标,如新西兰、加拿大、英国。《马斯特里赫特条约》也规定:"欧洲中央银行体系首要的目标是保持物价稳定"。但美国实行的是双重目标,法律对美国联邦储备体系使命的规定是:"实现就业最大化、物价稳定和适当的长期利率"。即将物价稳定和经济增长两个目标放在同等的位置。但实践中美联储一直高度关注通货膨胀问题,在制定货币政策时也首要考虑对通货膨胀的控制。2006 年以后,美联储开始逐步推进将币值稳定作为货币政策的首要目标。2012 年 1 月,联邦公开市场委员会正式宣布实行单一的、量化的通货膨胀率目标。

我国从 1984 年中国人民银行专门行使中央银行职能到 1995 年以前的货币政策目标是:发展经济和稳定货币。这是个双重目标,希望既能实现经济增长,又同时能稳定币值。但事实上,1984 年至 1995 年,我国经历了多次较严重的通货膨胀,其间有 9 年我国的物价总水平上涨幅度都超过了 5%,双重目标并没有能够同时实现。1995 年,《中华人民共和国中国人民银行法》颁布,明确规定,我国货币政策的目标是:"保持货币币值稳定,并以此促进经济增长"。这句话虽然也包含两个目标,但两个目标并不是并列的关系,而是有着明显的先后顺序,即稳定币值是首要的,在此基础上,再力求实现经济增长的目标。所以,现在我国的货币政策目标是单一目标。

第二节　中央银行货币政策工具

货币政策工具是中央银行为实现货币政策目标而采取的手段,分为常规性货币政策工具、选择性货币政策工具、补充性货币政策工具三大类。

常规性货币政策工具

常规性货币政策工具又称一般性货币政策工具,用于调节货币供应总量,是各国中央银行最主要、最常使用的工具,主要包括法定存款准备金率、再贴现政策和公开市场业务三项,又被称为中央银行的"三大法宝"。

法定存款准备金率是指法律规定的商业银行等金融机构缴存至中央银行账户的资金数额占其吸收的存款总额的比率。中央银行通过调整这一比率来扩张或收缩商业银行的信贷能力,改变货币乘数的大小,从而达到控制货币供应总量的目的。中央银行若提高法定准备金比率,就直接降低了商业银行可以用于发放贷款的资金,商业银行创造存款货币的数量也相应减少,从而使流通中的货币供应量减少;反之,则会使货币供应量增加。法定准备率的调整对货币供应总量有较大影响,政策效果明显,被称为"重型武器"。比如,中国人民银行从 2007 年 12 月 25 日时上调了存款类金融机构人民币存款准备金率 1 个百分点,金融机构因此被冻结近 4000 亿元资金。调整法定准备率也有较明显的副作用:一旦央行提高法定准备率,商业银行将被迫收缩自己的信贷规模,导致社会信贷规模骤减,很多项目由于没有后继资金投入而无法形成生产能力,给社会经济正常运行造成激烈的震荡。因此法定存款准备金率不宜作为中央银行的日常性工具,一般大部分国家的中央银行实施货币政策时往往把重点放在再贴现率和公开市场业务上。

再贴现政策是中央银行通过调整再贴现利率的高低来调节市场货币供应量的一种货币政策工具。当中央银行提高再贴现率,使之高于市场利率时,意味着商业银行向中央银行借款的资金成本上升,因而也会相应提高对客户的贷款或贴现的利率,导致社会融资成本的提高,迫使企业和其他经济主体缩减贷款需求,从而减少市场货币供应量;另外,再贴现率提高的情况下,商业银行为了避免提高融资成本,也可能会选择不向中央银行贴现或减少再贴现的金额,并进而收缩对客户的贷款和投资规模,从而也会缩减市场的货币供应量。随着市场货币供应量的缩减,市场利率也相应上升,社会对货币的需求进一步减少,市场货币供应量会进一步缩减。而当中央银行降低再贴现利率时,则会产生相反的效果。但是,再贴现政策也存在着某些局限性:首先,中央银行不掌握主动权。商业银行是否到中央银行申请再贴现,申请再贴现金额的多少都取决于商业银行自身的意愿,在金融市场较发达的国家或地区,商业银行如果可以从其他渠道获取资金,就很可能不依赖于中央银行的再贴现。其次,政策效果难以保证。在经济繁荣或经济萧条时期,再贴现率无论高低,都无法限制或阻止商业银行向中央银行再贴现,使得中央银行难以有效地控制货币供应量。另外,再贴现率的随时调整,通常会引起市场利率的经常性波动,这会使企业和商业银行无所适从。

公开市场业务是指中央银行通过在金融市场上买卖有价证券和外汇来调节市场货币量。如果中央银行的交易对象是商业银行,则可以通过影响商业银行准备金的变动来控制市场货币供应量,如果是其他机构,则会直接增加或减少市场货币供应量。当中央银行在金融市场上买进有价证券时,会增加市场货币供应量,相反,如果中央银行卖出有价证券,则会导致市场货币供应量的减少。公开市场业务有很多优点:(1)主动性强。中央银行可以独立地选择在金融市场上买卖各种债券的时间、种类及数量,而且因为中央银行买卖证券的目的不是为了盈利,因此可以以最低价卖,最高价买,交易总能达成。(2)灵活性高。中央银行可以根据市场货币供应量的具体情况,进行经常性、连续性的操作,随时调整在金融市场上买卖各种有价证券的时间和数量,如果发现前面操作有误,也可以立即进行相反的操作,这样就保证了调控的准确性和有效性。(3)震动性小。由于公开市场业务是一种正常买卖行为,不具有强制性,因而对金融机构和市场经济主体的影响比较和缓,不会让市场产生强烈的心理预期,也不会像调整法定存款准备金率那样造成货币供应量的巨大波动,正因为如此,公开市场业务已成为许多国家中央银行最重要的货币政策工具。但公开市场业务的要想顺利实施,必须要有一个发达和完善的金融市场且证券种类齐全、规模较大。

选择性货币政策工具

选择性货币政策工具是指中央银行针对某些特殊领域的信贷加以调节所使用的工具。这些工具一般都是有选择地使用,因此称为"选择性政策工具",它们是常规性货币政策工具的必要补充,常见的选择性货币政策工具主要包括:(1)消费者信用控制。是指中央银行对不动产以外的耐用消费品信贷进行的调控。比如通货膨胀时,中央银行可以对消费信用采取一些限制措施,包括规定首付款比例,规定消费信贷的最长期限等,使社会用于购买耐用消费品的支出减少而缓解通膨胀压力;相反,在经济下行时,则可以采取相反的措施,提高消费者对耐用品的购买力,以刺激消费,促使经济回升。(2)证券市场信用控制。是指中央银行对于通过融资购进有价证券的交易,规定应支付的保证金的比率来限制用贷款购买证券的比率。这个比率可以随时调整,目的在于抑制证券市场的过度投机行为,通过限制资金流入证券市场,引导资金的合理流向。(3)不动产信用控制。是指中央银行对商业银行办理房地产贷款的限制性措施。包括规定贷款的最高限额、贷款最长期限以及首付款比例等,主要目的是抑制房地产投机行为,防止房地产市场泡沫产生。(4)优惠利率。优惠利率是指对特定的贷款对象规定的比一般贷款利率低的利率,一般是对国家鼓励发展的经济部门或产业,如农业,高科技行业等。(5)特种存款。是指中央银行为特殊资金需要而吸收的存款,一般是为了支持国家重点建设或其他特殊资金需要,以特定方式向部分商业银行和金融机构集中一定数量的资金。

补充性货币政策工具

补充性货币政策工具又称其他政策工具,主要包括直接信用控制和间接信用指导两大类。直接信用控制,是指中央银行对商业银行信用业务进行直接干预。具体措施主要有信用配额、流动性比率、利率限额、直接干预等。信用配额是指中央银行根据市场资金供求状况及客观经济需要,对商业银行的信用规模进行分配,限制其贷款的最高数量,发展中国家经常采用这种措施。流动性比率是商业银行的流动资产和流动负债之比,中央银行为了限制商业银行扩张信用,控制商业银行的经营风险,规定商业银行必须达到一定的比率要求。规定利率限额是指规定商业银行的贷款利率下限和存款利率上限,目的是防止商业银行进行高息揽储和风险放款,避免因恶性竞争带来的风险。直接干预是指央行对商业银行的存贷款业务直接进行限制,一般是在商业银行不符合监管要求时才使用。间接信用指导是指中央银行凭借其在金融体制中的特殊地位,通过窗口指导、道义劝告等方式间接影响商业银行的经营行为。这种方式没有强制性,但因为中央银行的特殊地位及商业银行对其的依赖性,这种方法也有明显的效果。

我国的货币政策工具

从 1984 年中国人民银行正式行使中央银行职能开始,一直到 1995 年《中国人民银行法》颁布之前,我国的货币调控都是以直接调控为主,所使用的政策工具包括贷款计划、利率、法定存款准备金等,行政色彩较浓,不利于金融机构的经营和资金使用效率的提高。《中国人民银行法》颁布之后,我国的货币政策开始由直接调控为主向间接调控为主转化。《中国人民银行法》第二十三条明确规定,中国人民银行为执行货币政策,可以运用的货币政策工具包括法定存款准备金率、基准利率、再贴现、再贷款、公开市场业务和其他货币政策工具。2013 年 11 月 6 日,中国人民银行正式启用"常备借贷便利(SLF)"这一工具。所谓"常备借贷便利"就是商业银行或金融机构根据自身的流动性需求,通过资产抵押的方式向中央银行申请授信额度的一种融资方式。"常备借贷便利"以抵押方式发放贷款,合格抵押品包括高信用评级的债券类资产及优质信贷资产等。"常备借贷便利"对象常包括全部存款金融机构,覆盖面较广,金融机构可根据自身流动性需求主动申请常备借贷便利。2013年,我国刚开始使用"常备借贷便利"时,对象主要为政策性银行和全国性商业银行;2015年2月,开始向符合条件的中小金融机构推广"常备借贷便利",提供短期流动性支持。

"常备借贷便利"满足了金融机构短期的大额流动性需求,可以有效防范银行体系流动性风险,增强对货币市场利率的调控效力。这一政策工具在全球大多数国家的中央银行中都广泛采用,但各国名称各异,如,美联储称为贴现窗口、欧洲中央银称边际贷款便利、英格兰银行称操作性常备便利、日本银行称为补充贷款便利。

第三节　中央银行货币政策操作指标和中介指标

中央银行货币政策工具并不能直接影响到货币政策目标,但可以对一些和最终目标相关的中间性指标产生影响,也就是说,中央银行可以通过政策工具的运用直接引起这些指标的变化,通过这些中间性指标的传导来实现最终货币政策目标。中间性指标有操作指标和中介指标两种。操作指标是中央银行通过现有货币政策工具可以直接影响的目标;中介指标是处于最终目标和操作指标之间,离最终目标最近的指标,直接影响最终目标的实现,是中央银行通过操作指标的传导能够以一定的精确度影响到的政策变量。

中央银行选择的操作指标主要是超额存款准备金和基础货币。超额存款准备金的高低反映了商业银行资金状况,决定了商业银行的资产业务规模,能直接影响到中介指标。中央银行可以通过法定存款准备金率、公开市场业务和再贴现政策来影响超额准备金水平。但超额存款准备金的高低变化也取决于商业银行自身的意愿,因此中央银行并不能完全把控。基础货币是中央银行可以直接控制的指标,也是影响货币供应量的基础,所以很多中央银行都把它作为理想的操作指标。

中介指标通常有市场利率和货币供应量。除此以外,也有一些国家把贷款规模和汇率作为中介指标。市场利率作为中介指标的优点是易于监控,中央银行可以通过影响操作指标来调节市场利率水平,并据此及时了解市场货币的供求状况。但是,市场利率是内生变量,其变动是顺循环的。经济过热时,市场利率会因为资金额紧缺而上升;经济不景气时,市场利率会因为资金需求减少而下跌。这与中央银行的调控方向存在一致性:经济过热时,中央银行会提高利率;经济下行时,中央银行会降低利率。因此,市场利率作为内生变量和政策变量很难区分,中央银行无法准确判断市场利率的变动是实施货币政策的效果还是市场本身推动的结果。货币供应量作为中介指标,优点是其变动与经济发展状况密切相关,货币供应量过多或过少都会引起社会总供求的变化,而且,货币供应量作为内生变量是顺循环的,但作为政策变量是逆循环的。如果经济过热,证明市场货币供应量偏多,中央银行就希望通过货币政策的实施减少货币供应量,因而市场货币量的变化能较好地反映中央银行货币政策实施的效果。但货币可分为 M0、M1、M2 等多个层次,随着社会的不断发展,金融市场创新的不断加强,货币形态也越来越复杂多变,传统的 M2 指标在货币政策传导机制中的有效性正不断减弱,如何优化指标是当前各国中央银行共同面临的一个问题。同时,利率和货币供应量作为中介指标各有利弊,其作用也和各国经济发展状况和金融市场发展程度密切相关,所以中央银行在选取货币政策中介目标的时候,需要根据经验的积累和经济形势的发展需要进行灵活选择。

我国货币政策中介指标和操作指标

1984 年中国人民银行行使中央银行职能后,我国设置的货币政策中介指标主要是现金发行和贷款规模。在当时,贷款规模对于抑制信贷需求,控制货币供应量发挥了重要作用,但随着市场经济的发展,贷款规模的作用在逐步削弱,其弊端也逐步暴露出来。1994 年国务院颁布《关于金融体制改革的决定》,明确规定:"货币政策的中介目标和操作目标是货币供应量、信用总量、同业拆借利率和银行备付金率。"

中央银行货币政策工具、操作指标、中介指标和政策目标共同组成完整的货币政策。中央银行首先运用货币政策工具,影响操作指标,操作指标的变动会引起中介指标的变化,通过中介指标的变化实现最终的货币政策目标,它们之间的关系可用图表示如下:

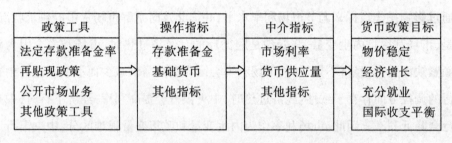

图 17-1

第四节　中央银行货币政策传导机制

货币政策传导机制是中央银行根据货币政策目标,运用货币政策工具作用于操作指标和中介指标,通过金融机构和金融市场传导至企业和居民,对其生产、投资等行为产生影响并最终实现既定政策目标的传导途径与作用机理。货币政策传导机制是否完善,决定着货币政策的实施效果。

关于货币政策的传导机制,不同的经济学家有不同的看法,由此也形成了很多不同的理论观点,归纳起来主要有四种,分别是利率传导理论、信用传导理论、资产价格传导理论和汇率传导理论。利率传导理论是最早的货币政策传导理论,该理论认为,货币政策的作用主要是通过利率这一途径来传导的。其基本路径是:随着货币供应量的增加,市场利率水平会下降,投资会增加,由此带来产出增加、经济增长。信用传导理论认为,货币政策传导过程中即使利率不发生变化,也会通过信用途径来影响国民经济总量。其基本途径是:随着货币供应量的增加,贷款供给会随之增加,投资也随之增加,由此带来产出增加、经济增长。资产价格传导理论认为,引起投资增长的不是利率,是金融资产的价格,认为资产相对价格的变动与经济增长之间有密切的关系。其基本路径是:随着货币供应量的增加,市场利率水平会下降,引起股票等一系列金融资产价格的上升,带动投资增长,带来总产出的增加。汇率传导理论认为,货币政策是通过汇率进行传导的。其基本路径是:货币供应量增加会导致市场利率下降,利率下降会导致资本外流,引起本币汇率下跌,本币贬值会带来净出口的增加,最终拉动经济增长。在四种主要理论中,不少西方经济学者认为利率传导理论仍然是最重要和最有效的货币政策传导途径,特别是当前很多西方国家都以利率取代货币供应量作为货币政策中介指标,使得利率传导作用越来越重要,成为货币政策传导的主渠道,但随着资本市场的快速发展,资产价格的传导作用也不容忽视。

货币政策传导的具体过程一般要经过三个环节,首先从中央银行到商业银行等金融机构和金融市场,再从商业银行等金融机构和金融市场到企业、居民等非金融部门,最后从各个非金融部门到社会各经济变量,包括物价、总产出量、就业等。在整个传导过程中,金融市场起着重要作用。首先,金融市场是中央银行实施货币政策的主要渠道,商业银行等金融机构通过市场了解中央银行的调控意向;其次,市场利率的变化直接影响着企业、居民等非金融部门的投资与消费行为;最后,社会各经济变量的变化也通过市场进行反馈并影响中央银行、各金融机构的行为。

我国货币政策传导机制是从1984年中央银行制度确立以后才正式形成的。1984年以前我国对货币采用的是直接控制的方式,没有独立的货币政策,也就谈不上货币政策传导机制问题。1984年开始,货币政策体系逐渐完善,传导机制日益丰富,先后经历了直接信贷管控、间接型数量调控的方式。但当前我国货币政策传导仍然以信贷渠道为主,这是造成部分企业融资难、融资贵的重要原因,要解决这一问题,关键是进一步加强金融市场的深度与广度,拓宽除银行之外的其他融资渠道,进一步完善货币政策传导机制。

第五节 货币政策和财政政策的配合

　　货币政策和财政政策配合的必要性财政政策和货币政策是政府实施宏观调控的两大重要政策,也是世界各国政府普遍采用的调节经济的手段。货币政策是中央银行通过调节货币供应量或信用量的方式来影响总需求的措施,具体包括信贷政策和利率政策。财政政策是政府通过变动税收和支出来影响总需求的政策,具体包括税收政策和支出政策。

　　财政政策可以从收入和支出两个方面影响总需求。比如,如果加大对个人和企业征税,则会减少个人和企业的收入,导致个人的消费与投资需求减少及企业投资需求减少;如果减少财政支出,则社会消费需求和政府投资需求也会随之紧缩。因此,当需求膨胀,经济过热时,可以采取紧缩的财政政策,具体措施是增加税种、提高税率、同时缩减财政开支。如果需求不足,经济衰退,则可以采取宽松的财政政策,具体措施包括减少税种、降低税率、扩大财政支出。货币政策主要是通过市场货币供应量的伸缩来影响消费需求与投资需求。当社会总需求不足时,可以降低利率,扩大信贷规模,由此降低投资成本,增加投资,带动社会总需求的扩大;当经济过热时,则可以提高利率,收缩信贷,提高投资成本,抑制需求的膨胀。货币政策和财政政策各有特点,各有侧重,又各有一定的局限性。比如,当经济过热,需要抑制总需求时,财政政策的效果就不及货币政策,因为财政支出具有一定的刚性,难以压缩其绝对数量,同时,税率的提高、税种的增加都需要经过一定的法律程序,而且难以通过。但在经济衰退,需要扩张总需求时,财政政策的效果则好于货币政策。因为政府投资的扩张比私人投资要容易得多,投资的增加带动的消费支出及财政保障性支出,社会福利支出的增加对扩大总需求都能起到重要的拉动作用。虽然财政政策能直接扩大社会总需求,但无法"创造"货币,因此单纯使用财政政策,效果不明显。如果施行扩张的财政政策时,货币政策却在压缩货币规模,则会完全抵消财政的扩张效果。因此,要想取得理想的宏观调控效果,财政政策和货币政策一定要配合使用。

货币政策和财政政策配合的模式

货币政策与财政政策的配合有五种模式,即:双松政策、双紧政策、一松一紧政策(紧货币松财政和紧财政松货币)以及中性政策。

双松政策即松的货币政策和松的财政政策。松的货币政策是指通过降低法定准备金率等工具降低利率,增加货币供给,刺激总需求增加;松的财政政策是指通过减少税收和扩大政府支出规模来增加社会总需求。这种政策一般是在经济严重衰退,社会有效需求严重不足,同时生产资源大量闲置的情况下使用,可以有效刺激经济增长,解决失业问题,但控制不好容易引发通货膨胀。

双紧政策即紧的货币政策和紧的财政政策。紧的货币政策是指通过提高法定存款准备金率等政策提高利率,减少货币供应量,降低社会总需求;紧的财政政策,是指通过提高税收、紧缩政府支出来降低总需求。双紧政策适用于经济过热,社会总需求极度膨胀的情况,但控制不好可能会引发经济的衰退。

一松一紧政策是指松的货币政策和紧的财政政策以及松的财政政策和紧的货币政策。在总量基本平衡的情况下,一松一紧的组合可以调整政府和私人部门投资的比例,改善经济结构。松的货币政策可以激励私人部门投资的增长,紧的财政政策可以减少政府的投资和消费需求。因此松货币和紧财政的政策组合适用于政府投资和消费需求过大,但企业投资偏弱的结构性问题,这种政策组合的效应就是在控制通货膨胀的同时,保持适度的经济增长。而松的财政政策可以扩大政府投资和消费,紧的货币政策可以抑制私人部门的投资。因此,双松和双紧的组合是为了解决总量问题,而一松一紧的政策组合主要是为了解决结构问题。

中性政策是指中性的货币政策和中性的财政政策。中性货币政策是指货币数量保持不变,商品相对价格稳定,货币因素不对经济运行产生影响的政策,中性财政政策是指财政收支平衡,财政分配活动不对社会总需求产生影响的政策。

我国货币政策和财政政策的配合

当前我国施行的宏观经济政策仍然是积极财政政策和稳健货币政策。这是我国从 2010 年开始,连续 12 年实施这一政策。

我国积极财政政策不是一种政策类型,既不是扩张性财政政策、紧缩性财政政策,也不是中性财政政策,而是具有中国特色的一种政策措施选择。积极财政政策的主要着力点是扩大政府投资规模,推进税制改革,调整国民收入分配格局,优化财政支出结构,着力推进经济结构调整和发展方式转变,着力提高财政管理绩效,促进经济社会平稳较快发展。所以,我国积极财政政策不仅是经济领域需求侧的调控政策,也是一种社会政策,不仅调节的是需求问题,还有供给问题、结构问题。我国稳健的货币政策是指以币值稳定为目标,根据具体经济发展变化的需求来调整货币供应量,保持适度稳定的货币供应量增长,进行稳健的货币政策操作。当经济出现下行迹象时,货币政策偏向扩张;当经济出现过热苗头时,货币政策倾向紧缩。稳健的货币政策是具有中国特色的一种提法,它既不是"宽松的""紧缩的",也不是"中性的"货币政策,而是更注重制定货币政策的指导思想和方针。我国积极财政政策和稳健货币政策的组合方式,是着眼于我国当前的经济发展环境和状况,目的是防范经济波动的风险,实现更为稳健、更高质量的发展。

第 七 篇
国 际 金 融

▶ 第 十 八 章 ◀

国际收支和国际储备资产

国际金融是因国际交往而产生的货币资金周转和运动的总称,包括国际收支、国际汇兑、国际结算、国际货币体系等一系列范畴。本篇就国际收支、国际储备、国际货币体系这几个问题做简要分析。

第一节　国际收支及国际收支平衡表

国际收支的概念

国际收支有广义和狭义之分。狭义的国际收支是指一定时期内,一个国家或地区在国际经济交往中发生的必须立即结清的外汇收入与支出。广义的国际收支是国际货币基金组织的定义,是指一定时期内,一个国家或地区居民与非居民之间发生的所有经济交易的系统记录。广义的国际收支没有特别强调货币支付,那是因为,现实中一国的对外经济往来未必都会涉及货币的支付,比如国与国之间以实物形式提供的无偿援助和投资等。因此,为了全面反映一国对外经济往来情况,各国均采用国际货币基金组织广义的国际收支概念。理解国际收支的概念应注意把握好以下几点：

1. 国际收支记录的是一国国际经济交易的全部内容。经济交易是经济单位之间涉及价值转移的一种经济活动，一般可以用货币计价。比如金融资产与商品劳务之间的交换，金融资产之间的交换以及无偿的单向的商品和劳务的转移等，国际的经济交易必须发生在居民和非居民之间。居民和非居民可以分为自然人和法人两种。自然人居民是指那些在本国居住时间长达一年以上的个人，但官方外交使节、驻外军事人员等一律是所在国的非居民。法人居民是指在本国从事经济活动的各级政府机构、企业和非营利团体，但是国际性机构，如联合国、国际货币基金组织等是任何国家的非居民。

2. 国际收支反映的是时期数，是一个流量概念。这个时期可以是一个月、一个季度或一年，国际收支反映的是一定时期内国际经济交易的收支变化情况。

3. 国际收支是系统的货币记录。国际收支反映的内容以交易为基础，这些交易既包括涉及货币收支的对外往来，也包括未涉及货币收支的对外往来，未涉及货币收支的往来须折算成货币加以记录。

国际收支平衡表

国际收支平衡表是系统记录一国或地区一定时期内的国际收支状况的统计报表，是国际收支核算的重要工具。通过国际收支平衡表可以了解国际收支平衡状况和储备资产的增减变动情况，为制定外汇政策，进行宏观调控提供依据。国际收支项目众多，为方便各成员国进行编制，并使各国的报表具有可比性，国际货币基金组织编制了《国际收支手册》作为范本。《国际收支手册》第一版于1948年发布，内容仅包括国际收支平衡表标准项目的列示；第二版和第三版分别发布于1950年和1961年发布，第三版中包含了一整套世界各国适用的国际收支原则；1977年第四版发布，详尽地解释了居民、计值和其他会计原则；第五版于1993年正式公布，首次引入国际投资头寸的内容；第六版修订工作从2001年启动，2008年12月国际货币基金组织正式发布了《国际收支和国际投资头寸手册》（第六版），第六版的主要特点是考虑了全球化带来的经济形势变化以及金融和技术创新，强调了国际投资头寸统计的重要性，并提高了数据的国际可比性。目前世界上绝大多数国家和经济体都以国际货币基金组织编制的《国际收支手册》为范本编制国际收支平衡表和国际投资头寸表。

国际收支平衡表按照复式记账的方法,遵循"有借必有贷,借贷必相等"的原则来进行记录。根据这一记账原则要求,对每一笔交易要同时进行借方记录和贷方记录,贷方记录资产的减少、负债的增加;借方记录资产的增加、负债的减少。国际收支平衡表由三大部分构成,即:经常项目、资本与金融项目和平衡项目。

1. 经常项目

经常项目,顾名思义,是一国对外经济交往中经常发生的项目,也是国际收支中最重要的项目。经常项目包括货物贸易、服务贸易(无形贸易)、收益和单方面转移(经常转移)四个子项目。

2. 资本与金融项目

资本和金融项目反映的是资本和金融资产的流出流入。其中资本项目记录的是资本性质的转移和非生产性、非金融性资产的收买或出售。前者主要包括生产设备的无偿转移、投资捐赠和债务注销等;后者主要是无形资产,比如专利、版权、商标等的收买或出售。金融项目记录的是一国对外资产和负债的所有权变动的交易。包括直接投资、证券投资、和其他投资三项。

3. 平衡项目

平衡项目,顾名思义,是指为了使国际收支平衡表保持平衡,也就是为了使国际收支平衡表总差额为零而设置的项目。平衡项目包括储备资产、净误差与遗漏两项。储备资产包括黄金储备、外汇储备、特别提款权,在国际货币基金组织的储备头寸。一国在一定时期的国际收支不平衡时,可以通过动用储备资产来解决。当一国国际收支平衡表中的其他项目处于顺差状态时,表示储备资产增加,记入借方;反之,国际收支平衡表中的其他项目处于逆差状态时,表示储备资产减少,记入贷方。理论上讲,国际收支平衡表按照复式记账原理编制,其结果总是平衡的,但是,储备资产的实际变动数额往往和收支缺口并不统一;也就是说,经过增减储备资产,国际收支平衡表的总差额仍然无法为零,达到平衡的状态。这是由于国际收支统计过程中资料来源渠道复杂、统计口径不一、资料不全,加上计算错误或统计不及时,会造成一定的误差,因而特别设立了"错误与遗漏"项目来人为轧平国际收支平衡表的借贷方总额,使国际收支平衡表保持平衡。

以下是我国 2020 年的国际收支平衡表。

表 18-1　2020 年中国国际收支平衡表(概览表)①

项　　目	行次	亿元	亿美元	亿 SDR
1.经常账户	1	18,709	2,740	1,944
贷方	2	207,187	30,117	21,658
借方	3	−188,478	−27,377	−19,715
1. A 货物和服务	4	25,267	3,697	2,629
贷方	5	187,926	27.324	19,651
借方	6	−162,659	−23,627	−17,021
1. A.a 货物	7	35,311	5,150	3,681
贷方	8	171,737	24,972	17,956
借方	9	−136,426	−19,822	−14,275
1. A.b 服务	10	−10,044	−1,453	−1,052
贷方	11	16,189	2,352	1,695
借方	12	−26,233	−3,805	−2,746
1. B 初次收入	13	−7,204	−1,052	−753
贷方	14	16,673	2,417	1,736
借方	15	−23.876	−3,469	−2,490
1. C 二次收入	16	645	95	68
贷方	17	2,588	376	271
借方	18	−1,943	−281	−203
2. 资本和金融账户	19	−7,266	−1,058	−751
2.1 资本账户	20	−6	−1	−1
贷方	21	11	2	1
借方	22	−17	−2	−2
2.2 金融账户	23	−7,260	−1,058	−751
资产	24	−42,918	−6,263	−4,477
负债	25	35,657	5,206	3,726
2.2.1 非储备性质的金融账户	26	−5.383	−778	−558
2.2.1.1 直接投资	27	6,938	1,026	730
资产	28	−7,572	−1,099	−790
负债	29	14,510	2,125	1,521
2.2.1.2 证券投资	30	5,912	873	608
资产	31	−11,472	−1,673	−1,206

---

①　资料来源:中华人民共和国中央人民政府 http://www.gov.cn/xinwen/2021−03/26/content_5596091.htm

项　　目	行次	亿元	亿美元	亿SDR
负债	32	17,384	2,547	1,814
2.2.1.3 金融衍生工具	33	−800	−114	−83
资产	34	−490	−69	−51
负债	35	−310	−45	−32
2.2.1.4 其他投资	36	−17,433	−2,562	−1,813
资产	37	−21,506	−3,142	−2,236
负债	38	4,073	579	424
2.2.2 储备资产	39	−1,878	−280	−193
3.净误差与遗漏	40	−11,443	−1,681	−1,192

注:1. 根据《国际收支和国际投资头寸手册》(第六版)编制,资本和金融账户中包含储备资产。

2. "贷方"按正值列示,"借方"按负值列示,差额等于"贷方"加上"借方",除标注"贷方"和"借方"项目外,其他项目均指差额。

3. 计数采用四舍五入原则。

第二节　国际收支失衡与调节

国际收支失衡的判断

由于国际收支平衡表是按复式记账原理编制的,总差额都是零,因此就表上来看,国际收支总是平衡的,但这种平衡只是会计意义上的平衡,不是真正的平衡。那么到底该如何判断一国国际收支状况呢? 国际上通行的办法是看其国际收支平衡表上自主性交易的差额是否为零。如果自主性交易收支能大体相抵,则可以认为国际收支是平衡的;如果必须以调节性交易来弥补差额才能达到平衡,则为国际收支失衡。自主性交易又称事前交易,是指各经济主体出于自身经济利益的动机而进行的交易,主要包括经常项目和资本与金融项目中的交易,如商品和服务的输出入、政府和私人的转移收支、购买外国证券或在国外直接投资等。调节性交易又称事后交易,是在自主性交易收支不平衡之后,为轧平平衡表上的差额而进行的弥补性交易,如动用国际储备,借入资金等。将经常账户差额与资本和金融账户差额进行合并,或者把国际收支账户中的官方储备与错误和遗漏剔除以后所得的余额,称为国际收支综合差额,即自主性交易的差额。它是全面衡量一国国际收支状况的指标。如果综合差额为正,则为顺差;如果综合差额为负,则为逆差;如果综合差额为零,则称国际收支平衡。现实中,各国的国际收支都会经常出现不平衡,即顺差或逆差。

国际收支失衡的原因

对于每个国家来说,国际收支失衡都是常态,引起国际收支失衡的原因也是多方面的。主要包括经济发展所处阶段、货币性因素、经济结构的制约和其他的偶发性因素等。比如,如果一国处于经济发展繁荣时期,对生产资料的需求会大大增加,进口会大幅度上升,造成经常项目的逆差;但随着经济的增长,产能的扩大,出口也会随之大幅度提升,最终改善国际收支状况。货币性因素包括货币对内价值和对外价值的变化。一国若发生通货膨胀,货币对内贬值,在汇率不变的情况下,出口产品成本随之提高,出口竞争力下降,出口减少,而进口产品相对便宜,进口会增加,从而导致国际收支逆差的出现。如果一国货币对外贬值,则本国货币汇率下跌,出口产品价格相对较低,进口商品价格较高,会带来出口的增加,进口的减少,造成国际收支顺差。由于各国具体的地理环境,技术水平,资源环境的差异,会形成不同的产业布局和产品结构,当国际市场对商品和劳务的需求发生变化,而本国不能及时有效调整其生产结构时,也会引起国际收支失衡。偶发性因素是指一些人为的或自然的突发事件,比如,自然灾害,政变等。除了上述因素外,国际资本流动等因素也会对一国国际收支产生影响,但一国顺差或逆差都不是单一因素的作用,而是上述这些因素相互叠加,相互作用、互相抵冲的结果。

国际收支失衡对一国经济的影响

当一国国际收支持续大量逆差时,首先会消耗该国的国际储备。严重时可能使本国入不敷出,发生债务危机,损害该国在国际上的信誉和地位。其次,大量逆差会导致该国外汇供不应求,引起外汇汇率上升,本币汇率下跌。如果下跌幅度过大,则会损害本币的国际地位,引起资本外逃。再次,大量逆差导致的外汇缺乏会影响本国经济发展所必需的生产物资的进口,动摇国民经济发展的基础,影响经济的进一步发展。

当一国国际收支发生顺差时,外汇储备大量盈余,国力不断增强,表面上看似乎是好事,但长期的大量国际收支顺差也会损害一国经济的正常发展。首先,大量顺差使市场上外汇供大于求,外汇汇率下跌,本币汇率上升,对出口造成不利的影响。另外,还会引起大量国际投机性资本的流入,冲击本国金融市场。其次,大量的外汇流入迫使中央银行释放本币进行对冲,增加了本币的投放,容易引发通货膨胀。再次,大量的顺差导致的外汇储备盈余,从某种程度上来说是一种资源的浪费。所以,一国国际收支持续不平衡时,无论是顺差还是逆差,都会给该国经济带来危害,必须采取相应的手段进行调节。

国际收支失衡的调节

在国际金本位制度下,价格—铸币流动机制使国际收支自动实现平衡。在纸币流通条件下,因为受到各方面因素的影响和制约,国际收支自动调节机制往往难以有效发挥作用,因此必须进行人为调节。具体的调节手段一般可分三类,分别是经济手段、行政手段和国际经济合作。

经济手段有调节利率、调节汇率及实施财政政策等方式。比如,当一国出现国际收支逆差时,央行可以提高利率,吸引资本流入,通过资本项目的盈余来缓解国际收支的逆差;出现顺差时,则采用降低利率的方式。如果使用汇率手段,则在出现逆差时在外汇市场上大量抛售本币,使本币汇率下跌,以刺激出口,抑制进口,改善国际收支;反之,则提高本币汇率,以刺激进口,抑制出口。财政政策是通过扩大或缩小财政开支,降低或提高税率的方法,通过宏观经济的扩张和紧缩的方式来影响国际收支。当国际收支出现逆差时,可以采取紧缩的措施,促使本国物价下跌,以刺激出口,抑制进口,改善国际收支;当国际收支出现顺差时则反之。

行政手段调节包括直接实行外汇管制、外贸管制、给予出口商品补贴等方式。外汇管制主要是对用汇加以严格限制,对外汇收入强制结汇;外贸管制则包括实行进出口许可证制度等。

国际经济合作也是改善国际收支的重要方法,特别是在经济全球化日益深化的今天,通过合作解决问题,实现贸易上的共赢,显得尤为重要。国际经济合作有很多方式,如扩大国际性的信贷安排(包括政府之间的互惠信贷,国际金融组织的贷款等)、开展国际磋商对话、扩大贸易自由,协调彼此经济政策等。

第三节　国际储备资产

国际储备资产又称国际储备或官方储备,是指一国中央银行持有的可用于国际支付和维持本国汇率稳定的国际普遍接受的资产。国际储备的数量体现了一国的国际清偿能力,也是一国经济实力的重要体现。国际储备资产有三个重要的特征:可得性、流动性和普遍接受性。可得性是指这类资产必须可以被一国中央银行无条件获得;流动性是指可以随时用于偿付;普遍接受性是指必须得到国际上普遍认可。黄金、外汇、特别提款权和普通提款权是国际储备资产的四种主要形态。

作为国际储备的黄金是指货币性黄金,区别于工业用金和民间所持有的黄金。黄金自古就是财富的象征,历史上长期充当着货币的角色。虽然《牙买加协议》之后,黄金被排除在货币体系之外,但黄金至今仍然是一种没有国界的、能得到国际普遍认可的资产,对一国弥补国际收支赤逆差,维持经济稳定,应对通货膨胀、提高国际资信等都具有重要作用,特别是在局势动荡时,黄金的重要作用越发突出,因而黄金也是一种战备资源,是国家战略储备的主体。黄金的这种作用无论在发达国家还是在发展中国家都相当显著,目前许多国家的国际储备中,黄金都占有一定的份额。迄今为止,美国的黄金储量仍处于全球第一位,为 8133.5 吨,约占全球黄金总储备的 23%;截至 2021 年上半年,我国官方黄金储备 6264 万盎司,折合约 1775.8 吨,处于世界第六位。需要指出的是,在一国官方储备中,黄金储备也不是越多越好,因为黄金没有利息收入,且市场价格波动频繁,从长期来看,其收益率基本为零,过高的黄金储备量会导致央行的持有成本增加。

外汇储备是一国中央银行所持有的用于弥补国际收支逆差,维持汇率稳定的对外流动性资产,它不仅包括外汇现钞,也包括在国外的短期存款及一些外国的有价证券等。外汇储备的来源是对外贸易顺差和资本流入。外汇储备不仅可以用于对外进行偿付,弥补贸易逆差,也是本币汇率出现波动时干预外汇市场,保持汇率稳定不可缺少的外汇资产。同时,外汇储备的多寡也是一国实力的象征,充足的外汇储备可以增强一国在国际上的地位和信誉,对于开展对外贸易,吸引外商投资都有重要作用。截至 2021 年 9 月末,我国外汇储备规模为 32006 亿美元,居全球第一位。但是外汇储备同样也不是越多越好。外汇储备首先会面临着巨大的外汇风险,若外币贬值,则意味着外汇储备大量缩水;其次,大量的外汇储备会增加基础货币的投放,带来通货膨胀的隐患;最后,大量的外汇储备还会带来本币升值的压力,对一国的对外贸易造成不利的影响。

特别提款权(SDR),也称纸黄金,是国际货币基金组织根据会员国认缴的份额分配的,可用于偿还国际货币基金组织债务和弥补会员国政府之间国际收支逆差的一种账面资产。1969 年,国际货币基金组织首次发行 SDR,把它作为美元以外的国际支付手段的补充,发行的目的是维持布雷顿森林体系的运转。所以,SDR 最初发行时是与美元等值的,每一单位等于 0.888671 克黄金。布雷顿森林体系解体后,SDR 开始由一篮子货币定值。2016 年,人民币纳入 SDR 货币篮子。现在 SDR 的价值是由美元、欧元、人民币、日元、英镑这五种货币组成的一篮子货币的当期汇率确定,所占权重分别为 41.73%、30.93%、10.92%、8.33% 和 8.09%。特别提款权不是真正的货币,只是一种记账单位,其用途也有限,只能用于会员国之间债权债务的偿付。另外,SDR 只能在国际货币基金组织成员国政府之间发挥其计价结算作用,私人企业不能持有和使用,但这并不妨碍它成为国际储备的一种形式,因为是国际货币基金组织原有的普通提款权以外的一种补充,所以称为特别提款权。

普通提款权又称为在国际货币基金组织的储备头寸,其数额的大小取决于该会员国在国际货币基金组织认缴的份额。按照 IMF 规定,认缴的份额 25% 必须以黄金或可兑换货币缴纳,其余 75% 须以本国货币缴纳。当成员国发生国际收支困难时,可以向国际货币基金组织申请贷款,贷款方式为会员国以本国货币向国际货币基金组织购买外汇,称为提款。所以,普通提款权其实是一种申请外汇贷款的权利。贷款的最高限额为所缴纳份额的125%，最低为0。在规定期限内成员国必须用外汇买回本国货币。所以，特别提款权和普通提款权虽然都是国际储备资产的组成部分，但是两者在性质上有很大的不同。特别提款权是国际货币基金组织根据份额分配给会员国的一种资产，会员国可以自由支配和使用的；而普通提款权是国际货币基金组织给予会员国的一种贷款，是需要偿还的，而且额度也有限制。

▶ 第 十 九 章 ◀

国际货币体系及其演变

第一节　国际货币体系及其变迁

国际货币体系的概念

国际货币体系又称国际货币制度,是各国为适应国际贸易和国际结算的需要,根据国际惯例、协定和规章制度等,对国际货币关系所做的一系列安排。国际货币体系的主要内容包括:(1)汇率制度的确定。包括各国货币比价如何确定、汇率波动幅度的规定及汇率调整的方法等。(2)货币的兑换性的规定。包括本国货币能否自由兑换以及是否限制对外支付等。(3)国际储备资产的确定。包括规定哪些货币或资产可以成为储备资产等。(4)国际收支的调节方式。包括发生逆差或顺差时可以采取哪些方式进行调节,各国应当承担的责任。(5)确定有关国际金融事务的协调机制。建立国际货币制度的目的是促进各国经济政策的协调,最大程度使汇率保持稳定,更好地开展国际贸易,促使整个世界经济稳定有序地发展。

国际货币体系的变迁

人类社会的发展变化也带来了国际货币体系的不断变迁,从 19 世纪末开始至今,国际货币体系主要经历了三种类型的演变,分别是 1880 年到 1914 年的国际金本位制度、1944 年到 1973 年的布雷顿森林体系和 1976 年确立至今的牙买加体系。其中,1918 至 1939 年是国际金本位制度的恢复时期,1973 至 1976 年是向浮动汇率制度过渡的时期。

国际金本位制

国际金本位制度是以黄金作为本位币和国际储备资产的货币制度,是世界上最早的国际货币制度,大约形成于 1880 年,到 1914 年第一次世界大战爆发时结束。国际金本位制度是在西方主要资本主义国家都实行金本位制度的基础上自发形成的。英国于 1821 年前后采用了金本位制度,是世界上最早实行金本位制的国家。19 世纪 70 年,资本主义国家普遍实行了金本位制,黄金在国际的支付原则、结算制度与运动规律得以统一,国际金本位制由此形成。由于金本位制具有自由铸造、自由兑换、自由输入输出的特点,因此金本位制度下,各国国内一般流通银行券,国际贸易则使用黄金这种无国界的货币。国际金本位制度又可以具体细分为金币本位制、金块本位制和金汇兑本位制。金币本位制是典型的金本位制度,而后两者是削弱了的、没有金币流通的金本位制度。通常所讲的国际金本位制度是指金币本位制。国际金本位制有三个重要的特点:一是黄金充当国际货币,可以自由输出入;二是各国货币之间的汇率由它们各自的含金量决定;三是国际收支可以实现自动调节。

金本位制下,由于黄金可以自由输出入,汇率波动被限定在一定的范围之内,国际收支也可以自动调节,为各国经济的发展和国际贸易的扩大提供了良好的条件。但是,由于金本位之下货币的发行受制于黄金,当一国出现国际收支逆差时,大量黄金的外流往往使国内陷入经济紧缩,生产停滞、工人失业的困境,这就进一步加剧了资本主义国家之间经济发展的不平衡。截至 1913 年底,英、法、美、德、俄五国占有世界黄金存量的 2/3,绝大部分黄金被少数强国所占有,削弱了其他国家货币制度的基础。经济发展的不平衡,权利划分的不对等,使得资本主义国家之间的矛盾日益激化,最终导致了第一次世界大战的爆发。各国为了扩军备战,纷纷限制黄金外流,并在国内大量发行银行券,停止银行券兑换黄金。由此,维持国际金币本位制的一些必要条件遭到破坏,国际金币本位制宣告结束。

第一次世界大战结束以后,到1929年资本主义世界经济大危机之前,主要资本主义国家的经济都先后恢复到大战前的水平,各国都希望恢复金本位制。但是,黄金储量有限,远远赶不上整个世界经济发展的需要,加上各国经济发展水平不一,原来的金币本位制度难以恢复。1922年,在意大利热那亚召开了经济与金融会议,讨论重建国际货币体系问题,热那亚会议之后,除美国仍实行金币本位制,英国和法国实行金块本位制这种与黄金直接挂钩的货币制度外,其他欧洲国家的货币均实行金汇兑本位制,与黄金间接挂钩。1925年,国际金汇兑本位制正式建立起来,但在随之而来的1929—1933年的世界性经济大危机的冲击下,也逐渐土崩瓦解。

第二节　布雷顿森林体系及其崩溃

布雷顿森立体系的建立

第二次世界大战后期,为了使各国在战后更快恢复经济,美英两国开始着手草拟战后经济重建计划。其中一项重要的内容就是筹建新的国际货币体系。出于本国利益的考虑,美、英两国政府分别提出了"怀特计划"和"凯恩斯计划"。"凯恩斯计划"主张建立国际清算同盟,创设一种以30种有代表性的商品为定值基础,并与黄金挂钩的超主权的国际货币单位,主张削弱黄金的作用并实行浮动汇率制度,很显然,这对因二战而造成巨额国际收支逆差的英国较为有利。"怀特计划"则主张设立一个以黄金为基础,与美元直接挂钩的国际货币单位,强调黄金的作用并实行固定汇率制度,这显然对拥有大量黄金储备的美国占据国际金融领导地位十分有利。两国争执不下,但美国在第二次世界大战后综合实力大增,最终凭借着全球四分之三的黄金储备和强大的军事实力,战胜了"凯恩斯计划",使"怀特计划"成为新的国际货币体系的基础。1944 年 7 月,44 个国家在美国新罕布什尔州的布雷顿森林召开了国际金融会议,会议通过了以"怀特计划"为基础的《国际货币基金协定》和《国际复兴开发银行协定》,总称为《布雷顿森林协定》,布雷顿森林体系由此确定。布雷顿森林体系的主要内容有:(1)美元与黄金挂钩。即规定 35 美元兑换一盎司黄金(一美元的含金量为 0.888671 克黄金)。各国政府或中央银行可按这一官价随时用美元向美国中央银行兑换黄金。(2)其他国家货币与美元挂钩。其他国家政府先规定本国货币的含金量,用本国货币和美元的含金量之比确定同美元的汇率。(3)实行可调整的固定汇率制度。各国货币对美元的汇率一经确定以后,就只能在上下 1% 的幅度内波动,若市场汇率波动超过 1%,则必须在外汇市场上进行干预。(4)规定各国货币的兑换性和国际支付结算原则。即不得对经常项目下的用汇进行管制。(5)确定国际储备资产。由于美元取得了等同黄金的地位,因而成为各国外汇储备中最主要的国际储备货币。(6)规定国际收支的调节方式。即会员国发生国际收支逆差时,可以向基金组织贷款进行偿还。其中,"美元与黄金挂钩""其他国家货币和美元挂钩"被称为"双挂钩"制度,这是布雷顿森林体系的两个重要支柱。此外,"布雷顿森林体系"还组建了国际货币基金组织和世界银行两大国际金融机构。前者负责国际货币体系的稳定,后者负责促进成员国经济复苏。布雷顿森林体系实质上是一种是以美元为中心的金汇兑本位制,这一制度最大的贡献是重新确立了固定汇率制度,结束了一战以后混乱不堪的国际金融秩序。同时,美元作为储备货币和国际清偿手段,弥补了黄金的不足,适应了经济增长对货币的需求,为二战后国际贸易的扩大和世界各国经济恢复创造了良好的条件。

布雷顿森林体系的基本缺陷

布雷顿森林体系虽然解决了战后各国经济发展的一些问题,但并非完美无缺。事实上,这一体系本身就存在着重大缺陷,即美元既是主权国家的货币,同时又是和黄金挂钩的唯一的世界货币的矛盾。美元的双重身份决定了其发行既受美国货币政策的影响,又受到黄金的牵制。作为唯一的国际支付手段,美元必须满足世界经济增长对货币的需求,因此,美元的供给应当随着经济的发展而不断增长,而美国黄金的储量是有限的,远远赶不上世界经济发展的需要,这就使美元陷入两难的境地:为了满足世界各国对支付手段的需求,就必须不断增发美元,但这会导致美元同黄金的兑换性日益难以维持,美元若维持其和黄金的比价,全世界的经济发展就会缺乏支付手段。这就是 1960 年美国经济学家罗伯特.特里芬在《黄金与美元危机——自由兑换的未来》一书中提出的"特里芬难题",这一内在缺陷,是布雷顿森林体系崩溃的根本原因。

布雷顿森林体系的崩溃

布雷顿森林体系崩溃的直接原因是美元危机。1950 年,美国发动朝鲜战争,60 年代中期,美国又卷入越南战争,导致国际收支连年逆差,黄金储备急剧减少,严重动摇了美元的信誉,从 60 年代开始,美元危机不断爆发。1960 年,第一次美元危机爆发,1968 年第二次美元危机爆发,到 1971 年,美国的黄金储备(102.1 亿美元)仅是它对外流动负债(678 亿美元)的 15.06%。此时美国已完全丧失了承担美元对外兑换黄金的能力。1971 年 5 月,第三次美元危机爆发,欧洲市场再次掀起大规模抛售美元的风潮,美元价格暴跌。同年 8 月 15 日,美国政府宣布,停止外国中央银行用美元按黄金官价向美国兑换黄金,布雷顿森林体系的这一个重要支柱轰然倒塌。为了挽救这一摇摇欲坠的体系,同年 12 月 17、18 日,十国集团(比、加、法、德、意、日、荷、瑞典、英、美)在华盛顿举行秘密谈判,达成调整货币比价的协议,将黄金官价从 1 盎司 35 美元提高到 38 美元,美元贬值 7.89%,其他国家货币对美元不同程度地升值,各国货币对美元汇率的波动幅度从上下各 1%扩大到 2.25%,史称《史密森协定》。但该协定并未消除对美元的信任危机,也未能阻止美国国际收支的恶化。1972 年下半年开始,美国国际收支状况继续恶化,人们对美元的信用彻底失去了信心,第四次美元危机爆发,美元进一步贬值。在这种情况下,1973 年 2 月西方国家经过磋商达成协议,取消本币对美元的固定比价,宣布实行浮动汇率制。到 1973 年 3 月,西方主要国家都先后实行浮动汇率,《史密森协定》随之失效,布雷顿森林体系的另一支柱也彻底坍塌,宣告这一体系的崩溃。布雷顿森林体系崩溃以后,国际货币基金组织和世界银行作为重要的国际组织仍得以存在,并发挥重要作用。

牙买加体系的建立

布雷顿森林体系崩溃以后,国际货币体系再次陷入混乱状态,国际货币基金组织及各成员国都在竭力寻找国际货币制度改革的新方案。1976年1月,国际货币基金组织在牙买加首都金斯敦举行会议,通过了修改《国际货币基金组织协定》的协议,即《牙买加协定》。1978年4月,《牙买加协定》正式生效,标志着布雷顿森林体系彻底退出历史舞台,也标志着新的国际货币体系——牙买加体系的诞生。

牙买加协议的主要内容包括以下几个方面:(1)汇率可以自由浮动。承认浮动汇率合法,成员国可自由选择使用固定汇率或浮动汇率。(2)推行黄金非货币化。黄金退出国际货币体系,在各国的汇率决定过程中,黄金不再发挥作用,也不再作为支付手段来平衡国际收支逆差。(3)提高特别提款权的国际储备地位。扩大其在IMF一般业务中的使用范围。(4)增加并调整成员国的基金份额。(5)扩大对发展中国家的资金融通。扩大信贷额度,增加对发展中国家的投资。

与布雷顿森林体系相比,牙买加体系有三个重要特点,那就是:国际储备多元化、汇率制度多样化和国际收支调节灵活化。国际储备货币多元化是指可供一国选择的国际储备不单只是美元,还可以是黄金、日元、英镑等国际性货币以及普通提款权、特别提款权;尽管如此,美元仍是各国外汇储备的主要组成部分。汇率制度多样化是指浮动汇率制度广泛实行,各国可以采取不同的浮动形式,比如联合浮动、单独浮动或钉住浮动。国际收支调节灵活化是指国际收支的调节可以采取各种不同的方法,比如汇率政策、利率政策或资金融通等多种手段。

牙买加体系实际上是布雷顿体系崩溃以后,适应当时国际经济交往的需要而自发形成的一种制度,因此它具有一定的积极作用。首先,多元化的储备结构在一定程度上解决了国际储备货币不足的问题,摆脱了以一个主权国家的货币作为唯一国际储备货币的困境。其次,多样化的汇率制度适应了各国经济发展的差异性,有助于各国灵活选择各自的宏观经济政策。再次,国际收支调节方式多样化,有利于各国及时有效地解决国际收支平衡问题。但是,随着时间的推移,国际经济关系日益复杂多变,牙买加体系也暴露出越来越多的问题:比如,汇率波动过于频繁剧烈,增加了外汇风险,影响了正常的国际贸易和投资活动,同时给国际游资提供了更多的机会,造成金融市场的不稳定。牙买加体系下,金融危机发生的频率明显增加,造成的影响也越发深远,如 1977 年—1978 年的西方货币危机,1997 年的亚洲金融危机。同时,美元仍然是国际贸易中的主要结算货币,各自为政的多样化的国际收支调节方式没有任何约束和监督机制,使得全球性的国际收支失衡问题仍然很严重,成为全球金融危机的另一重要原因,如 2008 年的美国金融危机。因此,现有的国际货币体系仍然是一种不健全的体系,需要进行彻底的改革。

第三节 现行国际货币体系的改革

牙买加体系建立后频频发生的局部或全球性的金融危机,早已引起世界各国的关注,关于国际货币体系改革的思考从未停歇过。2008 年全球金融大危机爆发后,改革现行国际货币体系的呼声愈发强烈。目前,改革的方案大致有四种:恢复金本位制、创立一种超主权的货币、在现有体系的基础上进行改革和建立区域性货币联盟。

一是恢复金本位制。早在 2010 年,世界银行行长佐利克就提出把人民币引入国际货币体系和用黄金作为判断是否出现通货膨胀和通货紧缩以及未来货币币值的参考基准的设想。这个构想很快被《金融时报》称为"改良"版的国际金本位制并引起众多专家学者的讨论。美国经济学家伯恩斯坦认为佐利克的观点很有意义,但实际上没有可操作性,因为现实条件下,恢复金本位制要受到各种因素制约,比如,很多发展中国家黄金储备极少,无法提供足够的货币稳定的基础;另外,世界黄金的产量有限,永远跟不上世界经济增长对货币黄金的需求,会导致世界经济因缺乏支付手段而陷入通货紧缩的境地。而当一国出现国际收支赤字时,会因为黄金外流,货币紧缩,而引起生产停滞和经济衰退;同时,所有的国家都无法通过货币政策来调节宏观经济。因此,恢复传统的金本位制显然不可行。但佐利克的观点应该不是简单复制原有的金本位体制,他的目的其实是想强调多元化的以及像金本位制下一样稳定的国际货币体系架构。

二是创造一种与主权国家脱钩的超主权储备货币,并由一个全球性金融机构进行管理。其实早在20世纪40年代,英国经济学家凯恩斯就提出了超主权储备货币的主张,可惜没能实施。超主权储备货币可以从根本上解决特里芬难题,有效避免全球性国际收支失衡问题,还可以在铸币税上兼顾各国的利益。同时,由一个独立的全球性金融机构管理国际储备货币,将使全球流动性的创造更为合理,调节更为有效。这是国际货币体系改革的理想目标。但实施起来较为困难,因为它与各主权国家的利益密切相关,如何协调好各国之间的利益,取得各国意见的高度统一,是首先要面临的问题。特别是美国,是否愿意放弃现有的既得利益,是个大大的问号。客观现实决定了这个理想的改革方案只能是个远期的愿景。但是,目前可以首先做到的是提高特别提款权的地位和作用。特别提款权是国际货币基金组织创设的一种超主权的账面资产,具有超主权储备货币的特征和潜力,但目前由于使用范围有限,分配机制不完善,其作用并没有得到充分发挥。但如果能推动其在分配方式、使用范围,定值及发行方式等方面的改革,SDR无疑是国际货币体系改革的方向和希望。

三是在现有体系的基础上进行改革。在各种方案都缺乏短期内操作的可行性的情况下,对现行国际货币体系进行适当调整和改革也许是最好的办法。主要方法是推行国际储备多极化,形成美元、欧元与人民币三足鼎立,共同充当全球储备货币的格局。欧元发行至今,影响力逐渐增大,已经开始逐渐改变美元在国际货币体系的霸权地位。人民币也已经成为SDR的篮子货币,随着人民币国际化进程的加快,其对世界经济、贸易、流通的影响力也会不断增强。因此,形成美元、欧元与人民币三足鼎立的局面并非遥遥无期。这种多极化的国际货币体系最显著的优点是在美元、欧元和人民币之间形成一种竞争机制,任何一国滥发货币都会遭到市场的驱逐,从而使储备货币发行国在制订本国货币政策时,兼顾全球经济对流动性的实际需求。但这一体系也存在着不稳定性,比如,某一储备货币贬值,可能会造成另两种储备货币的升值,从而影响储备国的经济发展。

四是建立区域性货币联盟。加强区域性货币政策合作也是避免现有国际货币体系缺陷的有效方式。欧元的发行证明区域性货币联盟的建立是可行的。可以在经济发展水平和通货膨胀较为接近、经济政策较为协调,商品、劳动力和资本可以实现较自由流动的地区或国家之间建立区域性货币联盟。货币区内各国货币实行固定汇率安排,以保持货币区内各国货币币值的稳定,对外则实行整体的浮动;货币区内选用某一国家的货币作为主要交易货币,以减少对美元的依赖。这种方案也能在一定程度上解决汇率不稳定及国际收支失衡等问题。

　　总之,上述各个改革方案,各有特点。回到原始的金本位制度下,基本不可能,创造超主权货币是个远期目标,对现有货币体系进行改革是目前较为现实的选择。同时,建立区域货币联盟也是克服现有国际货币体系缺陷的有效途径。

第 八 篇
金融危机与金融监管

第 二 十 章

金融危机

第一节　金融危机的原因

　　金融危机是指一个国家或几个国家与地区的全部或大部分金融指标(比如利率、汇率、证券价格、房地产价格等)短期出现急剧恶化的现象。金融危机通常伴随着大面积的资产价格崩盘,如股票、债券、外汇、房地产等价格的全面暴跌,就像被龙卷风袭击过一样,所以又称为金融风暴。根据引发金融危机的具体原因,金融危机又可分为货币危机、银行危机、股市危机、债务危机和系统性金融危机。货币危机通常是指来自外汇市场的冲击导致本国货币汇率大幅度下跌。银行业危机是指银行业的大面积破产或无法兑付存款人的提款。股市危机表现为股市的崩盘。债务危机是指一国无法偿还其外债本息。系统性金融危机是指货币危机、银行业危机、股市危机等的同时发生而引发的全面的金融危机。

　　通常认为,金融危机的爆发是因为金融的脆弱性。当金融脆弱性加剧时,金融体系因无法再将闲置资金融通给需要资金的生产者而停止运转,金融危机爆发。金融脆弱性有广义和狭义之分。狭义的金融脆弱性是指银行业高负债经营的特点,导致其容易遭受损失的状况。广义的金融脆弱性则泛指一切融资领域中的风险积聚而导致其易受损失的状况,包括银行信贷融资和金融市场融资。通常我们讲的金融脆弱性都是广义范畴的,又简称为"金融脆弱"。对金融脆弱性的研究,一般分为通过银行运作的信贷市场上的脆弱性和金融市场上的脆弱性两个角度。银行信贷的脆弱性根源在于信贷资金使用与偿还在时间上的分离,这种时空的间隔带来了来自借款人和市场的双重不确定性;金融市场上的脆弱性主要来自资产价格的波动性及波动的联动效应。这些都来源于信息不对称导致的道德风险和逆向选择,是金融脆弱性之源。

第二节　全球较大影响的金融危机

金融危机在资本主义发展早期就已经出现。影响比较大的有 17 世纪荷兰的"郁金香泡沫"、18 世纪英国的"南海泡沫"和法国的"密西西比泡沫"。"郁金香泡沫"发生在 17 世纪的荷兰,是人类历史上第一次有记载的金融泡沫和最早的投机活动。郁金香原产于小亚细亚,16 世纪末传入荷兰。刚开始引种时,由于数量非常有限,因此价格极其昂贵。1634 年开始,郁金香的市场需求量逐渐上升,一些机敏的投机商就开始大量囤积郁金香球茎,并制造舆论,鼓吹郁金香球茎价格会不断上涨,诱导人们竞相抢购郁金香球茎。很快,炒卖郁金香的活动逐渐蔓延为荷兰的全民运动。在 1636 年 12 月到 1637 年 1 月之间,所有品种的郁金香价格全线上升,短短的一个多月期间内,郁金香的价格被抬高了十几倍,甚至几十倍、几百倍。一株名为"永远的奥古斯都"的郁金香售价高达 6700 荷兰盾,这笔钱足以买下阿姆斯特丹运河边的一幢豪宅,而当时荷兰人的平均年收入只有 150 荷兰盾。但郁金香泡沫只维持了一个冬天,1637年2月,郁金香泡沫破灭,市场一片混乱,价格急剧下降,成千上万的人因此倾家荡产。这次投机事件也给荷兰造成了相当大的打击,荷兰的经济一时陷于瘫痪。"南海泡沫"发生在17世纪末到18世纪初的英国,是在"南海公司"股价飞涨的效应下催生的全英股票市场的泡沫事件。当时英国的市场上集聚了大量的私人资本,但股票发行量极少,投资机会严重不足。而"南海公司"由于拥有英国政府给予的一些特殊政策,可以不受限制地和南海(南美洲)开展贸易往来,因而其前景被市场看好,股票受到众多投资者追捧,价格从1720年1月的每股128英镑上升到7月份的每股1000英镑以上,6个月涨幅高达700%。在南海公司股票上涨的示范效应下,英国一下子出现了数以百计的股份公司,其中大部分是通过发布虚假消息,以达到圈钱的目的。但是投资者被不断上涨的股票价格冲昏了头脑,浑然不觉,盲目追捧,导致全英国股票市场价格全面上涨,平均涨幅超过5倍。1720年6月,为了制止各类"泡沫公司"的膨胀,英国国会通过了《泡沫法案》,解散了很多不合规的公司。南海公司亦受到牵连,成为被投资者怀疑的对象,股价开始暴跌,"南海泡沫"由此破灭,数以千计股民血本无归。此后,投资者对股票交易开始心存恐惧,一直到一百多年以后,英国股票市场才走出"南海泡沫"的阴影。"密西西比泡沫"是指法国密西西比公司1719年至1720年的股市泡沫事件。1717年,法国密西西比公司正式成立,开始发售股票。因这家公司拥有密西西比河流域及路易斯安那省等区域的专属贸易权,因而人们都看好其未来的盈利,踏破门槛也要买到其股票。1719年,密西西比公司再次获得东印度、中国,以及南海等地的专属贸易权,并更名为法国东印度公司,蒸蒸日上的法国东印度公司的股票变得一股难求,股票每天的波动达到100%~200%。而大量的投机活动必然需要货币的支持,于是,只要密西西比公司发行股票,皇家银行就跟着配套发行货币,每次增发股票都伴随着增发货币。高涨的股票和超发的货币让一些投机商人首先觉察到了风险,他们开始悄悄将纸币和股票变现,然后运送到英国、荷兰等地。受这些投机商人影响,很多人也开始不再信任密西西比公司,加入到了兑换铸币的队伍中来。发行货币的银行及密西西比公司无法应对如此大量的挤兑需求,越发加速了人们信心的崩塌。密西西比公司股价开始暴跌,终于在1721年9月重新跌回到1719年5月的水平,密西西比泡沫破灭。由于密西西比泡沫还伴随着银行货币的超发,因此在之后的一个世纪里,法国人都不再相信银行,导致法国银行业发展缓慢,直接对经济发展造成了严重的影响。"郁金香泡沫""南海泡沫"和"密西西泡沫"被称为欧洲早期的三大经济泡沫。

19世纪开始,资本主义周期性经济危机开始爆发,大概10年一次,而金融危机总是如影随形,不是爆发于前,就是紧随其后。进入20世纪以后,金融危机发生的次数更为频繁。二战之前,资本主义世界经历了一场旷日持久的经济大危机,这就是"1929—1933年资本主义世界经济危机",又称"30年代大危机",这是资本主义发展史上波及范围最广、打击最为沉重的世界经济危机。这场经济危机发端于美国,是从金融危机开始的。1929年10月24日,美国股市刚刚开市,就遭遇大量卖盘,股价如决堤之水轰然下泻,这就是著名的"黑色星期四",也是股市大灾难的开始。10月28日,史称"黑色星期一",当天,纽约时报指数下跌49点,道琼斯指数狂泻38.33点,日跌幅达13%。10月29日是最黑暗的一天,史上最著名的"黑色星期二"。这天,道·琼斯指数一泻千里,股价从最高点386点跌至298点,跌幅达23%,纽约时报指数下跌41点。11月,股市仍然跌势不止,滑至198点,跌幅高达49%。1930年5月到1932年11月,股市又遭遇连续6次暴跌,道·琼斯指数跌至41点。与股灾前相比,美国钢铁公司的股价由每股262美元跌至21美元,通用汽车公司从92美元跌至7美元。1930年,美国银行倒闭潮开始,1933年达到高峰,总共倒闭的银行数量超过美国银行总数的三分之一。股市暴跌后,投资者损失惨重,消费能力下降,商品积压更为严重。同时,股市和银行危机发生后,无法继续为企业提供资金支持,生产受到严重影响,利润大幅度下滑,反过来又加重了股市和银行的危机。股市危机、银行危机与实体经济的困难在危机中形成相互推动的恶性循环,金融危机最终演变为经济大危机。由于美国在世界经济中占据着重要地位,这场危机迅速从美国蔓延到整个资本主义世界。危机历时近5年,其间资本主义各国工业生产急剧萎缩,经济总量退回到20世纪初的水平;同时,关税战、贸易战加剧,国际贸易量大幅度下滑,大量企业破产倒闭,失业人数激增,整个资本主义世界的失业率达到30%以上。危机迫使各国相继彻底废止了金本位制,国际货币体系陷入混乱之中并逐渐瓦解。

二战后,布雷顿森林体系的建立给全球经济的发展创造了相对稳定的金融环境,一直到布雷顿森林体系崩溃之前,金融危机虽也时有发生,但主要涉及的都是美元,影响较小。比如,60年代因美元供给不足造成的"美元荒"及60年代以后由于美元滥发造成的美元贬值危机。布雷顿森林体系崩溃以后,特别是80年代以来,金融危机发生的频率明显增加,变得日益经常化和全球化,主要包括20世纪80年代的拉美债务危机、1987年的全球股灾、80年代末日本的泡沫经济、1997年亚洲金融危机和2008年全球金融危机。

拉丁美洲债务危机

1982年,墨西哥首先宣布无力偿还外债,拉开了拉美国家债务危机的序幕。危机的主要原因是从20世纪70年代开始,墨西哥、巴西和阿根廷和委内瑞拉等国家普遍采用借用外债的方式来支持经济发展,外债的积累成为这一地区的普遍现象。而1979年开始,资本主义国家普遍出现经济滞胀,加上第二次"石油危机"的影响,一场大规模的世界经济危机爆发,危机持续到1982年,被称为第五次资本主义世界经济危机。危机期间,资本主义国家出现大规模的企业倒闭潮,世界贸易严重萎缩,国际市场上初级产品价格大幅度下跌,使得主要以出口初级产品为主的拉美国家陷入严重的国际贸易逆差,大大削弱了这些国家的偿债能力;同时,借贷利率却在不断上升,加重了拉美国家的偿债负担。到了1983年10月,拉美有27个国家宣布无法偿还外债,总金额高达2390亿美元。1987年,巴西宣布暂停还款;1989年,阿根廷也停止了还款。债务危机引发了严重的货币危机,拉美国家货币普遍贬值,通胀率飞涨,最高达到了610%,经济发展受到剧烈冲击。80年代拉美债务危机与1979年开始的资本主义世界经济危机有很大的关联。

1987年的全球股灾

1987年10月19日,被称为"黑色星期一",这一天,在纽约股市暴跌的影响下,全球股市也发生暴跌。但在美联储和西方国家联合干预下,这次股灾很快结束,市场恢复平稳,也未对世界经济发展造成直接影响。对于这次股灾的原因,有分析认为是美国货币政策和经济政策的冲突导致,也有分析认为是美国经济的基本面出现问题,加上对金融管制放松而导致的过度投机共同引发的。

80年代末日本的泡沫经济

日本泡沫经济发生在20世纪80年代后期到90年代初期。1985年到1986年期间,由于签订了《广场协议》,日元急速升值,对日本的出口造成很大影响。日本政府企图通过扩大内需来弥补外需的下降,开始实行宽松的货币政策,加上日元升值引发的大量投机性资本的流入,造成日本国内资金过剩,兴起了投机热潮,股票、土地、房地产成为投机的主要对象。从 1986 年到 1989 年,日经 225 指数累计上涨197.45%,股票总市值占当年国内生产总值的 60%;从 1986 年到 1990 年的短短几年间,日本的房价上涨了近 3 倍,土地价格也暴涨,当时东京 23 个区的地价总额甚至可以购买美国全部国土。日本经济泡沫越吹越大,让日本政府觉察到了问题的严重性,1989 年日本银行将再贴现率从 2.5%调高至 6%,主动戳破了泡沫。1990年,日本股票价格开始大幅下跌,跌幅达 40%以上,使几乎所有银行、企业和证券公司都出现巨额亏损;与此同时,日本地价也开始剧烈下跌,跌幅超过 46%,房地产市场泡沫随之破灭。泡沫破裂后,日本经济出现大倒退,此后进入了长达二十年的萧条时期。日本泡沫经济跟汇率升值有很大关系,但根本的原因还是日本宏观经济政策的失误。

1997 年亚洲金融危机

1997 年 7 月 2 日凌晨,泰国央行宣布泰铢不再盯住美元,开始自由浮动,泰铢对美元当日即贬值 15%以上,亚洲金融危机正式爆发。不久,这场风暴波及马来西亚、印度尼西亚、新加坡、日本、韩国、中国等地。亚洲大部分地区股市大幅下跌,很多大型企业倒闭,工人失业,经济陷入萧条状态。泰国、印尼和韩国是受影响最严重的国家,新加坡、马来西亚、菲律宾和中国香港也受到不同程度的影响,中国大陆和中国台湾地区受到的影响较小。危机从 1997 年开始,一直延续到 1999 年才结束,大致经历了三个发展阶段:第一阶段从 1997 年 7 月开始,泰国宣布汇率自由浮动后,泰铢对美元的汇率随之大幅度下跌,很快影响到马来西亚、菲律宾等国家。1997 年 8 月,马来西亚林吉特、新加坡元也开始贬值,10 月下旬,中国香港受到波及,恒生指数跌破 9000 点大关,11 月中旬,韩国爆发危机,韩元不断贬值,到 12 月13 日,韩元对美元的汇率已经跌至 1737.60:1。韩元贬值直接影响了在韩国有大量投资的日本金融业,导致日本很多银行和证券公司相继破产,至此,泰国引发的东南亚金融风暴正式演变为亚洲金融危机。1998 年 2 月 16 日,印尼盾同美元比价跌破 10000:1,陷入严重的经济衰退,亚洲金融危机进入第二阶段。受印尼货币贬值的影响,新加坡元、泰铢、菲律宾比索又开始纷纷下跌,日元更是陷入困境,汇率从 1997 年 6 月底的 115 日元兑 1 美元跌至 1998 年五六月间的 150 日元兑 1 美元的关口。随着日元的大幅贬值,经济形势更加不明朗,亚洲金融危机继续深化。1998 年 8 月,香港遭受新一轮攻击,恒生指数跌至 6600 多点,亚洲金融危机进入第三阶段。面对国际游资的炒作,在中央政府的支持下,香港金融管理局动用外汇基金予以回击,成功将汇市稳定在 7.75 港元兑换 1 美元的水平上,国际游资妄图在香港大捞一笔的计划失败。同时,国际游资在俄罗斯市场的炒作也不顺利,8 月 17 日,俄罗斯中央银行宣布年内将卢布兑换美元汇率的浮动幅度扩大到 6.0~9.5:1,并推迟偿还外债及暂停国债交易;9 月 2 日,卢布贬值 70%,俄罗斯股市、汇市急剧下跌,并带动了美欧国家股市和汇市的剧烈震荡,使得国际游资不仅在俄罗斯股市出现巨亏,在美国股市也损失惨重,美国著名的长期资本管理公司陷入破产境地。金融炒家被迫收兵,亚洲金融风暴进入尾声。1999 年,亚洲金融危机结束。

亚洲金融危机给亚洲各国带来深重的灾难。在这场危机中,成千上万的企业破产倒闭,金融业瘫痪,国家经济几乎陷入崩溃的境地。许多东南亚国家几十年积累起来的经济发展成就顷刻间被损毁。经济衰退引发失业浪潮,而货币贬值又带来了国内严重的通胀问题,人们的生活水平大幅度下降,激化了国内的矛盾,引发一系列社会问题、政治问题,破坏了亚洲经济增长的良好环境。危机以后,除中国、新加坡、中国台湾等少数地区以外,大部分国家经济呈现负增长。我国在危机中没有受到直接冲击,但为了给亚洲其他国家创造经济复苏的条件,我国承诺人民币不贬值,承受了巨大压力,付出了巨大代价,对亚洲乃至世界金融、经济的稳定和发展做出了重要贡献。

亚洲金融危机表面上看是因为国际游资在泰国金融市场的套利、套汇行为引发的,但其背后有更深层次的原因。大致说来有以下几点:一是经济发展模式的缺陷。七八十年代以来,在日本打造的"雁型模式"下,亚洲特别是东南亚一些国家在东亚经济发展中充当了雁尾的角色,重点发展劳动密集型产业,依赖低成本的资源和劳动力优势,效率极低。随着经济发展水平的提高,国内各种生产成本也不断提高,导致贸易状况日益恶化,国际收支开始出现大量赤字。二是汇率政策不合理。为了更好地吸引外资,亚洲很多国家选择了固定汇率制度,当国际收支出现逆差时,必须动用外汇储备来平衡逆差,导致外汇储备的大量流失。三是金融监管不当。为了能在资本项目上吸引很多的资金流入,亚洲很多国家过早地放开了金融市场,比如泰国,1992 年就取消了对资本市场的管制,资本可以随意进出金融市场,给国际游资提供了可乘之机。亚洲金融危机是继 20 世纪 30 年代资本主义经济大危机之后,对世界经济发展有深远影响的又一重大事件。这次金融危机折射出的是经济发展模式的缺陷和金融全球化的风险等诸多问题,到今天依然值得深入研究。

2008 年全球金融大危机

2008 年全球金融大危机由 2007 年发生在美国房地产市场上的次级贷款危机逐步演化而来。2008 年 9 月 14 日,有着 158 年历史、总市值曾经位列美国投行第四的雷曼兄弟公司提出破产申请,引发了金融市场的恐慌,标志着次贷危机正式演化为全面的金融危机。同年 9 月 15 日,美国第三大投资银行美林公司被美国银行收购;同年 9 月 17 日,全球最大保险商,美国国际集团公司(AIG)陷入清偿危机,并接受美联储 850 亿美元的紧急贷款;同年 9 月 15 日至 17 日,全球股市暴跌,蒸发了 8 万亿美元;2008 年 9 月 21 日,华尔街五大独立投行中的最后两家高盛和摩根士丹利被迫转为银行控股公司,接受美联储监管。至此,曾经在世界金融市场叱咤风云的美国五大投资银行在这场危机中全军覆没。2008 年 9 月 25 日,华盛顿互惠银行被摩根大通收购,这是美国历史上最大的银行倒闭案,涉及资产达 3070 亿美元。9 月 30 日 美股经历黑色星期一,道琼斯指数跌幅达 6.98%,分别创下有史以来的最大点数跌幅和 2001 年"9·11"事件以来最大单日跌幅。这次金融危机来势汹汹,迅速击垮美国金融体系的同时,也对实体经济造成很大的影响,美国的通用汽车、福特汽车、克莱斯勒三大汽车公司及很多其他大企业都遭受了前所未有的困难。作为世界头号强国,美国金融危机的"溢出效应"尤其明显。危机很快就蔓延到全球,包括英国、日本、德国、俄罗斯,巴西,印度等在内的很多国家,都因为买入了大量由次级抵押贷款衍生出来的证券投资产品而受到程度不一的影响,冰岛甚至陷入国家破产的境地。金融危机造成各国资产缩水,消费萎靡,企业经营日益困难,失业浪潮席卷全球,世界经济因此陷入 20 世纪大萧条以来最严重的衰退之中。这场危机对我国也造成了一定的影响,但比起欧洲国家,影响不算太大。因为我国的金融市场与国际金融市场联系并不很紧密,特别是人民币资本项目的管制,有效避免了金融风险的输入。危机发生后,我国的金融系统依然运行良好,但由于全球经济增长放缓,外部市场逐渐萎缩,我国出口行业受到了一些冲击。2008年10月14日,全球最大玩具代工商之一合俊集团旗下两工厂倒闭,6500名员工失业。这是受金融危机影响,中国实体企业倒闭规模最大的案例。2008年11月,我国出口额同比出现7年以来的首次负增长,2009年我国出口下降16%,2010年进出口总额较快增长,但贸易顺差有所减少。2011年,贸易顺差继续收窄,很多出口企业经营困难,整个社会就业压力大增。但在4万亿投资计划的拉动下,我国经济保持了一定速度的增长,最大程度避免了危机带来的负面效应。危机发生后,各国央行联合起来,给市场注入大量资金,稳定了市场信心,使金融系统逐步恢复稳定。随后,各国针对实体经济采取了救助措施,在各国的努力下,2011年金融危机逐渐平息。

这场危机的直接原因是美国不当的房地产金融政策引发的次贷危机,而更深层次的原因则是金融监管的严重缺失导致的金融衍生产品的泛滥。2000年前后,美国的网络泡沫破灭,布什政府把房地产作为刺激美国经济增长的重要手段。为此,2001年1月至2003年6月,美联储连续13次下调联邦基金利率,使该利率从6.5%降至1%的历史最低水平,而且在1%的水平停留了一年之久;同时,银行又推出"次级贷款",降低贷款条件,使大量收入较低、没有稳定收入来源、甚至是没有收入的穷人也加入了房地产消费的大军。低利率促使人们去投资房产,银行拼命发放贷款,直接促成了美国房地产的泡沫。为了获得更多的资金来源,美国成百上千个抵押贷款公司、商业银行把贷放出去的数量庞大的"次级贷款"转换成证券在市场上发售;各大投资银行购买了这些证券以后,又将其包装成其他金融衍生产品出售给对冲公司、保险公司和众多投资者;层层的资产证券化加长了金融交易的链条,使相关的金融衍生品越来越复杂,一个环节出现问题便引起连锁反应。2004年,美国进入加息周期,至2006年,美国基准利率从1%上升到5.25%,房地产市场上低信用阶层的违约率迅速上升,引发"次贷危机"。房地产泡沫随之破灭,发放了大量"次级贷款"的金融机构损失惨重,并使相关的金融机构都受到牵连,从而逐渐演变成一场大规模的金融危机。

第三节　金融危机的防范

从全球来看,不同时间、不同地区发生的金融危机,其原因各不相同,但都源于金融的脆弱性。金融脆弱未必一定会引起金融危机,只有当金融脆弱积累到了一定的程度,加上某一突发事件的诱导(比如,金融市场上的突发事件、某一特大企业的突然倒闭),才会引爆金融危机。金融业的内在特点决定了金融危机发生有一定的必然性,但并非完全不可避免。主要防范措施有:(1)提升金融机构的质量,降低金融体系的脆弱性。金融机构的稳健经营是金融系统保持稳定的基石。为此,首先必须加强对金融机构的监管,监督、帮助其提升经营管理水平,提高盈利能力。其次,严格控制银行的不良资产率,多渠道分离和处置银行已有的不良资产。日本早在1946年就通过成立资产管理公司来剥离银行的不良资产。从20世纪90年代开始,美国、德国、法国等发达国家也纷纷成立类似机构来解决银行的不良资产问题。我国于1999年成立了中国华融资产管理公司、中国长城资产管理公司、中国东方资产管理公司、中国信达资产管理公司,分别接收从中国工商银行、中国农业银行、中国银行、中国建设银行剥离出来的不良资产,保证了四大国有商业银行的稳健运营。再次,多途径补充银行的资本金。银行资本金补充可分为内源性、外源性两大渠道。其中,内源性渠道主要是每年的留存收益以及部分的超额拨备;外源性渠道则主要有上市融资,增资扩股,发行优先股、永续债、二级资本债等。(2)建立危机预警系统。金融危机预警系统实质是指通过观测某些指标,预测某个国家或地区在一定时间范围内发生金融危机的可能性的宏观金融监测系统,这一系统除了包括一系列指标,还包括预警制度安排,比如主要的法律框架和组织结构等。根据我国金融及宏观经济的实际情况,需要重点考虑的预警指标包括债务率、偿债率、负债率、银行不良资产指标、汇市和股市的波动、通胀率和通缩率,等等。

(3)管理国际资本的流动。国际游资有极强的破坏力,如果任由其自由出入,往往会给一个国家的金融市场带来极大的冲击,比如,亚洲金融危机就是由国际游资的直接冲击导致。国际资本流动管理是各国控制资本流动的手段与方法。主要包括资本项目管制、外债管理、税收政策等办法。资本项目管制的弊端是可能会延缓金融改革的进程。外债管理包括对外债规模和结构的管理,在世界上普遍被采用。西方国家通常还会利用税收来控制资本的流动,比如美国在 1963 年 7 月至 1974 年实行的"利息平衡税"。

第二十一章

金融监管

第一节　金融监管的必要性

金融监管是金融监督和金融管理的总称。狭义的金融监管是指中央银行或专门的金融监管机构依据国家法律规定对金融业实施的监督管理;广义的金融监管则不仅包括政府层面的监督管理,还包括行业自律性组织的监管、金融机构自身的内部控制和稽核等内容。

政府对金融体系的监管广泛地存在于实行市场经济体制的国家。金融市场的失灵、金融行业的高风险是金融监管的必要性所在。金融监管的首要目的就是纠正市场失灵,保证宏观经济的稳定运行、维护社会公众和投资者的利益。金融市场失灵是指由于金融市场上资产价格发生扭曲而无法实现资源的最优配置。导致金融市场失灵的原因主要有垄断、负外部性和信息不对称等因素。比如,金融垄断的存在会导致金融资源配置不均、企业融资成本过高、金融业缺乏竞争,效率低下,整个社会金融服务不足,从而损害宏观经济的稳定运行。监管就是要打破金融垄断、鼓励多元化的竞争局面,弥补金融服务的不足。另外,金融市场存在着负外部性,表现为单个金融机构的高风险行为酿成的金融危机,其损失却由全社会来承担,这也需要通过监管来避免。金融市场还存在着信息不对称的情况,会导致交易的不公平。比如金融机构的内部员工比外部投资者拥有更多的信息优势,他们可能会利用这一优势作出逆向选择,损害投资者的利益。监管的目的就是对金融机构的行为进行规范和约束,为金融活动提供公平公正的环境。其次,金融业不仅是个高风险的行业,而且由于其在现代经济运行中的核心地位,其稳定性关系到千家万户的利益和国民经济的方方面面,具有牵一发而动全身的后果。金融体系如果发生问题,会迅速传导到其他行业,对整个宏观经济运行产生影响,这就是为什么大部分金融危机最终都会演变成经济危机的原因。因此,金融业需要比其他行业更严格的监管。但需要指出的是,金融监管本身也是一把"双刃剑",在保证金融体系健康发展,减少金融风险的同时,也可能会因为过度监管导致金融体系失去活力,丧失效率。所以,金融监管需要充分权衡利弊,通过监管创新,用更科学的手段,在保证金融稳定的前提下创造有利于竞争的外部环境,寻求金融业运行中安全与效率的最佳平衡。

第二节　金融监管的主要内容和手段

金融监管的传统对象是国内银行业和非银行金融机构,但随着金融创新的不断加大,金融监管的范围也扩大到那些业务性质与银行类似的准金融机构,比如储蓄贷款协会、小额贷款公司、银行附属公司等。除此以外,金融监管还包括对金融市场的监管,比如资本市场、货币市场、外汇市场等,甚至整个金融体系都可视为金融监管的对象。

金融监管的主要内容

金融监管包括对金融机构的监管以及对金融市场的监管。对金融机构监管的主要内容包括市场准入的监管、日常业务运营的监管和市场退出的监管。市场准入的监管是对金融机构设立的监管,包括规定金融机构设立的组织形式、资本金的最低要求、审查法定代表人的任职资格等。日常业务运营的监管是对金融机构市场活动的监管,包括对金融机构资产负债业务的监管、业务经营合规性的监管,资本充足率的监管等。市场退出的监管是对金融机构退出市场的监管,包括金融机构破产清算的程序是否合法、被兼并或收购是否合理合法、是否损害了公众的利益等。对金融市场的监管,主要是对金融市场构成要素的监管,包括对金融市场主体、客体和对金融市场媒体的监管。对金融市场主体即对金融市场交易者的监管,比如,要求证券发行人全面、真实、及时地披露有关资料,对投资者的资格审查及对其交易行为的监督等。对金融市场客体的监管是指对票据、股票、债券、外汇和黄金等交易工具的发行与流通进行监管,如实施证券发行的审核制度,对金融工具价格波动进行监测等。对金融市场媒体的监管,是指对金融机构以及从事金融市场业务的律师事务所、会计事务所以及资产评估机构、投资咨询机构、证券信用评级机构等的监管,主要是划分不同媒体之间的交易方式和交易范围,规范经营行为。

金融监管的手段

各国金融监管的主要依据是相关法律法规。如我国金融监管依据的法律主要有:《中国人民银行法》《商业银行法》《票据法》《保险法》《证券法》《证券投资基金法》《银行业监督管理法》等。依据的金融法规主要有:《储蓄管理条例》《企业债券管理条例》《外汇管理条例》《人民币管理条例》《金融机构撤销条例》《期货交易管理条例》《中央企业债券发行管理暂行办法》《证券公司风险处置条例》《证券公司监督管理条例》等。在具体监管过程中,主要运用金融稽核手段,采用"四结合"并用的全方位监管方法。金融稽核,是中央银行或监管当局根据国家规定的稽核职责,对金融业务活动进行的监督和检查。"稽"就是审查;"核"就是对照、核算、核实。金融稽核的主要内容包括业务经营的合法性、资本金的充足性、资产质量、负债的清偿能力、盈利情况、经营管理状况等。"四结合"的监管方法是指现场稽核与非现场稽核相结合、定期检查与随机抽查相结合、全面监管与重点监管相结合,外部监管与内部自律相结合。

第三节　金融监管体制

金融监管体制是关于金融监管的制度安排,包括金融监管的职责如何划分和权力如何分配的问题。金融监管体制的选择跟各国历史文化传统、政治体制、经济发展水平等相关,因此不同的国家会有不同的金融监管体制。国际上主要的金融监管体制可分为单一监管体制和多头监管体制两种,其中多头监管体制又分为一线多头和双线多头两种。

单一监管体制是指由一个金融监管机构实施对整个金融业的监管。单一监管体制下的监管机关一般是各国的中央银行,但也有些国家另设单独监管机构。如英国在 1997 年以前,金融监管一直由中央银行即英格兰银行承担;1997 年,英国成立金融服务局,实施对银行业、证券业和投资基金等机构的管理,英格兰银行监管职责从此结束。2013 年,英国再次对金融监管体制进行改革,撤销了金融服务局,另设审慎监管局和金融行为监督局,形成双峰监管模式,通过审慎监管防范金融体系不发生系统性风险,通过行为监管对金融机构的投机性经营进行规范,打击市场中的不正当竞争,保护金融消费者和投资者的合法权益。实行单一监管体制的国家除了英国,还有澳大利亚、比利时、瑞典等国;此外,大多数发展中国家,比如,巴西、埃及、泰国等也实行单一监管模式。

多头监管是根据不同金融机构从事的金融业务类型而分别设立监管机构进行监管。一般是对银行业、证券业和保险业分别设立专门监管机构实施监管。多头监管体制对应的是金融业分业经营模式,又分为一线多头监管和双线多头监管。一线多头监管是指一国只在中央政府一级设有多个监管机构负责对某一类金融机构实行监管,地方政府一般不再设置监管机构。日本、法国和中国等国家采用这一监管体制。双线多头是指一国中央政府和地方政府都设有平行的金融监管机构,共同执掌金融监管职权的一种模式。实行这种体制的一般都是联邦制国家,如美国和加拿大。在美国,联邦政府和各州政府都有权对金融机构进行监管,这就是所谓"双线"。

我国金融监管体制的选择

我国目前的金融监管体制属于集权多头监管。1984—1992 年,中国人民银行作为全能的金融监管机构,对金融业进行统一监管。1992 年 10 月,国务院决定成立中国证券监督管理委员会(简称证监会),依法对证券行业进行监管,这是我国分业监管的起点。1998 年 11 月,中国保险监督委员会(简称保监会)成立,依法对全国保险行业进行监管。2003 年 4 月 28 日,中国银行业监督管理委员会(简称银监会)成立,承担了原来由中国人民银行承担的监管职责,至此形成"一行三会"的金融监管体制。2017 年 11 月,经党中央、国务院批准,国务院金融稳定发展委员会成立。2018 年 3 月,第十三届全国人民代表大会第一次会议表决通过了关于国务院机构改革方案的决定,设立中国银行保险监督管理委员会(简称银保监会),不再保留原来的银监会、保监会。由此,我国金融监管形成"一委一行两会"的新格局。

附 录 一

中华人民共和国中国人民银行法(修正)

(1995 年 3 月 18 日第八届全国人民代表大会第三次会议 通过 根据 2003 年 12 月 27 日第十届全国人民代表大会常务委员会第六次会议《关于修改〈中华人民共和国中国人民银行法〉的决定》修正)

第一章 总 则

第一条 为了确立中国人民银行的地位,明确其职责,保证国家货币政策的正确制定和执行,建立和完善中央银行宏观调控体系,维护金融稳定,制定本法。

第二条 中国人民银行是中华人民共和国的中央银行。中国人民银行在国务院领导下,制定和执行货币政策,防范和化解金融风险,维护金融稳定。

第三条 货币政策目标是保持货币币值的稳定,并以此促进经济增长。

第四条 中国人民银行履行下列职责:

(一)发布与履行其职责有关的命令和规章;

(二)依法制定和执行货币政策;

(三)发行人民币,管理人民币流通;

(四)监督管理银行间同业拆借市场和银行间债券市场;

(五)实施外汇管理,监督管理银行间外汇市场;

(六)监督管理黄金市场;

(七)持有、管理、经营国家外汇储备、黄金储备;

(八)经理国库;

(九)维护支付、清算系统的正常运行;

(十)指导、部署金融业反洗钱工作,负责反洗钱的资金监测;

(十一)负责金融业的统计、调查、分析和预测;

(十二)作为国家的中央银行,从事有关的国际金融活动;

(十三)国务院规定的其他职责。

中国人民银行为执行货币政策,可以依照本法第四章的有关规定从事金融业务活动。

第五条 中国人民银行就年度货币供应量、利率、汇率和国务院规定的其他重要事项做出的决定,报国务院批准后执行。

中国人民银行就前款规定以外的其他有关货币政策事项做出决定后,即予执行,并报国务院备案。

第六条 中国人民银行应当向全国人民代表大会常务委员会提出有关货币政策情况和金融业运行情况的工作报告。

第七条 中国人民银行在国务院领导下依法独立执行货币政策,履行职责,开展业务,不受地方政府、各级政府部门、社会团体和个人的干涉。

第八条 中国人民银行的全部资本由国家出资,属于国家所有。

第九条 国务院建立金融监督管理协调机制,具体办法由国务院规定。

第二章 组织机构

第十条 中国人民银行设行长一人,副行长若干人。中国人民银行行长的人选,根据国务院总理的提名,由全国人民代表大会决定;全国人民代表大会闭会期间,由全国人民代表大会常务委员会决定,由中华人民共和国主席任免。中国人民银行副行长由国务院总理任免。

第十一条 中国人民银行实行行长负责制。行长领导中国人民银行的工作,副行长协助行长工作。

第十二条 中国人民银行设立货币政策委员会。货币政策委员会的职责、组成和工作程序,由国务院规定,报全国人民代表大会常务委员会备案。中国人民银行货币政策委员会应当在国家宏观调控、货币政策制定和调整中,发挥重要作用。

第十三条 中国人民银行根据履行职责的需要设立分支机构,作为中国人民银行的派出机构。中国人民银行对分支机构实行统一领导和管理。中国人民银行的分支机构根据中国人民银行的授权,维护本辖区的金融稳定,承办有关业务。

第十四条 中国人民银行的行长、副行长及其他工作人员应当恪尽职守,不得滥用职权、徇私舞弊,不得在任何金融机构、企业、基金会兼职。

第十五条 中国人民银行的行长、副行长及其他工作人员,应当依法保守国家秘密,并有责任为与履行其职责有关的金融机构及当事人保守秘密。

第三章 人民币

第十六条 中华人民共和国的法定货币是人民币。以人民币支付中华人民共和国境内的一切公共的和私人的债务,任何单位和个人不得拒收。

第十七条 人民币的单位为元,人民币辅币单位为角、分。

第十八条 人民币由中国人民银行统一印制、发行。

中国人民银行发行新版人民币,应当将发行时间、面额、图案、式样、规格予以公告。

第十九条 禁止伪造、变造人民币。禁止出售、购买伪造、变造的人民币。禁止运输、持有、使用伪造、变造的人民币。禁止故意毁损人民币。禁止在宣传品、出版物或者其他商品上非法使用人民币图样。

第二十条 任何单位和个人不得印制、发售代币票券,以代替人民币在市场上流通。

第二十一条 残缺、污损的人民币,按照中国人民银行的规定兑换,并由中国人民银行负责收回、销毁。

第二十二条 中国人民银行设立人民币发行库,在其分支机构设立分支库。分支库调拨人民币发行基金,应当按照上级库的调拨命令办理。任何单位和个人不得违反规定,动用发行基金。

第四章 业务

第二十三条 中国人民银行为执行货币政策,可以运用下列货币政策工具:

(一)要求银行业金融机构按照规定的比例交存存款准备金;

(二)确定中央银行基准利率;

(三)为在中国人民银行开立账户的银行业金融机构办理再贴现;

(四)向商业银行提供贷款;

(五)在公开市场上买卖国债、其他政府债券和金融债券及外汇;

(六)国务院确定的其他货币政策工具。

中国人民银行为执行货币政策,运用前款所列货币政策工具时,可以规定具体的条件和程序。

第二十四条 中国人民银行依照法律、行政法规的规定经理国库。

第二十五条 中国人民银行可以代理国务院财政部门向各金融机构组织发行、兑付国债和其他政府债券。

第二十六条 中国人民银行可以根据需要,为银行业金融机构开立账户,但不得对银行业金融机构的账户透支。

第二十七条 中国人民银行应当组织或者协助组织银行业金融机构相互之间的清算系统,协调银行业金融机构相互之间的清算事项,提供清算服务。具体办法由中国人民银行制定。

中国人民银行会同国务院银行业监督管理机构制定支付结算规则。

第二十八条　中国人民银行根据执行货币政策的需要,可以决定对商业银行贷款的数额、期限、利率和方式,但贷款的期限不得超过一年。

第二十九条　中国人民银行不得对政府财政透支,不得直接认购、包销国债和其他政府债券。

第三十条　中国人民银行不得向地方政府、各级政府部门提供贷款,不得向非银行金融机构以及其他单位和个人提供贷款,但国务院决定中国人民银行可以向特定的非银行金融机构提供贷款的除外。

中国人民银行不得向任何单位和个人提供担保。

第五章　金融监督管理

第三十一条　中国人民银行依法监测金融市场的运行情况,对金融市场实施宏观调控,促进其协调发展。

第三十二条　中国人民银行有权对金融机构以及其他单位和个人的下列行为进行检查监督:

(一)执行有关存款准备金管理规定的行为;

(二)与中国人民银行特种贷款有关的行为;

(三)执行有关人民币管理规定的行为;

(四)执行有关银行间同业拆借市场、银行间债券市场管理规定的行为;

(五)执行有关外汇管理规定的行为;

(六)执行有关黄金管理规定的行为;

(七)代理中国人民银行经理国库的行为;

(八)执行有关清算管理规定的行为;

(九)执行有关反洗钱规定的行为。

前款所称中国人民银行特种贷款,是指国务院决定的由中国人民银行向金融机构发放的用于特定目的的贷款。

第三十三条　中国人民银行根据执行货币政策和维护金融稳定的需要,可以建议国务院银行业监督管理机构对银行业金融机构进行检查监督。国务院银行业监督管理机构应当自收到建议之日起三十日内予以回复。

第三十四条 当银行业金融机构出现支付困难，可能引发金融风险时，为了维护金融稳定，中国人民银行经国务院批准，有权对银行业金融机构进行检查监督。

第三十五条 中国人民银行根据履行职责的需要，有权要求银行业金融机构报送必要的资产负债表、利润表以及其他财务会计、统计报表和资料。中国人民银行应当和国务院银行业监督管理机构、国务院其他金融监督管理机构建立监督管理信息共享机制。

第三十六条 中国人民银行负责统一编制全国金融统计数据、报表，并按照国家有关规定予以公布。

第三十七条 中国人民银行应当建立、健全本系统的稽核、检查制度，加强内部的监督管理。

第六章 财务会计

第三十八条 中国人民银行实行独立的财务预算管理制度。中国人民银行的预算经国务院财政部门审核后，纳入中央预算，接受国务院财政部门的预算执行监督。

第三十九条 中国人民银行每一会计年度的收入减除该年度支出，并按照国务院财政部门核定的比例提取总准备金后的净利润，全部上缴中央财政。中国人民银行的亏损由中央财政拨款弥补。

第四十条 中国人民银行的财务收支和会计事务，应当执行法律、行政法规和国家统一的财务、会计制度，接受国务院审计机关和财政部门依法分别进行的审计和监督。

第四十一条 中国人民银行应当于每一会计年度结束后的三个月内，编制资产负债表、损益表和相关的财务会计报表，并编制年度报告，按照国家有关规定予以公布。

中国人民银行的会计年度自公历 1 月 1 日起至 12 月 31 日止。

第七章　法律责任

第四十二条　伪造、变造人民币,出售伪造、变造的人民币,或者明知是伪造、变造的人民币而运输,构成犯罪的,依法追究刑事责任;尚不构成犯罪的,由公安机关处十五日以下拘留、一万元以下罚款。

第四十三条　购买伪造、变造的人民币或者明知是伪造、变造的人民币而持有、使用,构成犯罪的,依法追究刑事责任;尚不构成犯罪的,由公安机关处十五日以下拘留、一万元以下罚款。

第四十四条　在宣传品、出版物或者其他商品上非法使用人民币图样的,中国人民银行应当责令改正,并销毁非法使用的人民币图样,没收违法所得,并处五万元以下罚款。

第四十五条　印制、发售代币票券,以代替人民币在市场上流通的,中国人民银行应当责令停止违法行为,并处二十万元以下罚款。

第四十六条　本法第三十二条所列行为违反有关规定,有关法律、行政法规有处罚规定的,依照其规定给予处罚;有关法律、行政法规未作处罚规定的,由中国人民银行区别不同情形给予警告,没收违法所得,违法所得五十万元以上的,并处违法所得一倍以上五倍以下罚款;没有违法所得或者违法所得不足五十万元的,处五十万元以上二百万元以下罚款;对负有直接责任的董事、高级管理人员和其他直接责任人员给予警告,处五万元以上五十万元以下罚款;构成犯罪的,依法追究刑事责任。

第四十七条　当事人对行政处罚不服的,可以依照《中华人民共和国行政诉讼法》的规定提起行政诉讼。

第四十八条　中国人民银行有下列行为之一的,对负有直接责任的主管人员和其他直接责任人员,依法给予行政处分;构成犯罪的,依法追究刑事责任:

(一)违反本法第三十条第一款的规定提供贷款的;

(二)对单位和个人提供担保的;

(三)擅自动用发行基金的。

有前款所列行为之一,造成损失的,负有直接责任的主管人员和其他直接责任人员应当承担部分或者全部赔偿责任。

第四十九条 地方政府、各级政府部门、社会团体和个人强令中国人民银行及其工作人员违反本法第三十条的规定提供贷款或者担保的,对负有直接责任的主管人员和其他直接责任人员,依法给予行政处分;构成犯罪的,依法追究刑事责任;造成损失的,应当承担部分或者全部赔偿责任。

第五十条 中国人民银行的工作人员泄露国家秘密或者所知悉的商业秘密,构成犯罪的,依法追究刑事责任;尚不构成犯罪的,依法给予行政处分。

第五十一条 中国人民银行的工作人员贪污受贿、徇私舞弊、滥用职权、玩忽职守,构成犯罪的,依法追究刑事责任;尚不构成犯罪的,依法给予行政处分。

第八章 附则

第五十二条 本法所称银行业金融机构,是指在中华人民共和国境内设立的商业银行、城市信用合作社、农村信用合作社等吸收公众存款的金融机构以及政策性银行。在中华人民共和国境内设立的金融资产管理公司、信托投资公司、财务公司、金融租赁公司以及经国务院银行业监督管理机构批准设立的其他金融机构,适用本法对银行业金融机构的规定。

第五十三条 本法自公布之日起施行。

附 录 二

中华人民共和国商业银行法（修正）

（1995 年 5 月 10 日第八届全国人民代表大会常务委员会第十三次会议通过 根据 2003 年 12 月 27 日第十届全国人民代表大会常务委员会第六次会议《关于修改〈中华人民共和国商业银行法〉的决定》第一次修正 根据 2015 年 8 月 29 日第十二届全国人民代表大会常务委员会第十六次会议《关于修改〈中华人民共和国商业银行法〉的决定》第二次修正）

第一章 总则

第一条 为了保护商业银行、存款人和其他客户的合法权益，规范商业银行的行为，提高信贷资产质量，加强监督管理，保障商业银行的稳健运行，维护金融秩序，促进社会主义市场经济的发展，制定本法。

第二条 本法所称的商业银行是指依照本法和《中华人民共和国公司法》设立的吸收公众存款、发放贷款、办理结算等业务的企业法人。

第三条 商业银行可以经营下列部分或者全部业务：

（一）吸收公众存款；

（二）发放短期、中期和长期贷款；

（三）办理国内外结算；

（四）办理票据承兑与贴现；

（五）发行金融债券；

（六）代理发行、代理兑付、承销政府债券；

（七）买卖政府债券、金融债券；

（八）从事同业拆借；

（九）买卖、代理买卖外汇；

（十）从事银行卡业务；

（十一）提供信用证服务及担保；

（十二）代理收付款项及代理保险业务；

（十三）提供保管箱服务；

（十四）经国务院银行业监督管理机构批准的其他业务。

经营范围由商业银行章程规定，报国务院银行业监督管理机构批准。

商业银行经中国人民银行批准，可以经营结汇、售汇业务。

第四条　商业银行以安全性、流动性、效益性为经营原则，实行自主经营，自担风险，自负盈亏，自我约束。

商业银行依法开展业务，不受任何单位和个人的干涉。

商业银行以其全部法人财产独立承担民事责任。

第五条　商业银行与客户的业务往来，应当遵循平等、自愿、公平和诚实信用的原则。

第六条　商业银行应当保障存款人的合法权益不受任何单位和个人的侵犯。

第七条　商业银行开展信贷业务，应当严格审查借款人的资信，实行担保，保障按期收回贷款。

商业银行依法向借款人收回到期贷款的本金和利息，受法律保护。

第八条　商业银行开展业务，应当遵守法律、行政法规的有关规定，不得损害国家利益、社会公共利益。

第九条　商业银行开展业务，应当遵守公平竞争的原则，不得从事不正当竞争。

第十条　商业银行依法接受国务院银行业监督管理机构的监督管理,但法律规定其有关业务接受其他监督管理部门或者机构监督管理的,依照其规定。

第二章　商业银行的设立和组织机构

第十一条　设立商业银行,应当经国务院银行业监督管理机构审查批准。

未经国务院银行业监督管理机构批准,任何单位和个人不得从事吸收公众存款等商业银行业务,任何单位不得在名称中使用"银行"字样。

第十二条　设立商业银行,应当具备下列条件:

(一)有符合本法和《中华人民共和国公司法》规定的章程;

(二)有符合本法规定的注册资本最低限额;

(三)有具备任职专业知识和业务工作经验的董事、高级管理人员;

(四)有健全的组织机构和管理制度;

(五)有符合要求的营业场所、安全防范措施和与业务有关的其他设施。

设立商业银行,还应当符合其他审慎性条件。

第十三条　设立全国性商业银行的注册资本最低限额为十亿元人民币。设立城市商业银行的注册资本最低限额为一亿元人民币,设立农村商业银行的注册资本最低限额为五千万元人民币。注册资本应当是实缴资本。

国务院银行业监督管理机构根据审慎监管的要求可以调整注册资本最低限额,但不得少于前款规定的限额。

第十四条　设立商业银行,申请人应当向国务院银行业监督管理机构提交下列文件、资料:

(一)申请书,申请书应当载明拟设立的商业银行的名称、所在地、注册资本、业务范围等;

(二)可行性研究报告;

(三)国务院银行业监督管理机构规定提交的其他文件、资料。

第十五条　设立商业银行的申请经审查符合本法第十四条规定的,申请人应当填写正式申请表,并提交下列文件、资料:

（一）章程草案；

（二）拟任职的董事、高级管理人员的资格证明；

（三）法定验资机构出具的验资证明；

（四）股东名册及其出资额、股份；

（五）持有注册资本百分之五以上的股东的资信证明和有关资料；

（六）经营方针和计划；

（七）营业场所、安全防范措施和与业务有关的其他设施的资料；

（八）国务院银行业监督管理机构规定的其他文件、资料。

第十六条　经批准设立的商业银行,由国务院银行业监督管理机构颁发经营许可证,并凭该许可证向工商行政管理部门办理登记,领取营业执照。

第十七条　商业银行的组织形式、组织机构适用《中华人民共和国公司法》的规定。

本法施行前设立的商业银行,其组织形式、组织机构不完全符合《中华人民共和国公司法》规定的,可以继续沿用原有的规定,适用前款规定的日期由国务院规定。

第十八条　国有独资商业银行设立监事会。监事会的产生办法由国务院规定。

监事会对国有独资商业银行的信贷资产质量、资产负债比例、国有资产保值增值等情况以及高级管理人员违反法律、行政法规或者章程的行为和损害银行利益的行为进行监督。

第十九条　商业银行根据业务需要可以在中华人民共和国境内外设立分支机构。设立分支机构必须经国务院银行业监督管理机构审查批准。在中华人民共和国境内的分支机构,不按行政区划设立。

商业银行在中华人民共和国境内设立分支机构,应当按照规定拨付与其经营规模相适应的营运资金额。拨付各分支机构营运资金额的总和,不得超过总行资本金总额的百分之六十。

第二十条　设立商业银行分支机构,申请人应当向国务院银行业监督管理机构提交下列文件、资料：

（一）申请书,申请书应当载明拟设立的分支机构的名称、营运资金额、业务范围、总行及分支机构所在地等;

（二）申请人最近二年的财务会计报告;

（三）拟任职的高级管理人员的资格证明;

（四）经营方针和计划;

（五）营业场所、安全防范措施和与业务有关的其他设施的资料;

（六）国务院银行业监督管理机构规定的其他文件、资料。

第二十一条　经批准设立的商业银行分支机构,由国务院银行业监督管理机构颁发经营许可证,并凭该许可证向工商行政管理部门办理登记,领取营业执照。

第二十二条　商业银行对其分支机构实行全行统一核算,统一调度资金,分级管理的财务制度。

商业银行分支机构不具有法人资格,在总行授权范围内依法开展业务,其民事责任由总行承担。

第二十三条　经批准设立的商业银行及其分支机构,由国务院银行业监督管理机构予以公告。

商业银行及其分支机构自取得营业执照之日起无正当理由超过六个月未开业的,或者开业后自行停业连续六个月以上的,由国务院银行业监督管理机构吊销其经营许可证,并予以公告。

第二十四条　商业银行有下列变更事项之一的,应当经国务院银行业监督管理机构批准:

（一）变更名称;

（二）变更注册资本;

（三）变更总行或者分支行所在地;

（四）调整业务范围;

（五）变更持有资本总额或者股份总额百分之五以上的股东;

（六）修改章程;

（七）国务院银行业监督管理机构规定的其他变更事项。

更换董事、高级管理人员时,应当报经国务院银行业监督管理机构审查其任职资格。

第二十五条 商业银行的分立、合并,适用《中华人民共和国公司法》的规定。

商业银行的分立、合并,应当经国务院银行业监督管理机构审查批准。

第二十六条 商业银行应当依照法律、行政法规的规定使用经营许可证。禁止伪造、变造、转让、出租、出借经营许可证。

第二十七条 有下列情形之一的,不得担任商业银行的董事、高级管理人员:

(一)因犯有贪污、贿赂、侵占财产、挪用财产罪或者破坏社会经济秩序罪,被判处刑罚,或者因犯罪被剥夺政治权利的;

(二)担任因经营不善破产清算的公司、企业的董事或者厂长、经理,并对该公司、企业的破产负有个人责任的;

(三)担任因违法被吊销营业执照的公司、企业的法定代表人,并负有个人责任的;

(四)个人所负数额较大的债务到期未清偿的。

第二十八条 任何单位和个人购买商业银行股份总额百分之五以上的,应当事先经国务院银行业监督管理机构批准。

第三章 对存款人的保护

第二十九条 商业银行办理个人储蓄存款业务,应当遵循存款自愿、取款自由、存款有息、为存款人保密的原则。

对个人储蓄存款,商业银行有权拒绝任何单位或者个人查询、冻结、扣划,但法律另有规定的除外。

第三十条 对单位存款,商业银行有权拒绝任何单位或者个人查询,但法律、行政法规另有规定的除外;有权拒绝任何单位或者个人冻结、扣划,但法律另有规定的除外。

第三十一条 商业银行应当按照中国人民银行规定的存款利率的上下限,确定存款利率,并予以公告。

第三十二条 商业银行应当按照中国人民银行的规定,向中国人民银行交存存款准备金,留足备付金。

第三十三条　商业银行应当保证存款本金和利息的支付,不得拖延、拒绝支付存款本金和利息。

第四章　贷款和其他业务的基本规则

第三十四条　商业银行根据国民经济和社会发展的需要,在国家产业政策指导下开展贷款业务。

第三十五条　商业银行贷款,应当对借款人的借款用途、偿还能力、还款方式等情况进行严格审查。

商业银行贷款,应当实行审贷分离、分级审批的制度。

第三十六条　商业银行贷款,借款人应当提供担保。商业银行应当对保证人的偿还能力,抵押物、质物的权属和价值以及实现抵押权、质权的可行性进行严格审查。

经商业银行审查、评估,确认借款人资信良好,确能偿还贷款的,可以不提供担保。

第三十七条　商业银行贷款,应当与借款人订立书面合同。合同应当约定贷款种类、借款用途、金额、利率、还款期限、还款方式、违约责任和双方认为需要约定的其他事项。

第三十八条　商业银行应当按照中国人民银行规定的贷款利率的上下限,确定贷款利率。

第三十九条　商业银行贷款,应当遵守下列资产负债比例管理的规定:

(一)资本充足率不得低于百分之八;

(二)流动性资产余额与流动性负债余额的比例不得低于百分之二十五;

(三)对同一借款人的贷款余额与商业银行资本余额的比例不得超过百分之十;

(四)国务院银行业监督管理机构对资产负债比例管理的其他规定。

本法施行前设立的商业银行,在本法施行后,其资产负债比例不符合前款规定的,应当在一定的期限内符合前款规定。具体办法由国务院规定。

第四十条 商业银行不得向关系人发放信用贷款;向关系人发放担保贷款的条件不得优于其他借款人同类贷款的条件。

前款所称关系人是指:

(一)商业银行的董事、监事、管理人员、信贷业务人员及其近亲属;

(二)前项所列人员投资或者担任高级管理职务的公司、企业和其他经济组织。

第四十一条 任何单位和个人不得强令商业银行发放贷款或者提供担保。商业银行有权拒绝任何单位和个人强令要求其发放贷款或者提供担保。

第四十二条 借款人应当按期归还贷款的本金和利息。

借款人到期不归还担保贷款的,商业银行依法享有要求保证人归还贷款本金和利息或者就该担保物优先受偿的权利。商业银行因行使抵押权、质权而取得的不动产或者股权,应当自取得之日起二年内予以处分。

借款人到期不归还信用贷款的,应当按照合同约定承担责任。

第四十三条 商业银行在中华人民共和国境内不得从事信托投资和证券经营业务,不得向非自用不动产投资或者向非银行金融机构和企业投资,但国家另有规定的除外。

第四十四条 商业银行办理票据承兑、汇兑、委托收款等结算业务,应当按照规定的期限兑现,收付入账,不得压单、压票或者违反规定退票。有关兑现、收付入账期限的规定应当公布。

第四十五条 商业银行发行金融债券或者到境外借款,应当依照法律、行政法规的规定报经批准。

第四十六条 同业拆借,应当遵守中国人民银行的规定。禁止利用拆入资金发放固定资产贷款或者用于投资。

拆出资金限于交足存款准备金、留足备付金和归还中国人民银行到期贷款之后的闲置资金。拆入资金用于弥补票据结算、联行汇差头寸的不足和解决临时性周转资金的需要。

第四十七条 商业银行不得违反规定提高或者降低利率以及采用其他不正当手段,吸收存款,发放贷款。

第四十八条 企业事业单位可以自主选择一家商业银行的营业场所开立一个办理日常转账结算和现金收付的基本账户,不得开立两个以上基本账户。

任何单位和个人不得将单位的资金以个人名义开立账户存储。

第四十九条 商业银行的营业时间应当方便客户,并予以公告。商业银行应当在公告的营业时间内营业,不得擅自停止营业或者缩短营业时间。

第五十条 商业银行办理业务,提供服务,按照规定收取手续费。收费项目和标准由国务院银行业监督管理机构、中国人民银行根据职责分工,分别会同国务院价格主管部门制定。

第五十一条 商业银行应当按照国家有关规定保存财务会计报表、业务合同以及其他资料。

第五十二条 商业银行的工作人员应当遵守法律、行政法规和其他各项业务管理的规定,不得有下列行为:

(一)利用职务上的便利,索取、收受贿赂或者违反国家规定收受各种名义的回扣、手续费;

(二)利用职务上的便利,贪污、挪用、侵占本行或者客户的资金;

(三)违反规定徇私向亲属、朋友发放贷款或者提供担保;

(四)在其他经济组织兼职;

(五)违反法律、行政法规和业务管理规定的其他行为。

第五十三条 商业银行的工作人员不得泄露其在任职期间知悉的国家秘密、商业秘密。

第五章　财务会计

第五十四条 商业银行应当依照法律和国家统一的会计制度以及国务院银行业监督管理机构的有关规定,建立、健全本行的财务、会计制度。

第五十五条 商业银行应当按照国家有关规定,真实记录并全面反映其业务活动和财务状况,编制年度财务会计报告,及时向国务院银行业监督管理机构、中国人民银行和国务院财政部门报送。商业银行不得在法定的会计账册外另立会计账册。

第五十六条 商业银行应当于每一会计年度终了三个月内,按照国务院银行业监督管理机构的规定,公布其上一年度的经营业绩和审计报告。

第五十七条 商业银行应当按照国家有关规定,提取呆账准备金,冲销呆账。

第五十八条 商业银行的会计年度自公历 1 月 1 日起至 12 月 31 日止。

第六章　监督管理

第五十九条 商业银行应当按照有关规定,制定本行的业务规则,建立、健全本行的风险管理和内部控制制度。

第六十条 商业银行应当建立、健全本行对存款、贷款、结算、呆账等各项情况的稽核、检查制度。

商业银行对分支机构应当进行经常性的稽核和检查监督。

第六十一条 商业银行应当按照规定向国务院银行业监督管理机构、中国人民银行报送资产负债表、利润表以及其他财务会计、统计报表和资料。

第六十二条 国务院银行业监督管理机构有权依照本法第三章、第四章、第五章的规定,随时对商业银行的存款、贷款、结算、呆账等情况进行检查监督。检查监督时,检查监督人员应当出示合法的证件。商业银行应当按照国务院银行业监督管理机构的要求,提供财务会计资料、业务合同和有关经营管理方面的其他信息。

中国人民银行有权依照《中华人民共和国中国人民银行法》第三十二条、第三十四条的规定对商业银行进行检查监督。

第六十三条 商业银行应当依法接受审计机关的审计监督。

第七章　接管和终止

第六十四条 商业银行已经或者可能发生信用危机,严重影响存款人的利益时,国务院银行业监督管理机构可以对该银行实行接管。

接管的目的是对被接管的商业银行采取必要措施,以保护存款人的利益,恢复商业银行的正常经营能力。被接管的商业银行的债权债务关系不因接管而变化。

第六十五条 接管由国务院银行业监督管理机构决定,并组织实施。国务院银行业监督管理机构的接管决定应当载明下列内容:

(一)被接管的商业银行名称;

(二)接管理由;

(三)接管组织;

(四)接管期限。

接管决定由国务院银行业监督管理机构予以公告。

第六十六条 接管自接管决定实施之日起开始。

自接管开始之日起,由接管组织行使商业银行的经营管理权力。

第六十七条 接管期限届满,国务院银行业监督管理机构可以决定延期,但接管期限最长不得超过二年。

第六十八条 有下列情形之一的,接管终止:

(一)接管决定规定的期限届满或者国务院银行业监督管理机构决定的接管延期届满;

(二)接管期限届满前,该商业银行已恢复正常经营能力;

(三)接管期限届满前,该商业银行被合并或者被依法宣告破产。

第六十九条 商业银行因分立、合并或者出现公司章程规定的解散事由需要解散的,应当向国务院银行业监督管理机构提出申请,并附解散的理由和支付存款的本金和利息等债务清偿计划。经国务院银行业监督管理机构批准后解散。

商业银行解散的,应当依法成立清算组,进行清算,按照清偿计划及时偿还存款本金和利息等债务。国务院银行业监督管理机构监督清算过程。

第七十条 商业银行因吊销经营许可证被撤销的,国务院银行业监督管理机构应当依法及时组织成立清算组,进行清算,按照清偿计划及时偿还存款本金和利息等债务。

第七十一条 商业银行不能支付到期债务,经国务院银行业监督管理机构同意,由人民法院依法宣告其破产。商业银行被宣告破产的,由人民法院组织国务院银行业监督管理机构等有关部门和有关人员成立清算组,进行清算。

商业银行破产清算时,在支付清算费用、所欠职工工资和劳动保险费用后,应当优先支付个人储蓄存款的本金和利息。

第七十二条 商业银行因解散、被撤销和被宣告破产而终止。

第八章 法律责任

第七十三条 商业银行有下列情形之一,对存款人或者其他客户造成财产损害的,应当承担支付迟延履行的利息以及其他民事责任:

(一)无故拖延、拒绝支付存款本金和利息的;

(二)违反票据承兑等结算业务规定,不予兑现,不予收付入账、压单、压票或者违反规定退票的;

(三)非法查询、冻结、扣划个人储蓄存款或者单位存款的;

(四)违反本法规定对存款人或者其他客户造成损害的其他行为。

有前款规定情形的,由国务院银行业监督管理机构责令改正,有违法所得的,没收违法所得,违法所得五万元以上的,并处违法所得一倍以上五倍以下罚款;没有违法所得或者违法所得不足五万元的,处五万元以上五十万元以下罚款。

第七十四条 商业银行有下列情形之一,由国务院银行业监督管理机构责令改正,有违法所得的,没收违法所得,违法所得五十万元以上的,并处违法所得一倍以上五倍以下罚款;没有违法所得或者违法所得不足五十万元的,处五十万元以上二百万元以下罚款;情节特别严重或者逾期不改正的,可以责令停业整顿或者吊销其经营许可证;构成犯罪的,依法追究刑事责任:

(一)未经批准设立分支机构的;

(二)未经批准分立、合并或者违反规定对变更事项不报批的;

(三)违反规定提高或者降低利率以及采用其他不正当手段,吸收存款,发放贷款的;

(四)出租、出借经营许可证的;

(五)未经批准买卖、代理买卖外汇的;

（六）未经批准买卖政府债券或者发行、买卖金融债券的；

（七）违反国家规定从事信托投资和证券经营业务、向非自用不动产投资或者向非银行金融机构和企业投资的；

（八）向关系人发放信用贷款或者发放担保贷款的条件优于其他借款人同类贷款的条件的。

第七十五条　商业银行有下列情形之一，由国务院银行业监督管理机构责令改正，并处二十万元以上五十万元以下罚款；情节特别严重或者逾期不改正的，可以责令停业整顿或者吊销其经营许可证；构成犯罪的，依法追究刑事责任：

（一）拒绝或者阻碍国务院银行业监督管理机构检查监督的；

（二）提供虚假的或者隐瞒重要事实的财务会计报告、报表和统计报表的；

（三）未遵守资本充足率、资产流动性比例、同一借款人贷款比例和国务院银行业监督管理机构有关资产负债比例管理的其他规定的。

第七十六条　商业银行有下列情形之一，由中国人民银行责令改正，有违法所得的，没收违法所得，违法所得五十万元以上的，并处违法所得一倍以上五倍以下罚款；没有违法所得或者违法所得不足五十万元的，处五十万元以上二百万元以下罚款；情节特别严重或者逾期不改正的，中国人民银行可以建议国务院银行业监督管理机构责令停业整顿或者吊销其经营许可证；构成犯罪的，依法追究刑事责任：

（一）未经批准办理结汇、售汇的；

（二）未经批准在银行间债券市场发行、买卖金融债券或者到境外借款的；

（三）违反规定同业拆借的。

第七十七条　商业银行有下列情形之一，由中国人民银行责令改正，并处二十万元以上五十万元以下罚款；情节特别严重或者逾期不改正的，中国人民银行可以建议国务院银行业监督管理机构责令停业整顿或者吊销其经营许可证；构成犯罪的，依法追究刑事责任：

（一）拒绝或者阻碍中国人民银行检查监督的；

（二）提供虚假的或者隐瞒重要事实的财务会计报告、报表和统计报表的；

（三）未按照中国人民银行规定的比例交存存款准备金的。

第七十八条　商业银行有本法第七十三条至第七十七条规定情形的，对直接负责的董事、高级管理人员和其他直接责任人员,应当给予纪律处分;构成犯罪的,依法追究刑事责任。

第七十九条　有下列情形之一,由国务院银行业监督管理机构责令改正,有违法所得的,没收违法所得,违法所得五万元以上的,并处违法所得一倍以上五倍以下罚款;没有违法所得或者违法所得不足五万元的,处五万元以上五十万元以下罚款:

(一)未经批准在名称中使用"银行"字样的;

(二)未经批准购买商业银行股份总额百分之五以上的;

(三)将单位的资金以个人名义开立账户存储的。

第八十条　商业银行不按照规定向国务院银行业监督管理机构报送有关文件、资料的,由国务院银行业监督管理机构责令改正,逾期不改正的,处十万元以上三十万元以下罚款。

商业银行不按照规定向中国人民银行报送有关文件、资料的,由中国人民银行责令改正,逾期不改正的,处十万元以上三十万元以下罚款。

第八十一条　未经国务院银行业监督管理机构批准,擅自设立商业银行,或者非法吸收公众存款、变相吸收公众存款,构成犯罪的,依法追究刑事责任;并由国务院银行业监督管理机构予以取缔。

伪造、变造、转让商业银行经营许可证,构成犯罪的,依法追究刑事责任。

第八十二条　借款人采取欺诈手段骗取贷款,构成犯罪的,依法追究刑事责任。

第八十三条　有本法第八十一条、第八十二条规定的行为,尚不构成犯罪的,由国务院银行业监督管理机构没收违法所得,违法所得五十万元以上的,并处违法所得一倍以上五倍以下罚款;没有违法所得或者违法所得不足五十万元的,处五十万元以上二百万元以下罚款。

第八十四条　商业银行工作人员利用职务上的便利,索取、收受贿赂或者违反国家规定收受各种名义的回扣、手续费,构成犯罪的,依法追究刑事责任;尚不构成犯罪的,应当给予纪律处分。

有前款行为,发放贷款或者提供担保造成损失的,应当承担全部或者部分赔偿责任。

第八十五条　商业银行工作人员利用职务上的便利,贪污、挪用、侵占本行或者客户资金,构成犯罪的,依法追究刑事责任;尚不构成犯罪的,应当给予纪律处分。

第八十六条　商业银行工作人员违反本法规定玩忽职守造成损失的,应当给予纪律处分;构成犯罪的,依法追究刑事责任。

违反规定徇私向亲属、朋友发放贷款或者提供担保造成损失的,应当承担全部或者部分赔偿责任。

第八十七条　商业银行工作人员泄露在任职期间知悉的国家秘密、商业秘密的,应当给予纪律处分;构成犯罪的,依法追究刑事责任。

第八十八条　单位或者个人强令商业银行发放贷款或者提供担保的,应当对直接负责的主管人员和其他直接责任人员或者个人给予纪律处分;造成损失的,应当承担全部或者部分赔偿责任。

商业银行的工作人员对单位或者个人强令其发放贷款或者提供担保未予拒绝的,应当给予纪律处分;造成损失的,应当承担相应的赔偿责任。

第八十九条　商业银行违反本法规定的,国务院银行业监督管理机构可以区别不同情形,取消其直接负责的董事、高级管理人员一定期限直至终身的任职资格,禁止直接负责的董事、高级管理人员和其他直接责任人员一定期限直至终身从事银行业工作。

商业银行的行为尚不构成犯罪的,对直接负责的董事、高级管理人员和其他直接责任人员,给予警告,处五万元以上五十万元以下罚款。

第九十条　商业银行及其工作人员对国务院银行业监督管理机构、中国人民银行的处罚决定不服的,可以依照《中华人民共和国行政诉讼法》的规定向人民法院提起诉讼。

第九章　附则

第九十一条　本法施行前,按照国务院的规定经批准设立的商业银行不再办理审批手续。

　　第九十二条　外资商业银行、中外合资商业银行、外国商业银行分行适用本法规定,法律、行政法规另有规定的,依照其规定。

　　第九十三条　城市信用合作社、农村信用合作社办理存款、贷款和结算等业务,适用本法有关规定。

　　第九十四条　邮政企业办理商业银行的有关业务,适用本法有关规定。

　　第九十五条　本法自 2015 年 10 月 1 日起施行。

◀ 附 录 三 ▶

中华人民共和国证券法(2019 修订)

第一章 总则

第一条 为了规范证券发行和交易行为,保护投资者的合法权益,维护社会经济秩序和社会公共利益,促进社会主义市场经济的发展,制定本法。

第二条 在中华人民共和国境内,股票、公司债券、存托凭证和国务院依法认定的其他证券的发行和交易,适用本法;本法未规定的,适用《中华人民共和国公司法》和其他法律、行政法规的规定。

政府债券、证券投资基金份额的上市交易,适用本法;其他法律、行政法规另有规定的,适用其规定。

资产支持证券、资产管理产品发行、交易的管理办法,由国务院依照本法的原则规定。

在中华人民共和国境外的证券发行和交易活动,扰乱中华人民共和国境内市场秩序,损害境内投资者合法权益的,依照本法有关规定处理并追究法律责任。

第三条 证券的发行、交易活动,必须遵循公开、公平、公正的原则。

第四条 证券发行、交易活动的当事人具有平等的法律地位,应当遵守自愿、有偿、诚实信用的原则。

第五条 证券的发行、交易活动,必须遵守法律、行政法规;禁止欺诈、内幕交易和操纵证券市场的行为。

第六条 证券业和银行业、信托业、保险业实行分业经营、分业管理,证券公司与银行、信托、保险业务机构分别设立。国家另有规定的除外。

第七条 国务院证券监督管理机构依法对全国证券市场实行集中统一监督管理。

国务院证券监督管理机构根据需要可以设立派出机构,按照授权履行监督管理职责。

第八条 国家审计机关依法对证券交易场所、证券公司、证券登记结算机构、证券监督管理机构进行审计监督。

第二章　　证券发行

第九条 公开发行证券,必须符合法律、行政法规规定的条件,并依法报经国务院证券监督管理机构或者国务院授权的部门注册。未经依法注册,任何单位和个人不得公开发行证券。证券发行注册制的具体范围、实施步骤,由国务院规定。

有下列情形之一的,为公开发行:

(一)向不特定对象发行证券;

(二)向特定对象发行证券累计超过二百人,但依法实施员工持股计划的员工人数不计算在内;

(三)法律、行政法规规定的其他发行行为。

非公开发行证券,不得采用广告、公开劝诱和变相公开方式。

第十条 发行人申请公开发行股票、可转换为股票的公司债券,依法采取承销方式的,或者公开发行法律、行政法规规定实行保荐制度的其他证券的,应当聘请证券公司担任保荐人。

保荐人应当遵守业务规则和行业规范,诚实守信,勤勉尽责,对发行人的申请文件和信息披露资料进行审慎核查,督导发行人规范运作。

保荐人的管理办法由国务院证券监督管理机构规定。

第十一条　设立股份有限公司公开发行股票,应当符合《中华人民共和国公司法》规定的条件和经国务院批准的国务院证券监督管理机构规定的其他条件,向国务院证券监督管理机构报送募股申请和下列文件:

(一)公司章程;

(二)发起人协议;

(三)发起人姓名或者名称,发起人认购的股份数、出资种类及验资证明;

(四)招股说明书;

(五)代收股款银行的名称及地址;

(六)承销机构名称及有关的协议。

依照本法规定聘请保荐人的,还应当报送保荐人出具的发行保荐书。

法律、行政法规规定设立公司必须报经批准的,还应当提交相应的批准文件。

第十二条　公司首次公开发行新股,应当符合下列条件:

(一)具备健全且运行良好的组织机构;

(二)具有持续经营能力;

(三)最近三年财务会计报告被出具无保留意见审计报告;

(四)发行人及其控股股东、实际控制人最近三年不存在贪污、贿赂、侵占财产、挪用财产或者破坏社会主义市场经济秩序的刑事犯罪;

(五)经国务院批准的国务院证券监督管理机构规定的其他条件。

上市公司发行新股,应当符合经国务院批准的国务院证券监督管理机构规定的条件,具体管理办法由国务院证券监督管理机构规定。

公开发行存托凭证的,应当符合首次公开发行新股的条件以及国务院证券监督管理机构规定的其他条件。

第十三条　公司公开发行新股,应当报送募股申请和下列文件:

(一)公司营业执照;

(二)公司章程;

(三)股东大会决议;

(四)招股说明书或者其他公开发行募集文件;

(五)财务会计报告；

(六)代收股款银行的名称及地址。

依照本法规定聘请保荐人的,还应当报送保荐人出具的发行保荐书。依照本法规定实行承销的,还应当报送承销机构名称及有关的协议。

第十四条 公司对公开发行股票所募集资金,必须按照招股说明书或者其他公开发行募集文件所列资金用途使用;改变资金用途,必须经股东大会作出决议。擅自改变用途,未作纠正的,或者未经股东大会认可的,不得公开发行新股。

第十五条 公开发行公司债券,应当符合下列条件:

(一)具备健全且运行良好的组织机构；

(二)最近三年平均可分配利润足以支付公司债券一年的利息；

(三)国务院规定的其他条件。

公开发行公司债券筹集的资金,必须按照公司债券募集办法所列资金用途使用;改变资金用途,必须经债券持有人会议作出决议。公开发行公司债券筹集的资金,不得用于弥补亏损和非生产性支出。

上市公司发行可转换为股票的公司债券,除应当符合第一款规定的条件外,还应当遵守本法第十二条第二款的规定。但是,按照公司债券募集办法,上市公司通过收购本公司股份的方式进行公司债券转换的除外。

第十六条 申请公开发行公司债券,应当向国务院授权的部门或者国务院证券监督管理机构报送下列文件:

(一)公司营业执照；

(二)公司章程；

(三)公司债券募集办法；

(四)国务院授权的部门或者国务院证券监督管理机构规定的其他文件。

依照本法规定聘请保荐人的,还应当报送保荐人出具的发行保荐书。

第十七条 有下列情形之一的,不得再次公开发行公司债券:

(一)对已公开发行的公司债券或者其他债务有违约或者延迟支付本息的事实,仍处于继续状态；

(二)违反本法规定,改变公开发行公司债券所募资金的用途。

第十八条　发行人依法申请公开发行证券所报送的申请文件的格式、报送方式,由依法负责注册的机构或者部门规定。

第十九条　发行人报送的证券发行申请文件,应当充分披露投资者做出价值判断和投资决策所必需的信息,内容应当真实、准确、完整。

为证券发行出具有关文件的证券服务机构和人员,必须严格履行法定职责,保证所出具文件的真实性、准确性和完整性。

第二十条　发行人申请首次公开发行股票的,在提交申请文件后,应当按照国务院证券监督管理机构的规定预先披露有关申请文件。

第二十一条　国务院证券监督管理机构或者国务院授权的部门依照法定条件负责证券发行申请的注册。证券公开发行注册的具体办法由国务院规定。

按照国务院的规定,证券交易所等可以审核公开发行证券申请,判断发行人是否符合发行条件、信息披露要求,督促发行人完善信息披露内容。

依照前两款规定参与证券发行申请注册的人员,不得与发行申请人有利害关系,不得直接或者间接接受发行申请人的馈赠,不得持有所注册的发行申请的证券,不得私下与发行申请人进行接触。

第二十二条　国务院证券监督管理机构或者国务院授权的部门应当自受理证券发行申请文件之日起三个月内,依照法定条件和法定程序做出予以注册或者不予注册的决定,发行人根据要求补充、修改发行申请文件的时间不计算在内。不予注册的,应当说明理由。

第二十三条　证券发行申请经注册后,发行人应当依照法律、行政法规的规定,在证券公开发行前公告公开发行募集文件,并将该文件置备于指定场所供公众查阅。

发行证券的信息依法公开前,任何知情人不得公开或者泄露该信息。

发行人不得在公告公开发行募集文件前发行证券。

第二十四条　国务院证券监督管理机构或者国务院授权的部门对已做出的证券发行注册的决定,发现不符合法定条件或者法定程序,尚未发行证券的,应当予以撤销,停止发行。已经发行尚未上市的,撤销发行注册决定,发行人应当按照发行价并加算银行同期存款利息返还证券持有人;发行人的控股股东、实际控制人以及保荐人,应当与发行人承担连带责任,但是能够证明自己没有过错的除外。

股票的发行人在招股说明书等证券发行文件中隐瞒重要事实或者编造重大虚假内容,已经发行并上市的,国务院证券监督管理机构可以责令发行人回购证券,或者责令负有责任的控股股东、实际控制人买回证券。

第二十五条 股票依法发行后,发行人经营与收益的变化,由发行人自行负责;由此变化引致的投资风险,由投资者自行负责。

第二十六条 发行人向不特定对象发行的证券,法律、行政法规规定应当由证券公司承销的,发行人应当同证券公司签订承销协议。证券承销业务采取代销或者包销方式。

证券代销是指证券公司代发行人发售证券,在承销期结束时,将未售出的证券全部退还给发行人的承销方式。

证券包销是指证券公司将发行人的证券按照协议全部购入或者在承销期结束时将售后剩余证券全部自行购入的承销方式。

第二十七条 公开发行证券的发行人有权依法自主选择承销的证券公司。

第二十八条 证券公司承销证券,应当同发行人签订代销或者包销协议,载明下列事项:

(一)当事人的名称、住所及法定代表人姓名;

(二)代销、包销证券的种类、数量、金额及发行价格;

(三)代销、包销的期限及起止日期;

(四)代销、包销的付款方式及日期;

(五)代销、包销的费用和结算办法;

(六)违约责任;

(七)国务院证券监督管理机构规定的其他事项。

第二十九条 证券公司承销证券,应当对公开发行募集文件的真实性、准确性、完整性进行核查。发现有虚假记载、误导性陈述或者重大遗漏的,不得进行销售活动;已经销售的,必须立即停止销售活动,并采取纠正措施。

证券公司承销证券,不得有下列行为:

(一)进行虚假的或者误导投资者的广告宣传或者其他宣传推介活动;

（二）以不正当竞争手段招揽承销业务；

（三）其他违反证券承销业务规定的行为。

证券公司有前款所列行为，给其他证券承销机构或者投资者造成损失的，应当依法承担赔偿责任。

第三十条 向不特定对象发行证券聘请承销团承销的，承销团应当由主承销和参与承销的证券公司组成。

第三十一条 证券的代销、包销期限最长不得超过九十日。

证券公司在代销、包销期内，对所代销、包销的证券应当保证先行出售给认购人，证券公司不得为本公司预留所代销的证券和预先购入并留存所包销的证券。

第三十二条 股票发行采取溢价发行的，其发行价格由发行人与承销的证券公司协商确定。

第三十三条 股票发行采用代销方式，代销期限届满，向投资者出售的股票数量未达到拟公开发行股票数量百分之七十的，为发行失败。发行人应当按照发行价并加算银行同期存款利息返还股票认购人。

第三十四条 公开发行股票，代销、包销期限届满，发行人应当在规定的期限内将股票发行情况报国务院证券监督管理机构备案。

第三章　　证券交易

第一节　　一般规定

第三十五条 证券交易当事人依法买卖的证券，必须是依法发行并交付的证券。

非依法发行的证券，不得买卖。

第三十六条 依法发行的证券，《中华人民共和国公司法》和其他法律对其转让期限有限制性规定的，在限定的期限内不得转让。

上市公司持有百分之五以上股份的股东、实际控制人、董事、监事、高级管理人员，以及其他持有发行人首次公开发行前发行的股份或者上市公司向特定对象发行的股份的股东,转让其持有的本公司股份的,不得违反法律、行政法规和国务院证券监督管理机构关于持有期限、卖出时间、卖出数量、卖出方式、信息披露等规定,并应当遵守证券交易所的业务规则。

第三十七条 公开发行的证券,应当在依法设立的证券交易所上市交易或者在国务院批准的其他全国性证券交易场所交易。

非公开发行的证券,可以在证券交易所、国务院批准的其他全国性证券交易场所、按照国务院规定设立的区域性股权市场转让。

第三十八条 证券在证券交易所上市交易,应当采用公开的集中交易方式或者国务院证券监督管理机构批准的其他方式。

第三十九条 证券交易当事人买卖的证券可以采用纸面形式或者国务院证券监督管理机构规定的其他形式。

第四十条 证券交易场所、证券公司和证券登记结算机构的从业人员,证券监督管理机构的工作人员以及法律、行政法规规定禁止参与股票交易的其他人员,在任期或者法定限期内,不得直接或者以化名、借他人名义持有、买卖股票或者其他具有股权性质的证券,也不得收受他人赠送的股票或者其他具有股权性质的证券。

任何人在成为前款所列人员时,其原已持有的股票或者其他具有股权性质的证券,必须依法转让。

实施股权激励计划或者员工持股计划的证券公司的从业人员,可以按照国务院证券监督管理机构的规定持有、卖出本公司股票或者其他具有股权性质的证券。

第四十一条 证券交易场所、证券公司、证券登记结算机构、证券服务机构及其工作人员应当依法为投资者的信息保密,不得非法买卖、提供或者公开投资者的信息。

证券交易场所、证券公司、证券登记结算机构、证券服务机构及其工作人员不得泄露所知悉的商业秘密。

第四十二条 为证券发行出具审计报告或者法律意见书等文件的证券服务机构和人员,在该证券承销期内和期满后六个月内,不得买卖该证券。

除前款规定外,为发行人及其控股股东、实际控制人,或者收购人、重大资产交易方出具审计报告或者法律意见书等文件的证券服务机构和人员,自接受委托之日起至上述文件公开后五日内,不得买卖该证券。实际开展上述有关工作之日早于接受委托之日的,自实际开展上述有关工作之日起至上述文件公开后五日内,不得买卖该证券。

第四十三条 证券交易的收费必须合理,并公开收费项目、收费标准和管理办法。

第四十四条 上市公司、股票在国务院批准的其他全国性证券交易场所交易的公司持有百分之五以上股份的股东、董事、监事、高级管理人员,将其持有的该公司的股票或者其他具有股权性质的证券在买入后六个月内卖出,或者在卖出后六个月内又买入,由此所得收益归该公司所有,公司董事会应当收回其所得收益。但是,证券公司因购入包销售后剩余股票而持有百分之五以上股份,以及有国务院证券监督管理机构规定的其他情形的除外。

前款所称董事、监事、高级管理人员、自然人股东持有的股票或者其他具有股权性质的证券,包括其配偶、父母、子女持有的及利用他人账户持有的股票或者其他具有股权性质的证券。

公司董事会不按照第一款规定执行的,股东有权要求董事会在三十日内执行。公司董事会未在上述期限内执行的,股东有权为了公司的利益以自己的名义直接向人民法院提起诉讼。

公司董事会不按照第一款的规定执行的,负有责任的董事依法承担连带责任。

第四十五条 通过计算机程序自动生成或者下达交易指令进行程序化交易的,应当符合国务院证券监督管理机构的规定,并向证券交易所报告,不得影响证券交易所系统安全或者正常交易秩序。

第二节 证券上市

第四十六条 申请证券上市交易,应当向证券交易所提出申请,由证券交易所依法审核同意,并由双方签订上市协议。

证券交易所根据国务院授权的部门的决定安排政府债券上市交易。

第四十七条 申请证券上市交易,应当符合证券交易所上市规则规定的上市条件。

证券交易所上市规则规定的上市条件,应当对发行人的经营年限、财务状况、最低公开发行比例和公司治理、诚信记录等提出要求。

第四十八条 上市交易的证券,有证券交易所规定的终止上市情形的,由证券交易所按照业务规则终止其上市交易。

证券交易所决定终止证券上市交易的,应当及时公告,并报国务院证券监督管理机构备案。

第四十九条 对证券交易所做出的不予上市交易、终止上市交易决定不服的,可以向证券交易所设立的复核机构申请复核。

第三节 禁止的交易行为

第五十条 禁止证券交易内幕信息的知情人和非法获取内幕信息的人利用内幕信息从事证券交易活动。

第五十一条 证券交易内幕信息的知情人包括:

(一)发行人及其董事、监事、高级管理人员;

(二)持有公司百分之五以上股份的股东及其董事、监事、高级管理人员,公司的实际控制人及其董事、监事、高级管理人员;

(三)发行人控股或者实际控制的公司及其董事、监事、高级管理人员;

(四)由于所任公司职务或者因与公司业务往来可以获取公司有关内幕信息的人员;

(五)上市公司收购人或者重大资产交易方及其控股股东、实际控制人、董事、监事和高级管理人员;

(六)因职务、工作可以获取内幕信息的证券交易场所、证券公司、证券登记结算机构、证券服务机构的有关人员;

(七)因职责、工作可以获取内幕信息的证券监督管理机构工作人员;

(八)因法定职责对证券的发行、交易或者对上市公司及其收购、重大资产交易进行管理可以获取内幕信息的有关主管部门、监管机构的工作人员;

(九)国务院证券监督管理机构规定的可以获取内幕信息的其他人员。

第五十二条 证券交易活动中,涉及发行人的经营、财务或者对该发行人证券的市场价格有重大影响的尚未公开的信息,为内幕信息。

本法第八十条第二款、第八十一条第二款所列重大事件属于内幕信息。

第五十三条 证券交易内幕信息的知情人和非法获取内幕信息的人,在内幕信息公开前,不得买卖该公司的证券,或者泄露该信息,或者建议他人买卖该证券。

持有或者通过协议、其他安排与他人共同持有公司百分之五以上股份的自然人、法人、非法人组织收购上市公司的股份,本法另有规定的,适用其规定。

内幕交易行为给投资者造成损失的,应当依法承担赔偿责任。

第五十四条 禁止证券交易场所、证券公司、证券登记结算机构、证券服务机构和其他金融机构的从业人员、有关监管部门或者行业协会的工作人员,利用因职务便利获取的内幕信息以外的其他未公开的信息,违反规定,从事与该信息相关的证券交易活动,或者明示、暗示他人从事相关交易活动。

利用未公开信息进行交易给投资者造成损失的,应当依法承担赔偿责任。

第五十五条 禁止任何人以下列手段操纵证券市场,影响或者意图影响证券交易价格或者证券交易量:

(一)单独或者通过合谋,集中资金优势、持股优势或者利用信息优势联合或者连续买卖;

(二)与他人串通,以事先约定的时间、价格和方式相互进行证券交易;

(三)在自己实际控制的账户之间进行证券交易;

(四)不以成交为目的,频繁或者大量申报并撤销申报;

(五)利用虚假或者不确定的重大信息,诱导投资者进行证券交易;

(六)对证券、发行人公开做出评价、预测或者投资建议,并进行反向证券交易;

(七)利用在其他相关市场的活动操纵证券市场;

(八)操纵证券市场的其他手段。

操纵证券市场行为给投资者造成损失的,应当依法承担赔偿责任。

第五十六条 禁止任何单位和个人编造、传播虚假信息或者误导性信息,扰乱证券市场。

禁止证券交易场所、证券公司、证券登记结算机构、证券服务机构及其从业人员,证券业协会、证券监督管理机构及其工作人员,在证券交易活动中做出虚假陈述或者信息误导。

各种传播媒介传播证券市场信息必须真实、客观,禁止误导。传播媒介及其从事证券市场信息报道的工作人员不得从事与其工作职责发生利益冲突的证券买卖。

编造、传播虚假信息或者误导性信息,扰乱证券市场,给投资者造成损失的,应当依法承担赔偿责任。

第五十七条 禁止证券公司及其从业人员从事下列损害客户利益的行为:

(一)违背客户的委托为其买卖证券;

(二)不在规定时间内向客户提供交易的确认文件;

(三)未经客户的委托,擅自为客户买卖证券,或者假借客户的名义买卖证券;

(四)为牟取佣金收入,诱使客户进行不必要的证券买卖;

(五)其他违背客户真实意思表示,损害客户利益的行为。

违反前款规定给客户造成损失的,应当依法承担赔偿责任。

第五十八条 任何单位和个人不得违反规定,出借自己的证券账户或者借用他人的证券账户从事证券交易。

第五十九条 依法拓宽资金入市渠道,禁止资金违规流入股市。

禁止投资者违规利用财政资金、银行信贷资金买卖证券。

第六十条 国有独资企业、国有独资公司、国有资本控股公司买卖上市交易的股票,必须遵守国家有关规定。

第六十一条 证券交易场所、证券公司、证券登记结算机构、证券服务机构及其从业人员对证券交易中发现的禁止的交易行为,应当及时向证券监督管理机构报告。

第四章　　上市公司的收购

第六十二条 投资者可以采取要约收购、协议收购及其他合法方式收购上市公司。

第六十三条 通过证券交易所的证券交易,投资者持有或者通过协议、其他安排与他人共同持有一个上市公司已发行的有表决权股份达到百分之五时,应当在该事实发生之日起三日内,向国务院证券监督管理机构、证券交易所作出书面报告,通知该上市公司,并予公告,在上述期限内不得再行买卖该上市公司的股票,但国务院证券监督管理机构规定的情形除外。

投资者持有或者通过协议、其他安排与他人共同持有一个上市公司已发行的有表决权股份达到百分之五后,其所持该上市公司已发行的有表决权股份比例每增加或者减少百分之五,应当依照前款规定进行报告和公告,在该事实发生之日起至公告后三日内,不得再行买卖该上市公司的股票,但国务院证券监督管理机构规定的情形除外。

投资者持有或者通过协议、其他安排与他人共同持有一个上市公司已发行的有表决权股份达到百分之五后,其所持该上市公司已发行的有表决权股份比例每增加或者减少百分之一,应当在该事实发生的次日通知该上市公司,并予公告。

违反第一款、第二款规定买入上市公司有表决权的股份的,在买入后的三十六个月内,对该超过规定比例部分的股份不得行使表决权。

第六十四条 依照前条规定所做的公告,应当包括下列内容:

(一)持股人的名称、住所;

(二)持有的股票的名称、数额;

(三)持股达到法定比例或者持股增减变化达到法定比例的日期、增持股份的资金来源;

(四)在上市公司中拥有表决权的股份变动的时间及方式。

第六十五条 通过证券交易所的证券交易,投资者持有或者通过协议、其他安排与他人共同持有一个上市公司已发行的有表决权股份达到百分之三十时,继续进行收购的,应当依法向该上市公司所有股东发出收购上市公司全部或者部分股份的要约。

收购上市公司部分股份的要约应当约定,被收购公司股东承诺出售的股份数额超过预定收购的股份数额的,收购人按比例进行收购。

第六十六条 依照前条规定发出收购要约,收购人必须公告上市公司收购报告书,并载明下列事项:

（一）收购人的名称、住所；

（二）收购人关于收购的决定；

（三）被收购的上市公司名称；

（四）收购目的；

（五）收购股份的详细名称和预定收购的股份数额；

（六）收购期限、收购价格；

（七）收购所需资金额及资金保证；

（八）公告上市公司收购报告书时持有被收购公司股份数占该公司已发行的股份总数的比例。

第六十七条 收购要约约定的收购期限不得少于三十日，并不得超过六十日。

第六十八条 在收购要约确定的承诺期限内，收购人不得撤销其收购要约。收购人需要变更收购要约的，应当及时公告，载明具体变更事项，且不得存在下列情形：

（一）降低收购价格；

（二）减少预定收购股份数额；

（三）缩短收购期限；

（四）国务院证券监督管理机构规定的其他情形。

第六十九条 收购要约提出的各项收购条件，适用于被收购公司的所有股东。

上市公司发行不同种类股份的，收购人可以针对不同种类股份提出不同的收购条件。

第七十条 采取要约收购方式的，收购人在收购期限内，不得卖出被收购公司的股票，也不得采取要约规定以外的形式和超出要约的条件买入被收购公司的股票。

第七十一条 采取协议收购方式的，收购人可以依照法律、行政法规的规定同被收购公司的股东以协议方式进行股份转让。

以协议方式收购上市公司时，达成协议后，收购人必须在三日内将该收购协议向国务院证券监督管理机构及证券交易所作出书面报告，并予公告。

在公告前不得履行收购协议。

第七十二条 采取协议收购方式的,协议双方可以临时委托证券登记结算机构保管协议转让的股票,并将资金存放于指定的银行。

第七十三条 采取协议收购方式的,收购人收购或者通过协议、其他安排与他人共同收购一个上市公司已发行的有表决权股份达到百分之三十时,继续进行收购的,应当依法向该上市公司所有股东发出收购上市公司全部或者部分股份的要约。但是,按照国务院证券监督管理机构的规定免除发出要约的除外。

收购人依照前款规定以要约方式收购上市公司股份,应当遵守本法第六十五条第二款、第六十六条至第七十条的规定。

第七十四条 收购期限届满,被收购公司股权分布不符合证券交易所规定的上市交易要求的,该上市公司的股票应当由证券交易所依法终止上市交易;其余仍持有被收购公司股票的股东,有权向收购人以收购要约的同等条件出售其股票,收购人应当收购。

收购行为完成后,被收购公司不再具备股份有限公司条件的,应当依法变更企业形式。

第七十五条 在上市公司收购中,收购人持有的被收购的上市公司的股票,在收购行为完成后的十八个月内不得转让。

第七十六条 收购行为完成后,收购人与被收购公司合并,并将该公司解散的,被解散公司的原有股票由收购人依法更换。

收购行为完成后,收购人应当在十五日内将收购情况报告国务院证券监督管理机构和证券交易所,并予公告。

第七十七条 国务院证券监督管理机构依照本法制定上市公司收购的具体办法。

上市公司分立或者被其他公司合并,应当向国务院证券监督管理机构报告,并予公告。

第五章 信息披露

第七十八条 发行人及法律、行政法规和国务院证券监督管理机构规定的其他信息披露义务人,应当及时依法履行信息披露义务。

信息披露义务人披露的信息,应当真实、准确、完整,简明清晰,通俗易懂,不得有虚假记载、误导性陈述或者重大遗漏。

证券同时在境内境外公开发行、交易的,其信息披露义务人在境外披露的信息,应当在境内同时披露。

第七十九条 上市公司、公司债券上市交易的公司、股票在国务院批准的其他全国性证券交易场所交易的公司,应当按照国务院证券监督管理机构和证券交易场所规定的内容和格式编制定期报告,并按照以下规定报送和公告:

(一)在每一会计年度结束之日起四个月内,报送并公告年度报告,其中的年度财务会计报告应当经符合本法规定的会计师事务所审计;

(二)在每一会计年度的上半年结束之日起二个月内,报送并公告中期报告。

第八十条 发生可能对上市公司、股票在国务院批准的其他全国性证券交易场所交易的公司的股票交易价格产生较大影响的重大事件,投资者尚未得知时,公司应当立即将有关该重大事件的情况向国务院证券监督管理机构和证券交易场所报送临时报告,并予公告,说明事件的起因、目前的状态和可能产生的法律后果。

前款所称重大事件包括:

(一)公司的经营方针和经营范围的重大变化;

(二)公司的重大投资行为,公司在一年内购买、出售重大资产超过公司资产总额百分之三十,或者公司营业用主要资产的抵押、质押、出售或者报废一次超过该资产的百分之三十;

(三)公司订立重要合同、提供重大担保或者从事关联交易,可能对公司的资产、负债、权益和经营成果产生重要影响;

(四)公司发生重大债务和未能清偿到期重大债务的违约情况;

(五)公司发生重大亏损或者重大损失;

(六)公司生产经营的外部条件发生的重大变化;

(七)公司的董事、三分之一以上监事或者经理发生变动,董事长或者经理无法履行职责;

(八)持有公司百分之五以上股份的股东或者实际控制人持有股份或者控制

公司的情况发生较大变化,公司的实际控制人及其控制的其他企业从事与公司相同或者相似业务的情况发生较大变化;

(九)公司分配股利、增资的计划,公司股权结构的重要变化,公司减资、合并、分立、解散及申请破产的决定,或者依法进入破产程序、被责令关闭;

(十)涉及公司的重大诉讼、仲裁,股东大会、董事会决议被依法撤销或者宣告无效;

(十一)公司涉嫌犯罪被依法立案调查,公司的控股股东、实际控制人、董事、监事、高级管理人员涉嫌犯罪被依法采取强制措施;

(十二)国务院证券监督管理机构规定的其他事项。

公司的控股股东或者实际控制人对重大事件的发生、进展产生较大影响的,应当及时将其知悉的有关情况书面告知公司,并配合公司履行信息披露义务。

第八十一条 发生可能对上市交易公司债券的交易价格产生较大影响的重大事件,投资者尚未得知时,公司应当立即将有关该重大事件的情况向国务院证券监督管理机构和证券交易场所报送临时报告,并予公告,说明事件的起因、目前的状态和可能产生的法律后果。

前款所称重大事件包括:

(一)公司股权结构或者生产经营状况发生重大变化;

(二)公司债券信用评级发生变化;

(三)公司重大资产抵押、质押、出售、转让、报废;

(四)公司发生未能清偿到期债务的情况;

(五)公司新增借款或者对外提供担保超过上年末净资产的百分之二十;

(六)公司放弃债权或者财产超过上年末净资产的百分之十;

(七)公司发生超过上年末净资产百分之十的重大损失;

(八)公司分配股利,做出减资、合并、分立、解散及申请破产的决定,或者依法进入破产程序、被责令关闭;

(九)涉及公司的重大诉讼、仲裁;

(十)公司涉嫌犯罪被依法立案调查,公司的控股股东、实际控制人、董事、监事、高级管理人员涉嫌犯罪被依法采取强制措施;

(十一)国务院证券监督管理机构规定的其他事项。

第八十二条 发行人的董事、高级管理人员应当对证券发行文件和定期报告签署书面确认意见。

发行人的监事会应当对董事会编制的证券发行文件和定期报告进行审核并提出书面审核意见。监事应当签署书面确认意见。

发行人的董事、监事和高级管理人员应当保证发行人及时、公平地披露信息，所披露的信息真实、准确、完整。

董事、监事和高级管理人员无法保证证券发行文件和定期报告内容的真实性、准确性、完整性或者有异议的，应当在书面确认意见中发表意见并陈述理由，发行人应当披露。发行人不予披露的，董事、监事和高级管理人员可以直接申请披露。

第八十三条 信息披露义务人披露的信息应当同时向所有投资者披露，不得提前向任何单位和个人泄露。但是，法律、行政法规另有规定的除外。

任何单位和个人不得非法要求信息披露义务人提供依法需要披露但尚未披露的信息。任何单位和个人提前获知的前述信息，在依法披露前应当保密。

第八十四条 除依法需要披露的信息之外，信息披露义务人可以自愿披露与投资者做出价值判断和投资决策有关的信息，但不得与依法披露的信息相冲突，不得误导投资者。

发行人及其控股股东、实际控制人、董事、监事、高级管理人员等做出公开承诺的，应当披露。不履行承诺给投资者造成损失的，应当依法承担赔偿责任。

第八十五条 信息披露义务人未按照规定披露信息，或者公告的证券发行文件、定期报告、临时报告及其他信息披露资料存在虚假记载、误导性陈述或者重大遗漏，致使投资者在证券交易中遭受损失的，信息披露义务人应当承担赔偿责任；发行人的控股股东、实际控制人、董事、监事、高级管理人员和其他直接责任人员以及保荐人、承销的证券公司及其直接责任人员，应当与发行人承担连带赔偿责任，但是能够证明自己没有过错的除外。

第八十六条 依法披露的信息，应当在证券交易场所的网站和符合国务院证券监督管理机构规定条件的媒体发布，同时将其置备于公司住所、证券交易场所，供社会公众查阅。

第八十七条 国务院证券监督管理机构对信息披露义务人的信息披露行为进行监督管理。

证券交易场所应当对其组织交易的证券的信息披露义务人的信息披露行为进行监督,督促其依法及时、准确地披露信息。

第六章 投资者保护

第八十八条 证券公司向投资者销售证券、提供服务时,应当按照规定充分了解投资者的基本情况、财产状况、金融资产状况、投资知识和经验、专业能力等相关信息;如实说明证券、服务的重要内容,充分揭示投资风险;销售、提供与投资者上述状况相匹配的证券、服务。

投资者在购买证券或者接受服务时,应当按照证券公司明示的要求提供前款所列真实信息。拒绝提供或者未按照要求提供信息的,证券公司应当告知其后果,并按照规定拒绝向其销售证券、提供服务。

证券公司违反第一款规定导致投资者损失的,应当承担相应的赔偿责任。

第八十九条 根据财产状况、金融资产状况、投资知识和经验、专业能力等因素,投资者可以分为普通投资者和专业投资者。专业投资者的标准由国务院证券监督管理机构规定。

普通投资者与证券公司发生纠纷的,证券公司应当证明其行为符合法律、行政法规以及国务院证券监督管理机构的规定,不存在误导、欺诈等情形。证券公司不能证明的,应当承担相应的赔偿责任。

第九十条 上市公司董事会、独立董事、持有百分之一以上有表决权股份的股东或者依照法律、行政法规或者国务院证券监督管理机构的规定设立的投资者保护机构(以下简称投资者保护机构),可以作为征集人,自行或者委托证券公司、证券服务机构,公开请求上市公司股东委托其代为出席股东大会,并代为行使提案权、表决权等股东权利。

依照前款规定征集股东权利的,征集人应当披露征集文件,上市公司应当予以配合。

禁止以有偿或者变相有偿的方式公开征集股东权利。

公开征集股东权利违反法律、行政法规或者国务院证券监督管理机构有关规定,导致上市公司或者其股东遭受损失的,应当依法承担赔偿责任。

第九十一条 上市公司应当在章程中明确分配现金股利的具体安排和决策程序,依法保障股东的资产收益权。

上市公司当年税后利润,在弥补亏损及提取法定公积金后有盈余的,应当按照公司章程的规定分配现金股利。

第九十二条 公开发行公司债券的,应当设立债券持有人会议,并应当在募集说明书中说明债券持有人会议的召集程序、会议规则和其他重要事项。

公开发行公司债券的,发行人应当为债券持有人聘请债券受托管理人,并订立债券受托管理协议。受托管理人应当由本次发行的承销机构或者其他经国务院证券监督管理机构认可的机构担任,债券持有人会议可以决议变更债券受托管理人。债券受托管理人应当勤勉尽责,公正履行受托管理职责,不得损害债券持有人利益。

债券发行人未能按期兑付债券本息的,债券受托管理人可以接受全部或者部分债券持有人的委托,以自己名义代表债券持有人提起、参加民事诉讼或者清算程序。

第九十三条 发行人因欺诈发行、虚假陈述或者其他重大违法行为给投资者造成损失的,发行人的控股股东、实际控制人、相关的证券公司可以委托投资者保护机构,就赔偿事宜与受到损失的投资者达成协议,予以先行赔付。先行赔付后,可以依法向发行人以及其他连带责任人追偿。

第九十四条 投资者与发行人、证券公司等发生纠纷的,双方可以向投资者保护机构申请调解。普通投资者与证券公司发生证券业务纠纷,普通投资者提出调解请求的,证券公司不得拒绝。

投资者保护机构对损害投资者利益的行为,可以依法支持投资者向人民法院提起诉讼。

发行人的董事、监事、高级管理人员执行公司职务时违反法律、行政法规或者公司章程的规定给公司造成损失,发行人的控股股东、实际控制人等侵犯公司合法权益给公司造成损失,投资者保护机构持有该公司股份的,可以为公司的利益以自己的名义向人民法院提起诉讼,持股比例和持股期限不受《中华人民共和国公司法》规定的限制。

第九十五条 投资者提起虚假陈述等证券民事赔偿诉讼时,诉讼标的是同一种类,且当事人一方人数众多的,可以依法推选代表人进行诉讼。

对按照前款规定提起的诉讼,可能存在有相同诉讼请求的其他众多投资者的,人民法院可以发出公告,说明该诉讼请求的案件情况,通知投资者在一定期间向人民法院登记。人民法院做出的判决、裁定,对参加登记的投资者发生效力。

投资者保护机构受五十名以上投资者委托,可以作为代表人参加诉讼,并为经证券登记结算机构确认的权利人依照前款规定向人民法院登记,但投资者明确表示不愿意参加该诉讼的除外。

第七章　证券交易场所

第九十六条 证券交易所、国务院批准的其他全国性证券交易场所为证券集中交易提供场所和设施,组织和监督证券交易,实行自律管理,依法登记,取得法人资格。

证券交易所、国务院批准的其他全国性证券交易场所的设立、变更和解散由国务院决定。

国务院批准的其他全国性证券交易场所的组织机构、管理办法等,由国务院规定。

第九十七条 证券交易所、国务院批准的其他全国性证券交易场所可以根据证券品种、行业特点、公司规模等因素设立不同的市场层次。

第九十八条 按照国务院规定设立的区域性股权市场为非公开发行证券的发行、转让提供场所和设施,具体管理办法由国务院规定。

第九十九条 证券交易所履行自律管理职能,应当遵守社会公共利益优先原则,维护市场的公平、有序、透明。

设立证券交易所必须制定章程。证券交易所章程的制定和修改,必须经国务院证券监督管理机构批准。

第一百条 证券交易所必须在其名称中标明证券交易所字样。其他任何单位或者个人不得使用证券交易所或者近似的名称。

第一百零一条 证券交易所可以自行支配的各项费用收入，应当首先用于保证其证券交易场所和设施的正常运行并逐步改善。

实行会员制的证券交易所的财产积累归会员所有，其权益由会员共同享有，在其存续期间，不得将其财产积累分配给会员。

第一百零二条 实行会员制的证券交易所设理事会、监事会。

证券交易所设总经理一人，由国务院证券监督管理机构任免。

第一百零三条 有《中华人民共和国公司法》第一百四十六条规定的情形或者下列情形之一的，不得担任证券交易所的负责人：

（一）因违法行为或者违纪行为被解除职务的证券交易场所、证券登记结算机构的负责人或者证券公司的董事、监事、高级管理人员，自被解除职务之日起未逾五年；

（二）因违法行为或者违纪行为被吊销执业证书或者被取消资格的律师、注册会计师或者其他证券服务机构的专业人员，自被吊销执业证书或者被取消资格之日起未逾五年。

第一百零四条 因违法行为或者违纪行为被开除的证券交易场所、证券公司、证券登记结算机构、证券服务机构的从业人员和被开除的国家机关工作人员，不得招聘为证券交易所的从业人员。

第一百零五条 进入实行会员制的证券交易所参与集中交易的，必须是证券交易所的会员。证券交易所不得允许非会员直接参与股票的集中交易。

第一百零六条 投资者应当与证券公司签订证券交易委托协议，并在证券公司实名开立账户，以书面、电话、自助终端、网络等方式，委托该证券公司代其买卖证券。

第一百零七条 证券公司为投资者开立账户，应当按照规定对投资者提供的身份信息进行核对。

证券公司不得将投资者的账户提供给他人使用。

投资者应当使用实名开立的账户进行交易。

第一百零八条　证券公司根据投资者的委托,按照证券交易规则提出交易申报,参与证券交易所场内的集中交易,并根据成交结果承担相应的清算交收责任。证券登记结算机构根据成交结果,按照清算交收规则,与证券公司进行证券和资金的清算交收,并为证券公司客户办理证券的登记过户手续。

第一百零九条　证券交易所应当为组织公平的集中交易提供保障,实时公布证券交易即时行情,并按交易日制作证券市场行情表,予以公布。

证券交易即时行情的权益由证券交易所依法享有。未经证券交易所许可,任何单位和个人不得发布证券交易即时行情。

第一百一十条　上市公司可以向证券交易所申请其上市交易股票的停牌或者复牌,但不得滥用停牌或者复牌损害投资者的合法权益。

证券交易所可以按照业务规则的规定,决定上市交易股票的停牌或者复牌。

第一百一十一条　因不可抗力、意外事件、重大技术故障、重大人为差错等突发性事件而影响证券交易正常进行时,为维护证券交易正常秩序和市场公平,证券交易所可以按照业务规则采取技术性停牌、临时停市等处置措施,并应当及时向国务院证券监督管理机构报告。

因前款规定的突发性事件导致证券交易结果出现重大异常,按交易结果进行交收将对证券交易正常秩序和市场公平造成重大影响的,证券交易所按照业务规则可以采取取消交易、通知证券登记结算机构暂缓交收等措施,并应当及时向国务院证券监督管理机构报告并公告。

证券交易所对其依照本条规定采取措施造成的损失,不承担民事赔偿责任,但存在重大过错的除外。

第一百一十二条　证券交易所对证券交易实行实时监控,并按照国务院证券监督管理机构的要求,对异常的交易情况提出报告。

证券交易所根据需要,可以按照业务规则对出现重大异常交易情况的证券账户的投资者限制交易,并及时报告国务院证券监督管理机构。

第一百一十三条　证券交易所应当加强对证券交易的风险监测,出现重大异常波动的,证券交易所可以按照业务规则采取限制交易、强制停牌等处置措施,并向国务院证券监督管理机构报告;严重影响证券市场稳定的,证券交易所可以按照业务规则采取临时停市等处置措施并公告。

证券交易所对其依照本条规定采取措施造成的损失,不承担民事赔偿责任,但存在重大过错的除外。

第一百一十四条 证券交易所应当从其收取的交易费用和会员费、席位费中提取一定比例的金额设立风险基金。风险基金由证券交易所理事会管理。

风险基金提取的具体比例和使用办法,由国务院证券监督管理机构会同国务院财政部门规定。

证券交易所应当将收存的风险基金存入开户银行专门账户,不得擅自使用。

第一百一十五条 证券交易所依照法律、行政法规和国务院证券监督管理机构的规定,制定上市规则、交易规则、会员管理规则和其他有关业务规则,并报国务院证券监督管理机构批准。

在证券交易所从事证券交易,应当遵守证券交易所依法制定的业务规则。违反业务规则的,由证券交易所给予纪律处分或者采取其他自律管理措施。

第一百一十六条 证券交易所的负责人和其他从业人员执行与证券交易有关的职务时,与其本人或者其亲属有利害关系的,应当回避。

第一百一十七条 按照依法制定的交易规则进行的交易,不得改变其交易结果,但本法第一百一十一条第二款规定的除外。对交易中违规交易者应负的民事责任不得免除;在违规交易中所获利益,依照有关规定处理。

第八章 证券公司

第一百一十八条 设立证券公司,应当具备下列条件,并经国务院证券监督管理机构批准:

(一)有符合法律、行政法规规定的公司章程;

(二)主要股东及公司的实际控制人具有良好的财务状况和诚信记录,最近三年无重大违法违规记录;

(三)有符合本法规定的公司注册资本;

（四）董事、监事、高级管理人员、从业人员符合本法规定的条件；

（五）有完善的风险管理与内部控制制度；

（六）有合格的经营场所、业务设施和信息技术系统；

（七）法律、行政法规和经国务院批准的国务院证券监督管理机构规定的其他条件。

未经国务院证券监督管理机构批准，任何单位和个人不得以证券公司名义开展证券业务活动。

第一百一十九条　国务院证券监督管理机构应当自受理证券公司设立申请之日起六个月内，依照法定条件和法定程序并根据审慎监管原则进行审查，做出批准或者不予批准的决定，并通知申请人；不予批准的，应当说明理由。

证券公司设立申请获得批准的，申请人应当在规定的期限内向公司登记机关申请设立登记，领取营业执照。

证券公司应当自领取营业执照之日起十五日内，向国务院证券监督管理机构申请经营证券业务许可证。未取得经营证券业务许可证，证券公司不得经营证券业务。

第一百二十条　经国务院证券监督管理机构核准，取得经营证券业务许可证，证券公司可以经营下列部分或者全部证券业务：

（一）证券经纪；

（二）证券投资咨询；

（三）与证券交易、证券投资活动有关的财务顾问；

（四）证券承销与保荐；

（五）证券融资融券；

（六）证券做市交易；

（七）证券自营；

（八）其他证券业务。

国务院证券监督管理机构应当自受理前款规定事项申请之日起三个月内，依照法定条件和程序进行审查，做出核准或者不予核准的决定，并通知申请人；不予核准的，应当说明理由。

证券公司经营证券资产管理业务的,应当符合《中华人民共和国证券投资基金法》等法律、行政法规的规定。

除证券公司外,任何单位和个人不得从事证券承销、证券保荐、证券经纪和证券融资融券业务。

证券公司从事证券融资融券业务,应当采取措施,严格防范和控制风险,不得违反规定向客户出借资金或者证券。

第一百二十一条 证券公司经营本法第一百二十条第一款第(一)项至第(三)项业务的,注册资本最低限额为人民币五千万元;经营第(四)项至第(八)项业务之一的,注册资本最低限额为人民币一亿元;经营第(四)项至第(八)项业务中两项以上的,注册资本最低限额为人民币五亿元。证券公司的注册资本应当是实缴资本。

国务院证券监督管理机构根据审慎监管原则和各项业务的风险程度,可以调整注册资本最低限额,但不得少于前款规定的限额。

第一百二十二条 证券公司变更证券业务范围,变更主要股东或者公司的实际控制人,合并、分立、停业、解散、破产,应当经国务院证券监督管理机构核准。

第一百二十三条 国务院证券监督管理机构应当对证券公司净资本和其他风险控制指标作出规定。

证券公司除依照规定为其客户提供融资融券外,不得为其股东或者股东的关联人提供融资或者担保。

第一百二十四条 证券公司的董事、监事、高级管理人员,应当正直诚实、品行良好,熟悉证券法律、行政法规,具有履行职责所需的经营管理能力。证券公司任免董事、监事、高级管理人员,应当报国务院证券监督管理机构备案。

有《中华人民共和国公司法》第一百四十六条规定的情形或者下列情形之一的,不得担任证券公司的董事、监事、高级管理人员:

(一)因违法行为或者违纪行为被解除职务的证券交易场所、证券登记结算机构的负责人或者证券公司的董事、监事、高级管理人员,自被解除职务之日起未逾五年;

(二)因违法行为或者违纪行为被吊销执业证书或者被取消资格的律师、注册会计师或者其他证券服务机构的专业人员,自被吊销执业证书或者被取消资格之日起未逾五年。

第一百二十五条 证券公司从事证券业务的人员应当品行良好,具备从事证券业务所需的专业能力。

因违法行为或者违纪行为被开除的证券交易场所、证券公司、证券登记结算机构、证券服务机构的从业人员和被开除的国家机关工作人员,不得招聘为证券公司的从业人员。

国家机关工作人员和法律、行政法规规定的禁止在公司中兼职的其他人员,不得在证券公司中兼任职务。

第一百二十六条 国家设立证券投资者保护基金。证券投资者保护基金由证券公司缴纳的资金及其他依法筹集的资金组成,其规模以及筹集、管理和使用的具体办法由国务院规定。

第一百二十七条 证券公司从每年的业务收入中提取交易风险准备金,用于弥补证券经营的损失,其提取的具体比例由国务院证券监督管理机构会同国务院财政部门规定。

第一百二十八条 证券公司应当建立健全内部控制制度,采取有效隔离措施,防范公司与客户之间、不同客户之间的利益冲突。

证券公司必须将其证券经纪业务、证券承销业务、证券自营业务、证券做市业务和证券资产管理业务分开办理,不得混合操作。

第一百二十九条 证券公司的自营业务必须以自己的名义进行,不得假借他人名义或者以个人名义进行。

证券公司的自营业务必须使用自有资金和依法筹集的资金。

证券公司不得将其自营账户借给他人使用。

第一百三十条 证券公司应当依法审慎经营,勤勉尽责,诚实守信。

证券公司的业务活动,应当与其治理结构、内部控制、合规管理、风险管理以及风险控制指标、从业人员构成等情况相适应,符合审慎监管和保护投资者合法权益的要求。

证券公司依法享有自主经营的权利,其合法经营不受干涉。

第一百三十一条 证券公司客户的交易结算资金应当存放在商业银行,以每个客户的名义单独立户管理。

证券公司不得将客户的交易结算资金和证券归入其自有财产。禁止任何单位或者个人以任何形式挪用客户的交易结算资金和证券。证券公司破产或者清算时,客户的交易结算资金和证券不属于其破产财产或者清算财产。非因客户本身的债务或者法律规定的其他情形,不得查封、冻结、扣划或者强制执行客户的交易结算资金和证券。

第一百三十二条 证券公司办理经纪业务,应当置备统一制定的证券买卖委托书,供委托人使用。采取其他委托方式的,必须做出委托记录。

客户的证券买卖委托,不论是否成交,其委托记录应当按照规定的期限,保存于证券公司。

第一百三十三条 证券公司接受证券买卖的委托,应当根据委托书载明的证券名称、买卖数量、出价方式、价格幅度等,按照交易规则代理买卖证券,如实进行交易记录;买卖成交后,应当按照规定制作买卖成交报告单交付客户。

证券交易中确认交易行为及其交易结果的对账单必须真实,保证账面证券余额与实际持有的证券相一致。

第一百三十四条 证券公司办理经纪业务,不得接受客户的全权委托而决定证券买卖、选择证券种类、决定买卖数量或者买卖价格。

证券公司不得允许他人以证券公司的名义直接参与证券的集中交易。

第一百三十五条 证券公司不得对客户证券买卖的收益或者赔偿证券买卖的损失做出承诺。

第一百三十六条 证券公司的从业人员在证券交易活动中,执行所属的证券公司的指令或者利用职务违反交易规则的,由所属的证券公司承担全部责任。

证券公司的从业人员不得私下接受客户委托买卖证券。

第一百三十七条 证券公司应当建立客户信息查询制度,确保客户能够查询其账户信息、委托记录、交易记录以及其他与接受服务或者购买产品有关的重要信息。

证券公司应当妥善保存客户开户资料、委托记录、交易记录和与内部管理、业务经营有关的各项信息,任何人不得隐匿、伪造、篡改或者毁损。上述信息的保存期限不得少于二十年。

第一百三十八条 证券公司应当按照规定向国务院证券监督管理机构报送业务、财务等经营管理信息和资料。国务院证券监督管理机构有权要求证券公司及其主要股东、实际控制人在指定的期限内提供有关信息、资料。

证券公司及其主要股东、实际控制人向国务院证券监督管理机构报送或者提供的信息、资料,必须真实、准确、完整。

第一百三十九条 国务院证券监督管理机构认为有必要时,可以委托会计师事务所、资产评估机构对证券公司的财务状况、内部控制状况、资产价值进行审计或者评估。具体办法由国务院证券监督管理机构会同有关主管部门制定。

第一百四十条 证券公司的治理结构、合规管理、风险控制指标不符合规定的,国务院证券监督管理机构应当责令其限期改正;逾期未改正,或者其行为严重危及该证券公司的稳健运行、损害客户合法权益的,国务院证券监督管理机构可以区别情形,对其采取下列措施:

(一)限制业务活动,责令暂停部分业务,停止核准新业务;

(二)限制分配红利,限制向董事、监事、高级管理人员支付报酬、提供福利;

(三)限制转让财产或者在财产上设定其他权利;

(四)责令更换董事、监事、高级管理人员或者限制其权利;

(五)撤销有关业务许可;

(六)认定负有责任的董事、监事、高级管理人员为不适当人选;

(七)责令负有责任的股东转让股权,限制负有责任的股东行使股东权利。

证券公司整改后,应当向国务院证券监督管理机构提交报告。国务院证券监督管理机构经验收,治理结构、合规管理、风险控制指标符合规定的,应当自验收完毕之日起三日内解除对其采取的前款规定的有关限制措施。

第一百四十一条 证券公司的股东有虚假出资、抽逃出资行为的,国务院证券监督管理机构应当责令其限期改正,并可责令其转让所持证券公司的股权。

在前款规定的股东按照要求改正违法行为、转让所持证券公司的股权前,国务院证券监督管理机构可以限制其股东权利。

第一百四十二条 证券公司的董事、监事、高级管理人员未能勤勉尽责,致使证券公司存在重大违法违规行为或者重大风险的,国务院证券监督管理机构可以责令证券公司予以更换。

第一百四十三条 证券公司违法经营或者出现重大风险,严重危害证券市场秩序、损害投资者利益的,国务院证券监督管理机构可以对该证券公司采取责令停业整顿、指定其他机构托管、接管或者撤销等监管措施。

第一百四十四条 在证券公司被责令停业整顿、被依法指定托管、接管或者清算期间,或者出现重大风险时,经国务院证券监督管理机构批准,可以对该证券公司直接负责的董事、监事、高级管理人员和其他直接责任人员采取以下措施:

(一)通知出境入境管理机关依法阻止其出境;

(二)申请司法机关禁止其转移、转让或者以其他方式处分财产,或者在财产上设定其他权利。

第九章　证券登记结算机构

第一百四十五条 证券登记结算机构为证券交易提供集中登记、存管与结算服务,不以营利为目的,依法登记,取得法人资格。

设立证券登记结算机构必须经国务院证券监督管理机构批准。

第一百四十六条 设立证券登记结算机构,应当具备下列条件:

(一)自有资金不少于人民币二亿元;

(二)具有证券登记、存管和结算服务所必需的场所和设施;

(三)国务院证券监督管理机构规定的其他条件。

证券登记结算机构的名称中应当标明证券登记结算字样。

第一百四十七条 证券登记结算机构履行下列职能:

(一)证券账户、结算账户的设立;

(二)证券的存管和过户;

(三)证券持有人名册登记;

(四)证券交易的清算和交收;

（五）受发行人的委托派发证券权益；

（六）办理与上述业务有关的查询、信息服务；

（七）国务院证券监督管理机构批准的其他业务。

第一百四十八条 在证券交易所和国务院批准的其他全国性证券交易场所交易的证券的登记结算，应当采取全国集中统一的运营方式。

前款规定以外的证券，其登记、结算可以委托证券登记结算机构或者其他依法从事证券登记、结算业务的机构办理。

第一百四十九条 证券登记结算机构应当依法制定章程和业务规则，并经国务院证券监督管理机构批准。证券登记结算业务参与人应当遵守证券登记结算机构制定的业务规则。

第一百五十条 在证券交易所或者国务院批准的其他全国性证券交易场所交易的证券，应当全部存管在证券登记结算机构。

证券登记结算机构不得挪用客户的证券。

第一百五十一条 证券登记结算机构应当向证券发行人提供证券持有人名册及有关资料。

证券登记结算机构应当根据证券登记结算的结果，确认证券持有人持有证券的事实，提供证券持有人登记资料。

证券登记结算机构应当保证证券持有人名册和登记过户记录真实、准确、完整，不得隐匿、伪造、篡改或者毁损。

第一百五十二条 证券登记结算机构应当采取下列措施保证业务的正常进行：

（一）具有必备的服务设备和完善的数据安全保护措施；

（二）建立完善的业务、财务和安全防范等管理制度；

（三）建立完善的风险管理系统。

第一百五十三条 证券登记结算机构应当妥善保存登记、存管和结算的原始凭证及有关文件和资料。其保存期限不得少于二十年。

第一百五十四条 证券登记结算机构应当设立证券结算风险基金，用于垫付或者弥补因违约交收、技术故障、操作失误、不可抗力造成的证券登记结算机构的损失。

证券结算风险基金从证券登记结算机构的业务收入和收益中提取,并可以由结算参与人按照证券交易业务量的一定比例缴纳。

证券结算风险基金的筹集、管理办法,由国务院证券监督管理机构会同国务院财政部门规定。

第一百五十五条 证券结算风险基金应当存入指定银行的专门账户,实行专项管理。

证券登记结算机构以证券结算风险基金赔偿后,应当向有关责任人追偿。

第一百五十六条 证券登记结算机构申请解散,应当经国务院证券监督管理机构批准。

第一百五十七条 投资者委托证券公司进行证券交易,应当通过证券公司申请在证券登记结算机构开立证券账户。证券登记结算机构应当按照规定为投资者开立证券账户。

投资者申请开立账户,应当持有证明中华人民共和国公民、法人、合伙企业身份的合法证件。国家另有规定的除外。

第一百五十八条 证券登记结算机构作为中央对手方提供证券结算服务的,是结算参与人共同的清算交收对手,进行净额结算,为证券交易提供集中履约保障。

证券登记结算机构为证券交易提供净额结算服务时,应当要求结算参与人按照货银对付的原则,足额交付证券和资金,并提供交收担保。

在交收完成之前,任何人不得动用用于交收的证券、资金和担保物。

结算参与人未按时履行交收义务的,证券登记结算机构有权按照业务规则处理前款所述财产。

第一百五十九条 证券登记结算机构按照业务规则收取的各类结算资金和证券,必须存放于专门的清算交收账户,只能按业务规则用于已成交的证券交易的清算交收,不得被强制执行。

第十章　证券服务机构

第一百六十条　会计师事务所、律师事务所以及从事证券投资咨询、资产评估、资信评级、财务顾问、信息技术系统服务的证券服务机构,应当勤勉尽责、恪尽职守,按照相关业务规则为证券的交易及相关活动提供服务。

从事证券投资咨询服务业务,应当经国务院证券监督管理机构核准;未经核准,不得为证券的交易及相关活动提供服务。从事其他证券服务业务,应当报国务院证券监督管理机构和国务院有关主管部门备案。

第一百六十一条　证券投资咨询机构及其从业人员从事证券服务业务不得有下列行为:

(一)代理委托人从事证券投资;

(二)与委托人约定分享证券投资收益或者分担证券投资损失;

(三)买卖本证券投资咨询机构提供服务的证券;

(四)法律、行政法规禁止的其他行为。

有前款所列行为之一,给投资者造成损失的,应当依法承担赔偿责任。

第一百六十二条　证券服务机构应当妥善保存客户委托文件、核查和验证资料、工作底稿以及与质量控制、内部管理、业务经营有关的信息和资料,任何人不得泄露、隐匿、伪造、篡改或者毁损。上述信息和资料的保存期限不得少于十年,自业务委托结束之日起算。

第一百六十三条　证券服务机构为证券的发行、上市、交易等证券业务活动制作、出具审计报告及其他鉴证报告、资产评估报告、财务顾问报告、资信评级报告或者法律意见书等文件,应当勤勉尽责,对所依据的文件资料内容的真实性、准确性、完整性进行核查和验证。其制作、出具的文件有虚假记载、误导性陈述或者重大遗漏,给他人造成损失的,应当与委托人承担连带赔偿责任,但是能够证明自己没有过错的除外。

第十一章　证券业协会

第一百六十四条　证券业协会是证券业的自律性组织,是社会团体法人。

证券公司应当加入证券业协会。

证券业协会的权力机构为全体会员组成的会员大会。

第一百六十五条　证券业协会章程由会员大会制定,并报国务院证券监督管理机构备案。

第一百六十六条　证券业协会履行下列职责:

(一)教育和组织会员及其从业人员遵守证券法律、行政法规,组织开展证券行业诚信建设,督促证券行业履行社会责任;

(二)依法维护会员的合法权益,向证券监督管理机构反映会员的建议和要求;

(三)督促会员开展投资者教育和保护活动,维护投资者合法权益;

(四)制定和实施证券行业自律规则,监督、检查会员及其从业人员行为,对违反法律、行政法规、自律规则或者协会章程的,按照规定给予纪律处分或者实施其他自律管理措施;

(五)制定证券行业业务规范,组织从业人员的业务培训;

(六)组织会员就证券行业的发展、运作及有关内容进行研究,收集整理、发布证券相关信息,提供会员服务,组织行业交流,引导行业创新发展;

(七)对会员之间、会员与客户之间发生的证券业务纠纷进行调解;

(八)证券业协会章程规定的其他职责。

第一百六十七条　证券业协会设理事会。理事会成员依章程的规定由选举产生。

第十二章　证券监督管理机构

第一百六十八条　国务院证券监督管理机构依法对证券市场实行监督管理,

维护证券市场公开、公平、公正,防范系统性风险,维护投资者合法权益,促进证券市场健康发展。

第一百六十九条 国务院证券监督管理机构在对证券市场实施监督管理中履行下列职责:

(一)依法制定有关证券市场监督管理的规章、规则,并依法进行审批、核准、注册,办理备案;

(二)依法对证券的发行、上市、交易、登记、存管、结算等行为,进行监督管理;

(三)依法对证券发行人、证券公司、证券服务机构、证券交易场所、证券登记结算机构的证券业务活动,进行监督管理;

(四)依法制定从事证券业务人员的行为准则,并监督实施;

(五)依法监督检查证券发行、上市、交易的信息披露;

(六)依法对证券业协会的自律管理活动进行指导和监督;

(七)依法监测并防范、处置证券市场风险;

(八)依法开展投资者教育;

(九)依法对证券违法行为进行查处;

(十)法律、行政法规规定的其他职责。

第一百七十条 国务院证券监督管理机构依法履行职责,有权采取下列措施:

(一)对证券发行人、证券公司、证券服务机构、证券交易场所、证券登记结算机构进行现场检查;

(二)进入涉嫌违法行为发生场所调查取证;

(三)询问当事人和与被调查事件有关的单位和个人,要求其对与被调查事件有关的事项做出说明;或者要求其按照指定的方式报送与被调查事件有关的文件和资料;

(四)查阅、复制与被调查事件有关的财产权登记、通讯记录等文件和资料;

(五)查阅、复制当事人和与被调查事件有关的单位和个人的证券交易记录、登记过户记录、财务会计资料及其他相关文件和资料;对可能被转移、隐匿或者毁损的文件和资料,可以予以封存、扣押;

(六)查询当事人和与被调查事件有关的单位和个人的资金账户、证券账户、银行账户以及其他具有支付、托管、结算等功能的账户信息,可以对有关文件和资料进行复制;对有证据证明已经或者可能转移或者隐匿违法资金、证券等涉案财产或者隐匿、伪造、毁损重要证据的,经国务院证券监督管理机构主要负责人或者其授权的其他负责人批准,可以冻结或者查封,期限为六个月;因特殊原因需要延长的,每次延长期限不得超过三个月,冻结、查封期限最长不得超过二年;

(七)在调查操纵证券市场、内幕交易等重大证券违法行为时,经国务院证券监督管理机构主要负责人或者其授权的其他负责人批准,可以限制被调查的当事人的证券买卖,但限制的期限不得超过三个月;案情复杂的,可以延长三个月;

(八)通知出境入境管理机关依法阻止涉嫌违法人员、涉嫌违法单位的主管人员和其他直接责任人员出境。

为防范证券市场风险,维护市场秩序,国务院证券监督管理机构可以采取责令改正、监管谈话、出具警示函等措施。

第一百七十一条 国务院证券监督管理机构对涉嫌证券违法的单位或者个人进行调查期间,被调查的当事人书面申请,承诺在国务院证券监督管理机构认可的期限内纠正涉嫌违法行为,赔偿有关投资者损失,消除损害或者不良影响的,国务院证券监督管理机构可以决定中止调查。被调查的当事人履行承诺的,国务院证券监督管理机构可以决定终止调查;被调查的当事人未履行承诺或者有国务院规定的其他情形的,应当恢复调查。具体办法由国务院规定。

国务院证券监督管理机构决定中止或者终止调查的,应当按照规定公开相关信息。

第一百七十二条 国务院证券监督管理机构依法履行职责,进行监督检查或者调查,其监督检查、调查的人员不得少于二人,并应当出示合法证件和监督检查、调查通知书或者其他执法文书。监督检查、调查的人员少于二人或者未出示合法证件和监督检查、调查通知书或者其他执法文书的,被检查、调查的单位和个人有权拒绝。

第一百七十三条 国务院证券监督管理机构依法履行职责,被检查、调查的单位和个人应当配合,如实提供有关文件和资料,不得拒绝、阻碍和隐瞒。

第一百七十四条 国务院证券监督管理机构制定的规章、规则和监督管理工作制度应当依法公开。

国务院证券监督管理机构依据调查结果,对证券违法行为做出的处罚决定,应当公开。

第一百七十五条 国务院证券监督管理机构应当与国务院其他金融监督管理机构建立监督管理信息共享机制。

国务院证券监督管理机构依法履行职责,进行监督检查或者调查时,有关部门应当予以配合。

第一百七十六条 对涉嫌证券违法、违规行为,任何单位和个人有权向国务院证券监督管理机构举报。

对涉嫌重大违法、违规行为的实名举报线索经查证属实的,国务院证券监督管理机构按照规定给予举报人奖励。

国务院证券监督管理机构应当对举报人的身份信息保密。

第一百七十七条 国务院证券监督管理机构可以和其他国家或者地区的证券监督管理机构建立监督管理合作机制,实施跨境监督管理。

境外证券监督管理机构不得在中华人民共和国境内直接进行调查取证等活动。未经国务院证券监督管理机构和国务院有关主管部门同意,任何单位和个人不得擅自向境外提供与证券业务活动有关的文件和资料。

第一百七十八条 国务院证券监督管理机构依法履行职责,发现证券违法行为涉嫌犯罪的,应当依法将案件移送司法机关处理;发现公职人员涉嫌职务违法或者职务犯罪的,应当依法移送监察机关处理。

第一百七十九条 国务院证券监督管理机构工作人员必须忠于职守、依法办事、公正廉洁,不得利用职务便利牟取不正当利益,不得泄露所知悉的有关单位和个人的商业秘密。

国务院证券监督管理机构工作人员在任职期间,或者离职后在《中华人民共和国公务员法》规定的期限内,不得到与原工作业务直接相关的企业或者其他营利性组织任职,不得从事与原工作业务直接相关的营利性活动。

第十三章　法律责任

第一百八十条　违反本法第九条的规定,擅自公开或者变相公开发行证券的,责令停止发行,退还所募资金并加算银行同期存款利息,处以非法所募资金金额百分之五以上百分之五十以下的罚款;对擅自公开或者变相公开发行证券设立的公司,由依法履行监督管理职责的机构或者部门会同县级以上地方人民政府予以取缔。对直接负责的主管人员和其他直接责任人员给予警告,并处以五十万元以上五百万元以下的罚款。

第一百八十一条　发行人在其公告的证券发行文件中隐瞒重要事实或者编造重大虚假内容,尚未发行证券的,处以二百万元以上二千万元以下的罚款;已经发行证券的,处以非法所募资金金额百分之十以上一倍以下的罚款。对直接负责的主管人员和其他直接责任人员,处以一百万元以上一千万元以下的罚款。

发行人的控股股东、实际控制人组织、指使从事前款违法行为的,没收违法所得,并处以违法所得百分之十以上一倍以下的罚款;没有违法所得或者违法所得不足二千万元的,处以二百万元以上二千万元以下的罚款。对直接负责的主管人员和其他直接责任人员,处以一百万元以上一千万元以下的罚款。

第一百八十二条　保荐人出具有虚假记载、误导性陈述或者重大遗漏的保荐书,或者不履行其他法定职责的,责令改正,给予警告,没收业务收入,并处以业务收入一倍以上十倍以下的罚款;没有业务收入或者业务收入不足一百万元的,处以一百万元以上一千万元以下的罚款;情节严重的,并处暂停或者撤销保荐业务许可。对直接负责的主管人员和其他直接责任人员给予警告,并处以五十万元以上五百万元以下的罚款。

第一百八十三条　证券公司承销或者销售擅自公开发行或者变相公开发行的证券的,责令停止承销或者销售,没收违法所得,并处以违法所得一倍以上十倍以下的罚款;没有违法所得或者违法所得不足一百万元的,处以一百万元以上一千万元以下的罚款;情节严重的,并处暂停或者撤销相关业务许可。给投资者造成损失的,应当与发行人承担连带赔偿责任。对直接负责的主管人员和其他直接责任人员给予警告,并处以五十万元以上五百万元以下的罚款。

第一百八十四条　证券公司承销证券违反本法第二十九条规定的,责令改正,给予警告,没收违法所得,可以并处五十万元以上五百万元以下的罚款;情节严重的,暂停或者撤销相关业务许可。对直接负责的主管人员和其他直接责任人员给予警告,可以并处二十万元以上二百万元以下的罚款;情节严重的,并处以五十万元以上五百万元以下的罚款。

第一百八十五条　发行人违反本法第十四条、第十五条的规定擅自改变公开发行证券所募集资金的用途的,责令改正,处以五十万元以上五百万元以下的罚款;对直接负责的主管人员和其他直接责任人员给予警告,并处以十万元以上一百万元以下的罚款。

发行人的控股股东、实际控制人从事或者组织、指使从事前款违法行为的,给予警告,并处以五十万元以上五百万元以下的罚款;对直接负责的主管人员和其他直接责任人员,处以十万元以上一百万元以下的罚款。

第一百八十六条　违反本法第三十六条的规定,在限制转让期内转让证券,或者转让股票不符合法律、行政法规和国务院证券监督管理机构规定的,责令改正,给予警告,没收违法所得,并处以买卖证券等值以下的罚款。

第一百八十七条　法律、行政法规规定禁止参与股票交易的人员,违反本法第四十条的规定,直接或者以化名、借他人名义持有、买卖股票或者其他具有股权性质的证券的,责令依法处理非法持有的股票、其他具有股权性质的证券,没收违法所得,并处以买卖证券等值以下的罚款;属于国家工作人员的,还应当依法给予处分。

第一百八十八条　证券服务机构及其从业人员,违反本法第四十二条的规定买卖证券的,责令依法处理非法持有的证券,没收违法所得,并处以买卖证券等值以下的罚款。

第一百八十九条　上市公司、股票在国务院批准的其他全国性证券交易场所交易的公司的董事、监事、高级管理人员、持有该公司百分之五以上股份的股东,违反本法第四十四条的规定,买卖该公司股票或者其他具有股权性质的证券的,给予警告,并处以十万元以上一百万元以下的罚款。

第一百九十条　违反本法第四十五条的规定，采取程序化交易影响证券交易所系统安全或者正常交易秩序的，责令改正，并处以五十万元以上五百万元以下的罚款。对直接负责的主管人员和其他直接责任人员给予警告，并处以十万元以上一百万元以下的罚款。

第一百九十一条　证券交易内幕信息的知情人或者非法获取内幕信息的人违反本法第五十三条的规定从事内幕交易的，责令依法处理非法持有的证券，没收违法所得，并处以违法所得一倍以上十倍以下的罚款；没有违法所得或者违法所得不足五十万元的，处以五十万元以上五百万元以下的罚款。单位从事内幕交易的，还应当对直接负责的主管人员和其他直接责任人员给予警告，并处以二十万元以上二百万元以下的罚款。国务院证券监督管理机构工作人员从事内幕交易的，从重处罚。

违反本法第五十四条的规定，利用未公开信息进行交易的，依照前款的规定处罚。

第一百九十二条　违反本法第五十五条的规定，操纵证券市场的，责令依法处理其非法持有的证券，没收违法所得，并处以违法所得一倍以上十倍以下的罚款；没有违法所得或者违法所得不足一百万元的，处以一百万元以上一千万元以下的罚款。单位操纵证券市场的，还应当对直接负责的主管人员和其他直接责任人员给予警告，并处以五十万元以上五百万元以下的罚款。

第一百九十三条　违反本法第五十六条第一款、第三款的规定，编造、传播虚假信息或者误导性信息，扰乱证券市场的，没收违法所得，并处以违法所得一倍以上十倍以下的罚款；没有违法所得或者违法所得不足二十万元的，处以二十万元以上二百万元以下的罚款。

违反本法第五十六条第二款的规定，在证券交易活动中做出虚假陈述或者信息误导的，责令改正，处以二十万元以上二百万元以下的罚款；属于国家工作人员的，还应当依法给予处分。

传播媒介及其从事证券市场信息报道的工作人员违反本法第五十六条第三款的规定，从事与其工作职责发生利益冲突的证券买卖的，没收违法所得，并处以买卖证券等值以下的罚款。

第一百九十四条 证券公司及其从业人员违反本法第五十七条的规定,有损害客户利益的行为的,给予警告,没收违法所得,并处以违法所得一倍以上十倍以下的罚款;没有违法所得或者违法所得不足十万元的,处以十万元以上一百万元以下的罚款;情节严重的,暂停或者撤销相关业务许可。

第一百九十五条 违反本法第五十八条的规定,出借自己的证券账户或者借用他人的证券账户从事证券交易的,责令改正,给予警告,可以处五十万元以下的罚款。

第一百九十六条 收购人未按照本法规定履行上市公司收购的公告、发出收购要约义务的,责令改正,给予警告,并处以五十万元以上五百万元以下的罚款。对直接负责的主管人员和其他直接责任人员给予警告,并处以二十万元以上二百万元以下的罚款。

收购人及其控股股东、实际控制人利用上市公司收购,给被收购公司及其股东造成损失的,应当依法承担赔偿责任。

第一百九十七条 信息披露义务人未按照本法规定报送有关报告或者履行信息披露义务的,责令改正,给予警告,并处以五十万元以上五百万元以下的罚款;对直接负责的主管人员和其他直接责任人员给予警告,并处以二十万元以上二百万元以下的罚款。发行人的控股股东、实际控制人组织、指使从事上述违法行为,或者隐瞒相关事项导致发生上述情形的,处以五十万元以上五百万元以下的罚款;对直接负责的主管人员和其他直接责任人员,处以二十万元以上二百万元以下的罚款。

信息披露义务人报送的报告或者披露的信息有虚假记载、误导性陈述或者重大遗漏的,责令改正,给予警告,并处以一百万元以上一千万元以下的罚款;对直接负责的主管人员和其他直接责任人员给予警告,并处以五十万元以上五百万元以下的罚款。发行人的控股股东、实际控制人组织、指使从事上述违法行为,或者隐瞒相关事项导致发生上述情形的,处以一百万元以上一千万元以下的罚款;对直接负责的主管人员和其他直接责任人员,处以五十万元以上五百万元以下的罚款。

第一百九十八条 证券公司违反本法第八十八条的规定未履行或者未按照规定履行投资者适当性管理义务的,责令改正,给予警告,并处以十万元以上一百万元以下的罚款。对直接负责的主管人员和其他直接责任人员给予警告,并处以二十万元以下的罚款。

第一百九十九条 违反本法第九十条的规定征集股东权利的,责令改正,给予警告,可以处五十万元以下的罚款。

第二百条 非法开设证券交易场所的,由县级以上人民政府予以取缔,没收违法所得,并处以违法所得一倍以上十倍以下的罚款;没有违法所得或者违法所得不足一百万元的,处以一百万元以上一千万元以下的罚款。对直接负责的主管人员和其他直接责任人员给予警告,并处以二十万元以上二百万元以下的罚款。

证券交易所违反本法第一百零五条的规定,允许非会员直接参与股票的集中交易的,责令改正,可以并处五十万元以下的罚款。

第二百零一条 证券公司违反本法第一百零七条第一款的规定,未对投资者开立账户提供的身份信息进行核对的,责令改正,给予警告,并处以五万元以上五十万元以下的罚款。对直接负责的主管人员和其他直接责任人员给予警告,并处以十万元以下的罚款。

证券公司违反本法第一百零七条第二款的规定,将投资者的账户提供给他人使用的,责令改正,给予警告,并处以十万元以上一百万元以下的罚款。对直接负责的主管人员和其他直接责任人员给予警告,并处以二十万元以下的罚款。

第二百零二条 违反本法第一百一十八条、第一百二十条第一款、第四款的规定,擅自设立证券公司、非法经营证券业务或者未经批准以证券公司名义开展证券业务活动的,责令改正,没收违法所得,并处以违法所得一倍以上十倍以下的罚款;没有违法所得或者违法所得不足一百万元的,处以一百万元以上一千万元以下的罚款。对直接负责的主管人员和其他直接责任人员给予警告,并处以二十万元以上二百万元以下的罚款。对擅自设立的证券公司,由国务院证券监督管理机构予以取缔。

证券公司违反本法第一百二十条第五款规定提供证券融资融券服务的,没收违法所得,并处以融资融券等值以下的罚款;情节严重的,禁止其在一定期限内从事证券融资融券业务。对直接负责的主管人员和其他直接责任人员给予警告,并处以二十万元以上二百万元以下的罚款。

第二百零三条 提交虚假证明文件或者采取其他欺诈手段骗取证券公司设立许可、业务许可或者重大事项变更核准的,撤销相关许可,并处以一百万元以上一千万元以下的罚款。对直接负责的主管人员和其他直接责任人员给予警告,并处以二十万元以上二百万元以下的罚款。

第二百零四条 证券公司违反本法第一百二十二条的规定,未经核准变更证券业务范围,变更主要股东或者公司的实际控制人,合并、分立、停业、解散、破产的,责令改正,给予警告,没收违法所得,并处以违法所得一倍以上十倍以下的罚款;没有违法所得或者违法所得不足五十万元的,处以五十万元以上五百万元以下的罚款;情节严重的,并处撤销相关业务许可。对直接负责的主管人员和其他直接责任人员给予警告,并处以二十万元以上二百万元以下的罚款。

第二百零五条 证券公司违反本法第一百二十三条第二款的规定,为其股东或者股东的关联人提供融资或者担保的,责令改正,给予警告,并处以五十万元以上五百万元以下的罚款。对直接负责的主管人员和其他直接责任人员给予警告,并处以十万元以上一百万元以下的罚款。股东有过错的,在按照要求改正前,国务院证券监督管理机构可以限制其股东权利;拒不改正的,可以责令其转让所持证券公司股权。

第二百零六条 证券公司违反本法第一百二十八条的规定,未采取有效隔离措施防范利益冲突,或者未分开办理相关业务、混合操作的,责令改正,给予警告,没收违法所得,并处以违法所得一倍以上十倍以下的罚款;没有违法所得或者违法所得不足五十万元的,处以五十万元以上五百万元以下的罚款;情节严重的,并处撤销相关业务许可。对直接负责的主管人员和其他直接责任人员给予警告,并处以二十万元以上二百万元以下的罚款。

第二百零七条 证券公司违反本法第一百二十九条的规定从事证券自营业务的,责令改正,给予警告,没收违法所得,并处以违法所得一倍以上十倍以下的罚款;没有违法所得或者违法所得不足五十万元的,处以五十万元以上五百万元以下的罚款;情节严重的,并处撤销相关业务许可或者责令关闭。对直接负责的主管人员和其他直接责任人员给予警告,并处以二十万元以上二百万元以下的罚款。

第二百零八条 违反本法第一百三十一条的规定,将客户的资金和证券归入自有财产,或者挪用客户的资金和证券的,责令改正,给予警告,没收违法所得,并处以违法所得一倍以上十倍以下的罚款;没有违法所得或者违法所得不足一百万元的,处以一百万元以上一千万元以下的罚款;情节严重的,并处撤销相关业务许可或者责令关闭。对直接负责的主管人员和其他直接责任人员给予警告,并处以五十万元以上五百万元以下的罚款。

第二百零九条 证券公司违反本法第一百三十四条第一款的规定接受客户的全权委托买卖证券的,或者违反本法第一百三十五条的规定对客户的收益或者赔偿客户的损失做出承诺的,责令改正,给予警告,没收违法所得,并处以违法所得一倍以上十倍以下的罚款;没有违法所得或者违法所得不足五十万元的,处以五十万元以上五百万元以下的罚款;情节严重的,并处撤销相关业务许可。对直接负责的主管人员和其他直接责任人员给予警告,并处以二十万元以上二百万元以下的罚款。

证券公司违反本法第一百三十四条第二款的规定,允许他人以证券公司的名义直接参与证券的集中交易的,责令改正,可以并处五十万元以下的罚款。

第二百一十条 证券公司的从业人员违反本法第一百三十六条的规定,私下接受客户委托买卖证券的,责令改正,给予警告,没收违法所得,并处以违法所得一倍以上十倍以下的罚款;没有违法所得的,处以五十万元以下的罚款。

第二百一十一条 证券公司及其主要股东、实际控制人违反本法第一百三十八条的规定,未报送、提供信息和资料,或者报送、提供的信息和资料有虚假记载、误导性陈述或者重大遗漏的,责令改正,给予警告,并处以一百万元以下的罚款;情节严重的,并处撤销相关业务许可。对直接负责的主管人员和其他直接责任人员,给予警告,并处以五十万元以下的罚款。

第二百一十二条 违反本法第一百四十五条的规定,擅自设立证券登记结算机构的,由国务院证券监督管理机构予以取缔,没收违法所得,并处以违法所得一倍以上十倍以下的罚款;没有违法所得或者违法所得不足五十万元的,处以五十万元以上五百万元以下的罚款。对直接负责的主管人员和其他直接责任人员给予警告,并处以二十万元以上二百万元以下的罚款。

第二百一十三条 证券投资咨询机构违反本法第一百六十条第二款的规定擅

自从事证券服务业务,或者从事证券服务业务有本法第一百六十一条规定行为的,责令改正,没收违法所得,并处以违法所得一倍以上十倍以下的罚款;没有违法所得或者违法所得不足五十万元的,处以五十万元以上五百万元以下的罚款。对直接负责的主管人员和其他直接责任人员,给予警告,并处以二十万元以上二百万元以下的罚款。

会计师事务所、律师事务所以及从事资产评估、资信评级、财务顾问、信息技术系统服务的机构违反本法第一百六十条第二款的规定,从事证券服务业务未报备案的,责令改正,可以处二十万元以下的罚款。

证券服务机构违反本法第一百六十三条的规定,未勤勉尽责,所制作、出具的文件有虚假记载、误导性陈述或者重大遗漏的,责令改正,没收业务收入,并处以业务收入一倍以上十倍以下的罚款,没有业务收入或者业务收入不足五十万元的,处以五十万元以上五百万元以下的罚款;情节严重的,并处暂停或者禁止从事证券服务业务。对直接负责的主管人员和其他直接责任人员给予警告,并处以二十万元以上二百万元以下的罚款。

第二百一十四条 发行人、证券登记结算机构、证券公司、证券服务机构未按照规定保存有关文件和资料的,责令改正,给予警告,并处以十万元以上一百万元以下的罚款;泄露、隐匿、伪造、篡改或者毁损有关文件和资料的,给予警告,并处以二十万元以上二百万元以下的罚款;情节严重的,处以五十万元以上五百万元以下的罚款,并处暂停、撤销相关业务许可或者禁止从事相关业务。对直接负责的主管人员和其他直接责任人员给予警告,并处以十万元以上一百万元以下的罚款。

第二百一十五条 国务院证券监督管理机构依法将有关市场主体遵守本法的情况纳入证券市场诚信档案。

第二百一十六条 国务院证券监督管理机构或者国务院授权的部门有下列情形之一的,对直接负责的主管人员和其他直接责任人员,依法给予处分:

(一)对不符合本法规定的发行证券、设立证券公司等申请予以核准、注册、批准的;

(二)违反本法规定采取现场检查、调查取证、查询、冻结或者查封等措施的;

(三)违反本法规定对有关机构和人员采取监督管理措施的;

（四）违反本法规定对有关机构和人员实施行政处罚的；

（五）其他不依法履行职责的行为。

第二百一十七条 国务院证券监督管理机构或者国务院授权的部门的工作人员，不履行本法规定的职责，滥用职权、玩忽职守，利用职务便利牟取不正当利益，或者泄露所知悉的有关单位和个人的商业秘密的，依法追究法律责任。

第二百一十八条 拒绝、阻碍证券监督管理机构及其工作人员依法行使监督检查、调查职权，由证券监督管理机构责令改正，处以十万元以上一百万元以下的罚款，并由公安机关依法给予治安管理处罚。

第二百一十九条 违反本法规定，构成犯罪的，依法追究刑事责任。

第二百二十条 违反本法规定，应当承担民事赔偿责任和缴纳罚款、罚金、违法所得，违法行为人的财产不足以支付的，优先用于承担民事赔偿责任。

第二百二十一条 违反法律、行政法规或者国务院证券监督管理机构的有关规定，情节严重的，国务院证券监督管理机构可以对有关责任人员采取证券市场禁入的措施。

前款所称证券市场禁入，是指在一定期限内直至终身不得从事证券业务、证券服务业务，不得担任证券发行人的董事、监事、高级管理人员，或者一定期限内不得在证券交易所、国务院批准的其他全国性证券交易场所交易证券的制度。

第二百二十二条 依照本法收缴的罚款和没收的违法所得，全部上缴国库。

第二百二十三条 当事人对证券监督管理机构或者国务院授权的部门的处罚决定不服的，可以依法申请行政复议，或者依法直接向人民法院提起诉讼。

第十四章 附则

第二百二十四条 境内企业直接或者间接到境外发行证券或者将其证券在境外上市交易，应当符合国务院的有关规定。

第二百二十五条 境内公司股票以外币认购和交易的，具体办法由国务院另行规定。

第二百二十六条 本法自 2020 年 3 月 1 日起施行。

▶ 附 录 四 ◀

商业银行资本管理办法(试行)

第一章 总 则

第一条 为加强商业银行资本监管,维护银行体系稳健运行,保护存款人利益,根据《中华人民共和国银行业监督管理法》《中华人民共和国商业银行法》《中华人民共和国外资银行管理条例》等法律法规,制定本办法。

第二条 本办法适用于在中华人民共和国境内设立的商业银行。

第三条 商业银行资本应抵御其所面临的风险,包括个体风险和系统性风险。

第四条 商业银行应当符合本办法规定的资本充足率监管要求。

第五条 本办法所称资本充足率,是指商业银行持有的符合本办法规定的资本与风险加权资产之间的比率。

一级资本充足率,是指商业银行持有的符合本办法规定的一级资本与风险加权资产之间的比率。

核心一级资本充足率,是指商业银行持有的符合本办法规定的核心一级资本与风险加权资产之间的比率。

第六条 商业银行应当按照本办法的规定计算并表和未并表的资本充足率。

第七条　商业银行资本充足率计算应当建立在充分计提贷款损失准备等各项减值准备的基础之上。

第八条　商业银行应当按照本办法建立全面风险管理架构和内部资本充足评估程序。

第九条　中国银行业监督管理委员会(以下简称银监会)依照本办法对商业银行资本充足率、资本管理状况进行监督检查,并采取相应的监管措施。

第十条　商业银行应当按照本办法披露资本充足率信息。

第二章　资本充足率计算和监管要求

第一节　资本充足率计算范围

第十一条　商业银行未并表资本充足率的计算范围应包括商业银行境内外所有分支机构。并表资本充足率的计算范围应包括商业银行以及符合本办法规定的其直接或间接投资的金融机构。商业银行及被投资金融机构共同构成银行集团。

第十二条　商业银行计算并表资本充足率,应当将以下境内外被投资金融机构纳入并表范围:

(一)商业银行直接或间接拥有50%以上表决权的被投资金融机构。

(二)商业银行拥有50%以下(含)表决权的被投资金融机构,但与被投资金融机构之间有下列情况之一的,应将其纳入并表范围:

1.通过与其他投资者之间的协议,拥有该金融机构50%以上的表决权。

2.根据章程或协议,有权决定该金融机构的财务和经营政策。

3.有权任免该金融机构董事会或类似权力机构的多数成员。

4.在被投资金融机构董事会或类似权力机构占多数表决权。

确定对被投资金融机构表决权时,应考虑直接和间接拥有的被投资金融机构的当期可转换债券、当期可执行的认股权证等潜在表决权因素,对于当期可以实现的潜在表决权,应计入对被投资金融机构的表决权。

(三)其他证据表明商业银行实际控制被投资金融机构的情况。

控制,是指一个公司能够决定另一个公司的财务和经营政策,并据以从另一个公司的经营活动中获取利益。

第十三条 商业银行未拥有被投资金融机构多数表决权或控制权,具有下列情况之一的,应当纳入并表资本充足率计算范围:

(一)具有业务同质性的多个金融机构,虽然单个金融机构资产规模占银行集团整体资产规模的比例较小,但该类金融机构总体风险足以对银行集团的财务状况及风险水平造成重大影响。

(二)被投资金融机构所产生的合规风险、声誉风险造成的危害和损失足以对银行集团的声誉造成重大影响。

第十四条 符合本办法第十二条、第十三条规定的保险公司不纳入并表范围。

商业银行应从各级资本中对应扣除对保险公司的资本投资,若保险公司存在资本缺口的,还应当扣除相应的资本缺口。

第十五条 商业银行拥有被投资金融机构50%以上表决权或对被投资金融机构的控制权,但被投资金融机构处于以下状态之一的,可不列入并表范围:

(一)已关闭或已宣布破产。

(二)因终止而进入清算程序。

(三)受所在国外汇管制及其他突发事件的影响,资金调度受到限制的境外被投资金融机构。

商业银行对有前款规定情形的被投资金融机构资本投资的处理方法按照本办法第十四条第二款的规定执行。

第十六条 商业银行计算未并表资本充足率,应当从各级资本中对应扣除其对符合本办法第十二条和第十三条规定的金融机构的所有资本投资。若这些金融机构存在资本缺口的,还应当扣除相应的资本缺口。

第十七条 商业银行应当根据本办法制定并表和未并表资本充足率计算内部制度。商业银行调整并表和未并表资本充足率计算范围的,应说明理由,并及时报银监会备案。

第十八条 银监会有权根据商业银行及其附属机构股权结构变动、业务类别及风险状况确定和调整其并表资本充足率的计算范围。

第二节 资本充足率计算公式

第十九条 商业银行应当按照以下公式计算资本充足率:

第二十条 商业银行总资本包括核心一级资本、其他一级资本和二级资本。商业银行应当按照本办法第三章的规定计算各级资本和扣除项。

第二十一条 商业银行风险加权资产包括信用风险加权资产、市场风险加权资产和操作风险加权资产。商业银行应当按照本办法第四章、第五章和第六章的规定分别计量信用风险加权资产、市场风险加权资产和操作风险加权资产。

第三节 资本充足率监管要求

第二十二条 商业银行资本充足率监管要求包括最低资本要求、储备资本和逆周期资本要求、系统重要性银行附加资本要求以及第二支柱资本要求。

第二十三条 商业银行各级资本充足率不得低于如下最低要求:

(一)核心一级资本充足率不得低于5%。

(二)一级资本充足率不得低于6%。

(三)资本充足率不得低于8%。

第二十四条 商业银行应当在最低资本要求的基础上计提储备资本。储备资本要求为风险加权资产的2.5%,由核心一级资本来满足。

特定情况下,商业银行应当在最低资本要求和储备资本要求之上计提逆周期资本。逆周期资本要求为风险加权资产的0~2.5%,由核心一级资本来满足。

逆周期资本的计提与运用规则另行规定。

第二十五条 除本办法第二十三条和第二十四条规定的最低资本要求、储备资本和逆周期资本要求外,系统重要性银行还应当计提附加资本。

国内系统重要性银行附加资本要求为风险加权资产的1%,由核心一级资本满足。国内系统重要性银行的认定标准另行规定。

若国内银行被认定为全球系统重要性银行,所适用的附加资本要求不得低于巴塞尔委员会的统一规定。

第二十六条 除本办法第二十三条、第二十四条和第二十五条规定的资本要

求以外,银监会有权在第二支柱框架下提出更审慎的资本要求,确保资本充分覆盖风险,包括:

(一)根据风险判断,针对部分资产组合提出的特定资本要求;

(二)根据监督检查结果,针对单家银行提出的特定资本要求。

第二十七条 除上述资本充足率监管要求外,商业银行还应当满足杠杆率监管要求。

杠杆率的计算规则和监管要求另行规定。

第三章　资本定义

第一节　资本组成

第二十八条 商业银行发行的资本工具应符合本办法附件 1 规定的合格标准。

第二十九条 核心一级资本包括:

(一)实收资本或普通股。

(二)资本公积。

(三)盈余公积。

(四)一般风险准备。

(五)未分配利润。

(六)少数股东资本可计入部分。

第三十条 其他一级资本包括:

(一)其他一级资本工具及其溢价。

(二)少数股东资本可计入部分。

第三十一条 二级资本包括:

(一)二级资本工具及其溢价。

(二)超额贷款损失准备。

1.商业银行采用权重法计量信用风险加权资产的,超额贷款损失准备可计入二级资本,但不得超过信用风险加权资产的 1.25%。

前款所称超额贷款损失准备是指商业银行实际计提的贷款损失准备超过最低要求的部分。贷款损失准备最低要求指 100% 拨备覆盖率对应的贷款损失准备和应计提的贷款损失专项准备两者中的较大者。

2. 商业银行采用内部评级法计量信用风险加权资产的,超额贷款损失准备可计入二级资本,但不得超过信用风险加权资产的 0.6%。

前款所称超额贷款损失准备是指商业银行实际计提的贷款损失准备超过预期损失的部分。

(三)少数股东资本可计入部分。

第二节　资本扣除项

第三十二条　计算资本充足率时,商业银行应当从核心一级资本中全额扣除以下项目:

(一)商誉。

(二)其他无形资产(土地使用权除外)。

(三)由经营亏损引起的净递延税资产。

(四)贷款损失准备缺口。

1. 商业银行采用权重法计量信用风险加权资产的,贷款损失准备缺口是指商业银行实际计提的贷款损失准备低于贷款损失准备最低要求的部分。

2. 商业银行采用内部评级法计量信用风险加权资产的,贷款损失准备缺口是指商业银行实际计提的贷款损失准备低于预期损失的部分。

(五)资产证券化销售利得。

(六)确定受益类的养老金资产净额。

(七)直接或间接持有本银行的股票。

(八)对资产负债表中未按公允价值计量的项目进行套期形成的现金流储备,若为正值,应予以扣除;若为负值,应予以加回。

(九)商业银行自身信用风险变化导致其负债公允价值变化带来的未实现损益。

第三十三条　商业银行之间通过协议相互持有的各级资本工具,或银监会认定为虚增资本的各级资本投资,应从相应监管资本中对应扣除。

商业银行直接或间接持有本银行发行的其他一级资本工具和二级资本工具,应从相应的监管资本中对应扣除。

对应扣除是指从商业银行自身相应层级资本中扣除。商业银行某一级资本净额小于应扣除数额的,缺口部分应从更高一级的资本净额中扣除。

第三十四条　商业银行对未并表金融机构的小额少数资本投资,合计超出本银行核心一级资本净额10%的部分,应从各级监管资本中对应扣除。

小额少数资本投资是指商业银行对金融机构各级资本投资(包括直接和间接投资)占该被投资金融机构实收资本(普通股加普通股溢价)10%(不含)以下,且不符合本办法第十二条、第十三条规定的资本投资。

第三十五条　商业银行对未并表金融机构的大额少数资本投资中,核心一级资本投资合计超出本行核心一级资本净额10%的部分应从本银行核心一级资本中扣除;其他一级资本投资和二级资本投资应从相应层级资本中全额扣除。

大额少数资本投资是指商业银行对金融机构各级资本投资(包括直接和间接投资)占该被投资金融机构实收资本(普通股加普通股溢价)10%(含)以上,且不符合本办法第十二条、第十三条规定的资本投资。

第三十六条　除本办法第三十二条第三款规定的递延税资产外,其他依赖于本银行未来盈利的净递延税资产,超出本行核心一级资本净额10%的部分应从核心一级资本中扣除。

第三十七条　根据本办法第三十五条、第三十六条的规定,未在商业银行核心一级资本中扣除的对金融机构的大额少数资本投资和相应的净递延税资产,合计金额不得超过本行核心一级资本净额的15%。

第三节　少数股东资本的处理

第三十八条　商业银行附属公司适用于资本充足率监管的,附属公司直接发行且由第三方持有的少数股东资本可以部分计入监管资本。

第三十九条　附属公司核心一级资本中少数股东资本用于满足核心一级资本

最低要求和储备资本要求的部分,可计入并表核心一级资本。

最低要求和储备资本要求为下面两项中较小者:

(一)附属公司核心一级资本最低要求加储备资本要求。

(二)母公司并表核心一级资本最低要求与储备资本要求归属于附属公司的部分。

第四十条 附属公司一级资本中少数股东资本用于满足一级资本最低要求和储备资本要求的部分,扣除已计入并表核心一级资本的部分后,剩余部分可以计入并表其他一级资本。

最低要求和储备资本要求为下面两项中较小者:

(一)附属公司一级资本最低要求加储备资本要求。

(二)母公司并表一级资本最低要求与储备资本要求归属于附属公司的部分。

第四十一条 附属公司总资本中少数股东资本用于满足总资本最低要求和储备资本要求的部分,扣除已计入并表一级资本的部分后,剩余部分可以计入并表二级资本。

最低要求和储备资本要求为下面两项中较小者:

(一)附属公司总资本最低要求加储备资本要求。

(二)母公司并表总资本最低要求与储备资本要求归属于附属公司的部分。

第四节 特殊规定

第四十二条 商业银行发行的二级资本工具有确定到期日的,该二级资本工具在距到期日前最后五年,可计入二级资本的金额,应当按100%、80%、60%、40%、20%的比例逐年减计。

第四十三条 商业银行2010年9月12日前发行的不合格二级资本工具,2013年1月1日之前可计入监管资本,2013年1月1日起按年递减10%,2022年1月1日起不得计入监管资本。

前款所称不合格二级资本工具按年递减数量的计算以2013年1月1日的数量为基数。

带有利率跳升机制或其他赎回激励的二级资本工具,若行权日期在2013年1

月 1 日之后,且在行权日未被赎回,并满足本办法附件 1 规定的其他所有合格标准,可继续计入监管资本。

第四十四条 商业银行 2010 年 9 月 12 日至 2013 年 1 月 1 日之间发行的二级资本工具,若不含有减记或转股条款,但满足本办法附件 1 规定的其他合格标准,2013 年 1 月 1 日之前可计入监管资本,2013 年 1 月 1 日起按年递减 10%,2022 年 1 月 1 日起不得计入监管资本。

前款所称不合格二级资本工具按年递减数量的计算以 2013 年 1 月 1 日的数量为基数。

第四十五条 2013 年 1 月 1 日之后发行的不合格资本工具不再计入监管资本。

第四章 信用风险加权资产计量

第一节 一般规定

第四十六条 商业银行可以采用权重法或内部评级法计量信用风险加权资产。商业银行采用内部评级法计量信用风险加权资产的,应当符合本办法的规定,并经银监会核准。内部评级法未覆盖的风险暴露应采用权重法计量信用风险加权资产。

未经银监会核准,商业银行不得变更信用风险加权资产计量方法。

第四十七条 商业银行申请采用内部评级法计量信用风险加权资产的,提交申请时内部评级法资产覆盖率应不低于 50%,并在三年内达到 80%。

前款所称内部评级法资产覆盖率按以下公式确定:

内部评级法资产覆盖率=按内部评级法计量的风险加权资产/(按内部评级法计量的风险加权资产+按权重法计量的内部评级法未覆盖信用风险暴露的风险加权资产)×100%

第四十八条 商业银行采用内部评级法,应当按照本办法附件 3 的规定计量信用风险加权资产,按照本办法附件 4 的规定对银行账户信用风险暴露进行分类,按照本办法附件 5 的规定建立内部评级体系。

商业银行采用内部评级法,可以按照本办法附件 6 的规定审慎考虑信用风险缓释工具的风险抵补作用。

商业银行采用内部评级法,可以按照本办法附件 7 的规定采用监管映射法计量专业贷款信用风险加权资产。

第四十九条 商业银行应当按照本办法附件 8 的规定计量银行账户和交易账户的交易对手信用风险加权资产。

第五十条 商业银行应当按照本办法附件 9 的规定计量资产证券化风险暴露的信用风险加权资产。

第二节 权重法

第五十一条 权重法下信用风险加权资产为银行账户表内资产信用风险加权资产与表外项目信用风险加权资产之和。

第五十二条 商业银行计量各类表内资产的风险加权资产,应首先从资产账面价值中扣除相应的减值准备,然后乘以风险权重。

第五十三条 商业银行计量各类表外项目的风险加权资产,应将表外项目名义金额乘以信用转换系数得到等值的表内资产,再按表内资产的处理方式计量风险加权资产。

第五十四条 现金及现金等价物的风险权重为 0%。

第五十五条 商业银行对境外主权和金融机构债权的风险权重,以所在国家或地区的外部信用评级结果为基准。

(一)对其他国家或地区政府及其中央银行债权,该国家或地区的评级为 AA－(含)以上的,风险权重为 0%;AA－以下,A－(含)以上的,风险权重为 20%;A－以下,BBB－(含)以上的,风险权重为 50%;BBB－以下,B－(含)以上的,风险权重为 100%;B－以下的,风险权重为 150%;未评级的,风险权重为 100%。

(二)对公共部门实体债权的风险权重与对所在国家或地区注册的商业银行债权的风险权重相同。

(三)对境外商业银行债权,注册地所在国家或地区的评级为 AA－(含)以上的,风险权重为25%;AA-以下,A-(含)以上的,风险权重为50%;A-以下,B-(含)以上的,风险权重为100%;B-以下的,风险权重为150%;未评级的,风险权重为100%。

(四)对境外其他金融机构债权的风险权重为100%。

第五十六条 商业银行对多边开发银行、国际清算银行和国际货币基金组织债权的风险权重为0%。

多边开发银行包括世界银行集团、亚洲开发银行、非洲开发银行、欧洲复兴开发银行、泛美开发银行、欧洲投资银行、欧洲投资基金、北欧投资银行、加勒比海开发银行、伊斯兰开发银行和欧洲开发银行理事会。

第五十七条 商业银行对我国中央政府和中国人民银行债权的风险权重为0%。

第五十八条 商业银行对我国公共部门实体债权的风险权重为20%。我国公共部门实体包括:

(一)除财政部和中国人民银行以外,其他收入主要源于中央财政的公共部门。

(二)省级(直辖区、自治区)以及计划单列市人民政府。

商业银行对前款所列公共部门实体投资的工商企业的债权不适用20%的风险权重。

第五十九条 商业银行对我国政策性银行债权的风险权重为0%。

商业银行对我国政策性银行的次级债权(未扣除部分)的风险权重为100%。

第六十条 商业银行持有我国中央政府投资的金融资产管理公司为收购国有银行不良贷款而定向发行的债券的风险权重为0%。

商业银行对我国中央政府投资的金融资产管理公司其他债权的风险权重为100%。

第六十一条 商业银行对我国其他商业银行债权的风险权重为25%,其中原始期限三个月以内(含)债权的风险权重为20%。

以风险权重为0%的金融资产作为质押的债权,其覆盖部分的风险权重为0%。

商业银行对我国其他商业银行的次级债权(未扣除部分)的风险权重为100%。

第六十二条　商业银行对我国其他金融机构债权的风险权重为100%。

第六十三条　商业银行对一般企业债权的风险权重为100%。

第六十四条　商业银行对同时符合以下条件的微型和小型企业债权的风险权重为75%：

（一）企业符合国家相关部门规定的微型和小型企业认定标准。

（二）商业银行对单家企业（或企业集团）的风险暴露不超过500万元。

（三）商业银行对单家企业（或企业集团）的风险暴露占本行信用风险暴露总额的比例不高于0.5%。

第六十五条　商业银行对个人债权的风险权重。

（一）个人住房抵押贷款的风险权重为50%。

（二）对已抵押房产，在购房人没有全部归还贷款前，商业银行以再评估后的净值为抵押追加贷款的，追加部分的风险权重为150%。

（三）对个人其他债权的风险权重为75%。

第六十六条　租赁业务的租赁资产余值的风险权重为100%。

第六十七条　下列资产适用250%风险权重：

（一）对金融机构的股权投资（未扣除部分）。

（二）依赖于银行未来盈利的净递延税资产（未扣除部分）。

第六十八条　商业银行对工商企业股权投资的风险权重。

（一）商业银行被动持有的对工商企业股权投资在法律规定处分期限内的风险权重为400%。

（二）商业银行因政策性原因并经国务院特别批准的对工商企业股权投资的风险权重为400%。

（三）商业银行对工商企业其他股权投资的风险权重为1250%。

第六十九条　商业银行非自用不动产的风险权重为1250%。

商业银行因行使抵押权而持有的非自用不动产在法律规定处分期限内的风险权重为100%。

第七十条　商业银行其他资产的风险权重为100%。

第七十一条　商业银行各类表外项目的信用转换系数。

（一）等同于贷款的授信业务的信用转换系数为 100%。

（二）原始期限不超过 1 年和 1 年以上的贷款承诺的信用转换系数分别为 20% 和 50%；可随时无条件撤销的贷款承诺的信用转换系数为 0%。

（三）未使用的信用卡授信额度的信用转换系数为 50%，但同时符合以下条件的未使用的信用卡授信额度的信用转换系数为 20%：

1. 授信对象为自然人，授信方式为无担保循环授信。

2. 对同一持卡人的授信额度不超过 100 万人民币。

3. 商业银行应至少每年一次评估持卡人的信用程度，按季监控授信额度的使用情况；若持卡人信用状况恶化，商业银行有权降低甚至取消授信额度。

（四）票据发行便利和循环认购便利的信用转换系数为 50%。

（五）银行借出的证券或用作抵押物的证券，包括回购交易中的证券借贷，信用转换系数为 100%。

（六）与贸易直接相关的短期或有项目，信用转换系数为 20%。

（七）与交易直接相关的或有项目，信用转换系数为 50%。

（八）信用风险仍在银行的资产销售与购买协议，信用转换系数为 100%。

（九）远期资产购买、远期定期存款、部分交款的股票及证券，信用转换系数为 100%。

（十）其他表外项目的信用转换系数均为 100%。

第七十二条　商业银行应当按照本办法附件 2 的规定对因证券、商品、外汇清算形成的风险暴露计量信用风险加权资产。

第七十三条　商业银行采用权重法计量信用风险加权资产时，可按照本办法附件 2 的规定考虑合格质物质押或合格保证主体提供保证的风险缓释作用。

合格质物质押的债权（含证券融资类交易形成的债权），取得与质物相同的风险权重，或取得对质物发行人或承兑人直接债权的风险权重。部分质押的债权（含证券融资类交易形成的债权），受质物保护的部分获得相应的较低风险权重。

合格保证主体提供全额保证的贷款，取得对保证人直接债权的风险权重。部分保证的贷款，被保证部分获得相应的较低风险权重。

第七十四条　商业银行采用权重法的，质物或保证的担保期限短于被担保债权期限的,不具备风险缓释作用。

第三节　内部评级法

第七十五条　商业银行应对银行账户信用风险暴露进行分类,并至少分为以下六类:

(一)主权风险暴露。

(二)金融机构风险暴露,包括银行类金融机构风险暴露和非银行类金融机构风险暴露。

(三)公司风险暴露,包括中小企业风险暴露、专业贷款和一般公司风险暴露。

(四)零售风险暴露,包括个人住房抵押贷款、合格循环零售风险暴露和其他零售风险暴露。

(五)股权风险暴露。

(六)其他风险暴露,包括购入应收款及资产证券化风险暴露。

主权风险暴露、金融机构风险暴露和公司风险暴露统称为非零售风险暴露。

第七十六条　商业银行应分别计量未违约和已违约风险暴露的风险加权资产:

(一)未违约非零售风险暴露的风险加权资产计量基于单笔信用风险暴露的违约概率、违约损失率、违约风险暴露、相关性和有效期限。

未违约零售类风险暴露的风险加权资产计量基于单个资产池风险暴露的违约概率、违约损失率、违约风险暴露和相关性。

(二)已违约风险暴露的风险加权资产计量基于违约损失率、预期损失率和违约风险暴露。

第七十七条　商业银行应当按照以下方法确定违约概率:

(一)主权风险暴露的违约概率为商业银行内部估计的 1 年期违约概率。

(二)公司、金融机构和零售风险暴露的违约概率为商业银行内部估计的 1 年期违约概率与 0.03% 中的较大值。

(三)对于提供合格保证或信用衍生工具的风险暴露,商业银行可以使用保证人的违约概率替代债务人的违约概率。

第七十八条 商业银行应当按照以下方法确定违约损失率：

（一）商业银行采用初级内部评级法，非零售风险暴露中没有合格抵质押品的高级债权和次级债权的违约损失率分别为45%和75%。对于提供合格抵质押品的高级债权和从属于净额结算主协议的回购交易，商业银行可以根据风险缓释效应调整违约损失率。

（二）商业银行采用高级内部评级法，应使用内部估计的单笔非零售风险暴露的违约损失率。

（三）商业银行应使用内部估计的零售资产池的违约损失率。

第七十九条 商业银行应当按照以下方法确定违约风险暴露：

违约风险暴露应不考虑专项准备和部分核销的影响。表内资产的违约风险暴露应不小于以下两项之和：（1）违约风险暴露被完全核销后，银行监管资本下降的数量；（2）各项专项准备金和部分核销的数量。如果商业银行估计的违约风险暴露超过以上两项之和，超过部分可视为折扣。风险加权资产的计量不受该折扣的影响，但比较预期损失和合格准备金时，可将该折扣计入准备金。

（一）商业银行采用初级内部评级法，应当按风险暴露名义金额计量表内资产的违约风险暴露，但可以考虑合格净额结算的风险缓释效应。

（二）商业银行采用初级内部评级法，贷款承诺、票据发行便利、循环认购便利等表外项目的信用转换系数为75%；可随时无条件撤销的贷款承诺信用转换系数为0%；其他各类表外项目的信用转换系数按照本办法第七十一条的规定。

（三）商业银行采用高级内部评级法，应当使用内部估计的非零售违约风险暴露。对于按照本办法第七十一条规定信用转换系数为100%的表外项目，应使用100%的信用转换系数估计违约风险暴露。

（四）商业银行应当使用内部估计的零售违约风险暴露。对于表外零售风险暴露，商业银行应按照内部估计的信用转换系数计量违约风险暴露。

第八十条 商业银行应当按照以下方法确定有效期限：

（一）商业银行采用初级内部评级法，非零售风险暴露的有效期限为2.5年。回购类交易的有效期限为0.5年。

（二）商业银行采用高级内部评级法，有效期限为1年和内部估计的有效期限两者之间的较大值,但最大不超过 5 年。中小企业风险暴露的有效期限可以采用 2.5 年。

(三)对于下列短期风险暴露,有效期限为内部估计的有效期限与 1 天中的较大值:

1.原始期限 1 年以内全额抵押的场外衍生品交易、保证金贷款、回购交易和证券借贷交易。交易文件中必须包括按日重新估值并调整保证金,且在交易对手违约或未能补足保证金时可以及时平仓或处置抵押品的条款。

2.原始期限 1 年以内自我清偿性的贸易融资,包括开立的和保兑的信用证。

3.原始期限 3 个月以内的其他短期风险暴露,包括:场外衍生品交易、保证金贷款、回购交易、证券借贷,短期贷款和存款,证券和外汇清算而产生的风险暴露,以电汇方式进行现金清算产生的风险暴露等。

第五章　市场风险加权资产计量

第一节　一般规定

第八十一条　本办法所称市场风险是指因市场价格(利率、汇率、股票价格和商品价格)的不利变动而使商业银行表内和表外业务发生损失的风险。

第八十二条　市场风险资本计量应覆盖商业银行交易账户中的利率风险和股票风险,以及全部汇率风险和商品风险。

商业银行可以不对结构性外汇风险暴露计提市场风险资本。

第八十三条　本办法所称交易账户包括为交易目的或对冲交易账户其他项目的风险而持有的金融工具和商品头寸。

前款所称为交易目的而持有的头寸是指短期内有目的地持有以便出售,或从实际或预期的短期价格波动中获利,或锁定套利的头寸,包括自营业务、做市业务和为执行客户买卖委托的代客业务而持有的头寸。交易账户中的金融工具和商品头寸原则上还应满足以下条件:

(一)在交易方面不受任何限制,可以随时平盘。

（二）能够完全对冲以规避风险。

（三）能够准确估值。

（四）能够进行积极的管理。

第八十四条 商业银行应当制定清晰的银行账户和交易账户划分标准,明确纳入交易账户的金融工具和商品头寸以及在银行账户和交易账户间划转的条件,确保执行的一致性。

第八十五条 商业银行可以采用标准法或内部模型法计量市场风险资本要求。未经银监会核准,商业银行不得变更市场风险资本计量方法。

第八十六条 商业银行采用内部模型法,若未覆盖所有市场风险,经银监会核准,可组合采用内部模型法和标准法计量市场风险资本要求,但银行集团内部同一机构不得对同一种市场风险采用不同方法计量市场风险资本要求。

第八十七条 商业银行采用内部模型法,内部模型法覆盖率应不低于50%。

前款所称内部模型法覆盖率按以下公式确定:

内部模型法覆盖率=按内部模型法计量的资本要求/(按内部模型法计量的资本要求+按标准法计量的资本要求)×100%

第八十八条 商业银行市场风险加权资产为市场风险资本要求的 12.5 倍,即:市场风险加权资产=市场风险资本要求×12.5。

第二节　标准法

第八十九条 商业银行采用标准法,应当按照本办法附件 10 的规定分别计量利率风险、汇率风险、商品风险和股票风险的资本要求,并单独计量以各类风险为基础的期权风险的资本要求。

第九十条 市场风险资本要求为利率风险、汇率风险、商品风险、股票风险和期权风险的资本要求之和。

利率风险资本要求和股票风险资本要求为一般市场风险资本要求和特定风险资本要求之和。

第三节 内部模型法

第九十一条 商业银行采用内部模型法的,应当符合本办法附件11的规定,并经银监会核准。

第九十二条 商业银行采用内部模型法,其一般市场风险资本要求为一般风险价值与压力风险价值之和,即:

$$K = Max(VaRt-1, mc×VaRavg)+Max(sVaRt-1,mS×sVaRavg)$$

其中:

(一)VaR 为一般风险价值,为以下两项中的较大值:

1. 根据内部模型计量的上一交易日的风险价值(VaRt-1)。

2. 最近60个交易日风险价值的均值(VaRavg)乘以 mC。mC 最小为3,根据返回检验的突破次数可以增加附加因子。

(二)sVaR 为压力风险价值,为以下两项中的较大值:

1. 根据内部模型计量的上一交易日的压力风险价值(sVaRt-1)。

2. 最近60个交易日压力风险价值的均值(sVaRavg)乘以 ms。ms 最小为3。

第九十三条 商业银行采用内部模型法计量特定风险资本要求的,应当按照本办法附件11的规定使用内部模型计量新增风险资本要求。

商业银行内部模型未达到计量特定市场风险要求的合格标准,或内部模型未覆盖新增风险,应当按标准法计量特定市场风险资本要求。

第六章 操作风险加权资产计量

第一节 一般规定

第九十四条 本办法所称的操作风险是指由不完善或有问题的内部程序、员工和信息科技系统,以及外部事件所造成损失的风险,包括法律风险,但不包括策略风险和声誉风险。

第九十五条 商业银行可采用基本指标法、标准法或高级计量法计量操作风险资本要求。

商业银行采用标准法或高级计量法计量操作风险资本要求,应符合本办法附件 12 的规定,并经银监会核准。

未经银监会核准,商业银行不得变更操作风险资本计量方法。

第九十六条 商业银行操作风险加权资产为操作风险资本要求的 12.5 倍,即:操作风险加权资产=操作风险资本要求×12.5。

第二节　基本指标法

第九十七条 商业银行采用基本指标法,应当以总收入为基础计量操作风险资本要求。商业银行应当按照本办法附件 12 的规定确认总收入。

总收入为净利息收入与净非利息收入之和。

第九十八条 商业银行采用基本指标法,应当按照以下公式计量操作风险资本要求:

其中:

KBIA 为按基本指标法计量的操作风险资本要求。

GI 为过去三年中每年正的总收入。

n 为过去三年中总收入为正的年数。

α 为 15%。

第三节　标准法

第九十九条 商业银行采用标准法,应当以各业务条线的总收入为基础计量操作风险资本要求。

第一百条 商业银行采用标准法,应当按照本办法附件 12 的规定将全部业务划分为公司金融、交易和销售、零售银行、商业银行、支付和清算、代理服务、资产管理、零售经纪和其他业务等 9 个业务条线。

第一百零一条 商业银行采用标准法,应当按照以下公式计量操作风险资本要求:

其中:

KTSA 为按标准法计量的操作风险资本要求。

是指各年为正的操作风险资本要求。

GIi 为各业务条线总收入。

bi 为各业务条线的操作风险资本系数。

第一百零二条　各业务条线的操作风险资本系数(β)如下：

(一)零售银行、资产管理和零售经纪业务条线的操作风险资本系数为 12%。

(二)商业银行和代理服务业务条线的操作风险资本系数为 15%。

(三)公司金融、支付和清算、交易和销售以及其他业务条线的操作风险资本系数为 18%。

第四节　高级计量法

第一百零三条　商业银行采用高级计量法,可根据业务性质、规模和产品复杂程度以及风险管理水平选择操作风险计量模型。

第一百零四条　商业银行采用高级计量法,应当基于内部损失数据、外部损失数据、情景分析、业务经营环境和内部控制因素建立操作风险计量模型。建立模型使用的内部损失数据应充分反映本行操作风险的实际情况。

第七章　商业银行内部资本充足评估程序

第一节　一般规定

第一百零五条　商业银行应当建立完善的风险管理框架和稳健的内部资本充足评估程序,明确风险治理结构,审慎评估各类风险、资本充足水平和资本质量,制定资本规划和资本充足率管理计划,确保银行资本能够充分抵御其所面临的风险,满足业务发展的需要。

第一百零六条　商业银行内部资本充足评估程序应实现以下目标：

(一)确保主要风险得到识别、计量或评估、监测和报告。

(二)确保资本水平与风险偏好及风险管理水平相适应。

(三)确保资本规划与银行经营状况、风险变化趋势及长期发展战略相匹配。

第一百零七条 商业银行应当将压力测试作为内部资本充足评估程序的重要组成部分,结合压力测试结果确定内部资本充足率目标。压力测试应覆盖各业务条线的主要风险,并充分考虑经济周期对资本充足率的影响。

第一百零八条 商业银行应当将内部资本充足评估程序作为内部管理和决策的组成部分,并将内部资本充足评估结果运用于资本预算与分配、授信决策和战略规划。

第一百零九条 商业银行应当制定合理的薪酬政策,确保薪酬水平、结构和发放时间安排与风险大小和风险存续期限一致,反映风险调整后的长期收益水平,防止过度承担风险,维护财务稳健性。

第一百一十条 商业银行应当至少每年一次实施内部资本充足评估程序,在银行经营情况、风险状况和外部环境发生重大变化时,应及时进行调整和更新。

第二节 治理结构

第一百一十一条 商业银行董事会承担本行资本管理的首要责任,履行以下职责:

(一)设定与银行发展战略和外部环境相适应的风险偏好和资本充足目标,审批银行内部资本充足评估程序,确保资本充分覆盖主要风险。

(二)审批资本管理制度,确保资本管理政策和控制措施有效。

(三)监督内部资本充足评估程序的全面性、前瞻性和有效性。

(四)审批并监督资本规划的实施,满足银行持续经营和应急性资本补充需要。

(五)至少每年一次审批资本充足率管理计划,审议资本充足率管理报告及内部资本充足评估报告,听取对资本充足率管理和内部资本充足评估程序执行情况的审计报告。

(六)审批资本充足率信息披露政策、程序和内容,并保证披露信息的真实、准确和完整。

(七)确保商业银行有足够的资源,能够独立、有效地开展资本管理工作。

第一百一十二条 商业银行采用资本计量高级方法的,董事会还应负责审批资本计量高级方法的管理体系实施规划和重大管理政策,监督高级管理层制定并实施资本计量高级方法的管理政策和流程,确保商业银行有足够资源支持资本计量高级方法管理体系的运行。

第一百一十三条 商业银行高级管理层负责根据业务战略和风险偏好组织实施资本管理工作,确保资本与业务发展、风险水平相适应,落实各项监控措施。具体履行以下职责:

(一)制定并组织执行资本管理的规章制度。

(二)制定并组织实施内部资本充足评估程序,明确相关部门的职责分工,建立健全评估框架、流程和管理制度,确保与商业银行全面风险管理、资本计量及分配等保持一致。

(三)制定和组织实施资本规划和资本充足率管理计划。

(四)定期和不定期评估资本充足率,向董事会报告资本充足率水平、资本充足率管理情况和内部资本充足评估结果。

(五)组织开展压力测试,参与压力测试目标、方案及重要假设的确定,推动压力测试结果在风险评估和资本规划中的运用,确保资本应急补充机制的有效性。

(六)组织内部资本充足评估信息管理系统的开发和维护工作,确保信息管理系统及时、准确地提供评估所需信息。

第一百一十四条 商业银行采用资本计量高级方法的,高级管理层还应定期评估方法和工具的合理性和有效性,定期听取资本计量高级方法验证工作的汇报,履行资本计量高级方法体系的建设、验证和持续优化等职责。

第一百一十五条 商业银行监事会应当对董事会及高级管理层在资本管理和资本计量高级方法管理中的履职情况进行监督评价,并至少每年一次向股东大会报告董事会及高级管理层的履职情况。

第一百一十六条 商业银行应当指定相关部门履行以下资本管理职责:

(一)制定资本总量、结构和质量管理计划,编制并实施资本规划和资本充足率管理计划,向高级管理层报告资本规划和资本充足率管理计划执行情况。

(二)持续监控并定期测算资本充足率水平,开展资本充足率压力测试。

(三)组织建立内部资本计量、配置和风险调整资本收益的评价管理体系。

（四）组织实施内部资本充足评估程序。

（五）建立资本应急补充机制，参与或组织筹集资本。

（六）编制或参与编制资本充足率信息披露文件。

第一百一十七条 商业银行采用资本计量高级方法的，相关部门还应履行以下职责：

（一）设计、实施、监控和维护资本计量高级方法。

（二）健全资本计量高级方法管理机制。

（三）向高级管理层报告资本计量高级方法的计量结果。

（四）组织开展各类风险压力测试。

第一百一十八条 商业银行采用资本计量高级方法的，应当建立验证部门（团队），负责资本计量高级方法的验证工作。验证部门（团队）应独立于资本计量高级方法的开发和运行部门（团队）。

第一百一十九条 商业银行应当明确内部审计部门在资本管理中的职责。内部审计部门应当履行以下职责：

（一）评估资本管理的治理结构和相关部门履职情况，以及相关人员的专业技能和资源充分性。

（二）至少每年一次检查内部资本充足评估程序相关政策和执行情况。

（三）至少每年一次评估资本规划的执行情况。

（四）至少每年一次评估资本充足率管理计划的执行情况。

（五）检查资本管理的信息系统和数据管理的合规性和有效性。

（六）向董事会提交资本充足率管理审计报告、内部资本充足评估程序执行情况审计报告、资本计量高级方法管理审计报告。

第一百二十条 商业银行采用资本计量高级方法的，内部审计部门还应评估资本计量高级方法的适用性和有效性，检查计量结果的可靠性和准确性，检查资本计量高级方法的验证政策和程序，评估验证工作的独立性和有效性。

第三节 风险评估

第一百二十一条 商业银行应当按照银监会相关要求和本办法附件13的规

定,设立主要风险的识别和评估标准,确保主要风险得到及时识别、审慎评估和有效监控。

主要风险包括可能导致重大损失的单一风险,以及单一风险程度不高、但与其他风险相互作用可能导致重大损失的风险。风险评估应至少覆盖以下各类风险:

(一)本办法第四章、第五章和第六章中涉及且已覆盖的风险,包括信用风险、市场风险和操作风险。

(二)本办法第四章、第五章和第六章中涉及但没有完全覆盖的风险,包括集中度风险、剩余操作风险等。

(三)本办法第四章、第五章和第六章中未涉及的风险,包括银行账户利率风险、流动性风险、声誉风险、战略风险和对商业银行有实质性影响的其他风险。

(四)外部经营环境变化引发的风险。

第一百二十二条 商业银行应当有效评估和管理各类主要风险。

(一)对能够量化的风险,商业银行应当开发和完善风险计量技术,确保风险计量的一致性、客观性和准确性,在此基础上加强对相关风险的缓释、控制和管理。

(二)对难以量化的风险,商业银行应当建立风险识别、评估、控制和报告机制,确保相关风险得到有效管理。

第一百二十三条 商业银行应当建立风险加总的政策和程序,确保在不同层次上及时识别风险。商业银行可以采用多种风险加总方法,但应至少采取简单加总法,并判断风险加总结果的合理性和审慎性。

第一百二十四条 商业银行进行风险加总,应当充分考虑集中度风险及风险之间的相互传染。若考虑风险分散化效应,应基于长期实证数据,且数据观察期至少覆盖一个完整的经济周期。否则,商业银行应对风险加总方法和假设进行审慎调整。

第四节　资本规划

第一百二十五条 商业银行制定资本规划,应当综合考虑风险评估结果、未来资本需求、资本监管要求和资本可获得性,确保资本水平持续满足监管要求。资本规划应至少设定内部资本充足率三年目标。

第一百二十六条 商业银行制定资本规划,应当确保目标资本水平与业务发展战略、风险偏好、风险管理水平和外部经营环境相适应,兼顾短期和长期资本需求,并考虑各种资本补充来源的长期可持续性。

第一百二十七条 商业银行制定资本规划,应当审慎估计资产质量、利润增长及资本市场的波动性,充分考虑对银行资本水平可能产生重大负面影响的因素,包括或有风险暴露,严重且长期的市场衰退,以及突破风险承受能力的其他事件。

第一百二十八条 商业银行应当优先考虑补充核心一级资本,增强内部资本积累能力,完善资本结构,提高资本质量。

第一百二十九条 商业银行应当通过严格和前瞻性的压力测试,测算不同压力条件下的资本需求和资本可获得性,并制定资本应急预案以满足计划外的资本需求,确保银行具备充足资本应对不利的市场条件变化。

对于重度压力测试结果,商业银行应当在应急预案中明确相应的资本补充政策安排和应对措施,并充分考虑融资市场流动性变化,合理设计资本补充渠道。商业银行的资本应急预案应包括紧急筹资成本分析和可行性分析、限制资本占用程度高的业务发展、采用风险缓释措施等。

商业银行高级管理层应当充分理解压力条件下商业银行所面临的风险及风险间的相互作用、资本工具吸收损失和支持业务持续运营的能力,并判断资本管理目标、资本补充政策安排和应对措施的合理性。

第五节 监测和报告

第一百三十条 商业银行应当建立内部资本充足评估程序的报告体系,定期监测和报告银行资本水平和主要影响因素的变化趋势。报告应至少包括以下内容:

(一)评估主要风险状况及发展趋势、战略目标和外部环境对资本水平的影响。

(二)评估实际持有的资本是否足以抵御主要风险。

(三)提出确保资本能够充分覆盖主要风险的建议。

根据重要性和报告用途不同,商业银行应当明确各类报告的发送范围、报告内容及详略程度,确保报告信息与报送频率满足银行资本管理的需要。

第一百三十一条 商业银行应当建立用于风险和资本的计量和管理的信息管理系统。商业银行的信息管理系统应具备以下功能：

（一）清晰、及时地向董事会和高级管理层提供总体风险信息。

（二）准确、及时地加总各业务条线的风险暴露和风险计量结果。

（三）动态支持集中度风险和潜在风险的识别。

（四）识别、计量并管理各类风险缓释工具以及因风险缓释带来的风险。

（五）为多角度评估风险计量的不确定性提供支持，分析潜在风险假设条件变化带来的影响。

（六）支持前瞻性的情景分析，评估市场变化和压力情形对银行资本的影响。

（七）监测、报告风险限额的执行情况。

第一百三十二条 商业银行应当系统性地收集、整理、跟踪和分析各类风险相关数据，建立数据仓库、风险数据集市和数据管理系统，以获取、清洗、转换和存储数据，并建立数据质量控制政策和程序，确保数据的完整性、全面性、准确性和一致性，满足资本计量和内部资本充足评估等工作的需要。

第一百三十三条 商业银行的数据管理系统应当达到资本充足率非现场监管报表和资本充足率信息披露的有关要求。

第一百三十四条 商业银行应当建立完整的文档管理平台，为内部审计部门及银监会对资本管理的评估提供支持。文档应至少包括：

（一）董事会、高级管理层和相关部门的职责、独立性以及履职情况。

（二）关于资本管理、风险管理等政策流程的制度文件。

（三）资本规划、资本充足率管理计划、内部资本充足评估报告、风险计量模型验证报告、压力测试报告、审计报告以及上述报告的相关重要文档。

（四）关于资本管理的会议纪要和重要决策意见。

第八章 监督检查

第一节 监督检查内容

第一百三十五条 资本充足率监督检查是银监会审慎风险监管体系的重要组成部分。

第一百三十六条 银监会根据宏观经济运行、产业政策和信贷风险变化,识别银行业重大系统性风险,对相关资产组合提出特定资本要求。

第一百三十七条 银监会对商业银行实施资本充足率监督检查,确保资本能够充分覆盖所面临的各类风险。资本充足率监督检查包括但不限于以下内容:

(一)评估商业银行全面风险管理框架。

(二)审查商业银行对合格资本工具的认定,以及各类风险加权资产的计量方法和结果,评估资本充足率计量结果的合理性和准确性。

(三)检查商业银行内部资本充足评估程序,评估公司治理、资本规划、内部控制和审计等。

(四)对商业银行的信用风险、市场风险、操作风险、银行账户利率风险、流动性风险、声誉风险以及战略风险等各类风险进行评估,并对压力测试工作开展情况进行检查。

第一百三十八条 商业银行采用资本计量高级方法,应按本办法附件14的规定向银监会提出申请。

第一百三十九条 银监会依照本办法附件14的规定对商业银行进行评估,根据评估结果决定是否核准商业银行采用资本计量高级方法;并对商业银行资本计量高级方法的使用情况和验证工作进行持续监督检查。

第一百四十条 商业银行不能持续达到本办法规定的资本计量高级方法的运用要求,银监会有权要求其限期整改。商业银行在规定期限内未达标,银监会有权取消其采用资本计量高级方法的资格。

第二节　监督检查程序

第一百四十一条　银监会建立资本监管工作机制,履行以下职责:

(一)评估银行业面临的重大系统性风险,提出针对特定资产组合的第二支柱资本要求的建议。

(二)制定商业银行资本充足率监督检查总体规划,协调和督促对商业银行资本充足率监督检查的实施。

(三)审议并决定对商业银行的监管资本要求。

(四)受理商业银行就资本充足率监督检查结果提出的申辩,确保监督检查过程以及评价结果的公正和准确。

第一百四十二条　银监会通过非现场监管和现场检查的方式对商业银行资本充足率进行监督检查。

除对资本充足率的常规监督检查外,银监会可根据商业银行内部情况或外部市场环境的变化实施资本充足率的临时监督检查。

第一百四十三条　商业银行应当在年度结束后的四个月内向银监会提交内部资本充足评估报告。

第一百四十四条　银监会实施资本充足率监督检查应遵循以下程序:

(一)审查商业银行内部资本充足评估报告,制定资本充足率检查计划。

(二)依据本办法附件13规定的风险评估标准,实施资本充足率现场检查。

(三)根据检查结果初步确定商业银行的监管资本要求。

(四)与商业银行高级管理层就资本充足率检查情况进行沟通,并将评价结果书面发送商业银行董事会。

(五)监督商业银行持续满足监管资本要求的情况。

第一百四十五条　商业银行可以在接到资本充足率监督检查评价结果后60日内,以书面形式向银监会提出申辩。在接到评价结果后60日内未进行书面申辩的,将被视为接受评价结果。

商业银行提出书面申辩的,应当提交董事会关于进行申辩的决议,并对申辩理由进行详细说明,同时提交能够证明申辩理由充分性的相关资料。

第一百四十六条　银监会受理并审查商业银行提交的书面申辩,视情况对有关问题进行重点核查。

银监会在受理书面申辩后的 60 日内做出是否同意商业银行申辩的书面答复,并说明理由。

第一百四十七条　银监会审查商业银行的书面申辩期间,商业银行应当执行资本充足率监督检查所确定的监管资本要求,并落实银监会采取的相关监管措施。

第一百四十八条　商业银行应当向银监会报告未并表和并表后的资本充足率。并表后的资本充足率每半年报送一次,未并表的资本充足率每季报送一次。

如遇影响资本充足率的特别重大事项,商业银行应当及时向银监会报告。

第三节　第二支柱资本要求

第一百四十九条　商业银行已建立内部资本充足评估程序且评估程序达到本办法要求的,银监会根据其内部资本评估结果确定监管资本要求;商业银行未建立内部资本充足评估程序,或评估程序未达到本办法要求的,银监会根据对商业银行风险状况的评估结果,确定商业银行的监管资本要求。

第一百五十条　银监会有权根据单家商业银行操作风险管理水平及操作风险事件发生情况,提高操作风险的监管资本要求。

第一百五十一条　银监会有权通过调整风险权重、相关性系数、有效期限等方法,提高特定资产组合的资本要求,包括但不限于以下内容:

(一)根据现金流覆盖比例、区域风险差异,确定地方政府融资平台贷款的集中度风险资本要求。

(二)通过期限调整因子,确定中长期贷款的资本要求。

(三)针对贷款行业集中度风险状况,确定部分行业的贷款集中度风险资本要求。

(四)根据个人住房抵押贷款用于购买非自住用房的风险状况,提高个人住房抵押贷款资本要求。

第四节　监管措施

第一百五十二条　银监会有权对资本充足率未达到监管要求的商业银行采取监管措施,督促其提高资本充足水平。

第一百五十三条　根据资本充足状况,银监会将商业银行分为四类:

(一)第一类商业银行:资本充足率、一级资本充足率和核心一级资本充足率均达到本办法规定的各级资本要求。

(二)第二类商业银行:资本充足率、一级资本充足率和核心一级资本充足率未达到第二支柱资本要求,但均不低于其他各级资本要求。

(三)第三类商业银行:资本充足率、一级资本充足率和核心一级资本充足率均不低于最低资本要求,但未达到其他各级资本要求。

(四)第四类商业银行:资本充足率、一级资本充足率和核心一级资本充足率任意一项未达到最低资本要求。

第一百五十四条　对第一类商业银行,银监会支持其稳健发展业务。为防止其资本充足率水平快速下降,银监会可以采取下列预警监管措施:

(一)要求商业银行加强对资本充足率水平下降原因的分析及预测。

(二)要求商业银行制定切实可行的资本充足率管理计划。

(三)要求商业银行提高风险控制能力。

第一百五十五条　对第二类商业银行,除本办法第一百五十四条规定的监管措施外,银监会还可以采取下列监管措施:

(一)与商业银行董事会、高级管理层进行审慎性会谈。

(二)下发监管意见书,监管意见书内容包括:商业银行资本管理存在的问题、拟采取的纠正措施和限期达标意见等。

(三)要求商业银行制定切实可行的资本补充计划和限期达标计划。

(四)增加对商业银行资本充足的监督检查频率。

(五)要求商业银行对特定风险领域采取风险缓释措施。

第一百五十六条　对第三类商业银行,除本办法第一百五十四条、第一百五十五条规定的监管措施外,银监会还可以采取下列监管措施:

（一）限制商业银行分配红利和其他收入。

（二）限制商业银行向董事、高级管理人员实施任何形式的激励。

（三）限制商业银行进行股权投资或回购资本工具。

（四）限制商业银行重要资本性支出。

（五）要求商业银行控制风险资产增长。

第一百五十七条 对第四类商业银行,除本办法第一百五十四条、第一百五十五条和第一百五十六条规定的监管措施外,银监会还可以采取以下监管措施:

（一）要求商业银行大幅降低风险资产的规模。

（二）责令商业银行停办一切高风险资产业务。

（三）限制或禁止商业银行增设新机构、开办新业务。

（四）强制要求商业银行对二级资本工具进行减记或转为普通股。

（五）责令商业银行调整董事、高级管理人员或限制其权利。

（六）依法对商业银行实行接管或者促成机构重组,直至予以撤销。

在处置此类商业银行时,银监会还将综合考虑外部因素,采取其他必要措施。

第一百五十八条 商业银行未按本办法规定提供资本充足率报表或报告、未按规定进行信息披露或提供虚假的或者隐瞒重要事实的报表和统计报告的,银监会依据《中华人民共和国银行业监督管理法》的相关规定实施行政处罚。

第一百五十九条 除上述监管措施外,银监会可依据《中华人民共和国银行业监督管理法》以及相关法律、行政法规和部门规章的规定,采取其他监管措施。

第九章 信息披露

第一百六十条 商业银行应当通过公开渠道,向投资者和社会公众披露相关信息,确保信息披露的集中性、可访问性和公开性。

第一百六十一条 资本充足率的信息披露应至少包括以下内容:

（一）风险管理体系:信用风险、市场风险、操作风险、流动性风险及其他重要风险的管理目标、政策、流程以及组织架构和相关部门的职能。

（二）资本充足率计算范围。

(三)资本数量、构成及各级资本充足率。

(四)信用风险、市场风险、操作风险的计量方法,风险计量体系的重大变更,以及相应的资本要求变化。

(五)信用风险、市场风险、操作风险及其他重要风险暴露和评估的定性和定量信息。

(六)内部资本充足评估方法以及影响资本充足率的其他相关因素。

(七)薪酬的定性信息和相关定量信息。

商业银行应当按照本办法附件 15 的要求充分披露资本充足率相关信息。

第一百六十二条 商业银行应当保证披露信息的真实性、准确性和完整性。

第一百六十三条 本办法规定的披露内容是资本充足率信息披露的最低要求,商业银行应当遵循充分披露的原则,并根据监管政策变化及时调整披露事项。

第一百六十四条 商业银行采用资本计量高级方法的,并行期内应至少披露本办法规定的定性信息和资本底线的定量信息。

第一百六十五条 商业银行可以不披露专有信息或保密信息的具体内容,但应进行一般性披露,并解释原因。

第一百六十六条 商业银行信息披露频率分为临时、季度、半年及年度披露,其中,临时信息应及时披露,季度、半年度信息披露时间为期末后 30 个工作日内,年度信息披露时间为会计年度终了后四个月内。因特殊原因不能按时披露的,应至少提前 15 个工作日向银监会申请延迟披露。

第一百六十七条 商业银行应当分别按照以下频率披露相关信息:

(一)实收资本或普通股及其他资本工具的变化情况应及时披露。

(二)核心一级资本净额、一级资本净额、资本净额、最低资本要求、储备资本和逆周期资本要求、附加资本要求、核心一级资本充足率、一级资本充足率以及资本充足率等重要信息应按季披露。

(三)资本充足率计算范围、信用风险暴露总额、逾期及不良贷款总额、贷款损失准备、信用风险资产组合缓释后风险暴露余额、资产证券化风险暴露余额、市场风险资本要求、市场风险期末风险价值及平均风险价值、操作风险情况、股权投资及其损益、银行账户利率风险情况等相关重要信息应每半年披露一次。

第一百六十八条 经银监会同意,在满足信息披露总体要求的基础上,同时符合以下条件的商业银行可以适当简化信息披露的内容:

(一)存款规模小于 2000 亿元人民币。

(二)未在境内外上市。

(三)未跨区域经营。

第十章 附 则

第一百六十九条 农村合作银行、村镇银行、农村信用合作社、农村资金互助社、贷款公司、企业集团财务公司、消费金融公司、金融租赁公司、汽车金融公司参照本办法执行。外国银行在华分行参照本办法规定的风险权重计量人民币风险加权资产。

第一百七十条 本办法所称的资本计量高级方法包括信用风险内部评级法、市场风险内部模型法和操作风险高级计量法。商业银行采用资本计量高级方法,应当按照本办法附件 16 的规定建立资本计量高级方法验证体系。

第一百七十一条 银监会对获准采用资本计量高级方法的商业银行设立并行期,并行期自获准采用资本计量高级方法当年底开始,至少持续三年。并行期内,商业银行应按照本办法规定的资本计量高级方法和其他方法并行计量资本充足率,并遵守本办法附件 14 规定的资本底线要求。

并行期第一年、第二年和第三年的资本底线调整系数分别为 95%、90% 和 80%。

并行期内,商业银行实际计提的贷款损失准备超过预期损失的,低于 150% 拨备覆盖率的超额贷款损失准备计入二级资本的数量不得超过信用风险加权资产的 0.6%;高于 150% 拨备覆盖率的超额贷款损失准备可全部计入二级资本。

第一百七十二条 商业银行应在 2018 年底前达到本办法规定的资本充足率监管要求,鼓励有条件的商业银行提前达标。

第一百七十三条 达标过渡期内,商业银行应当制定并实施切实可行的资本充足率分步达标规划,并报银监会批准。银监会根据商业银行资本充足率达标规划实施情况,采取相应的监管措施。

第一百七十四条 达标过渡期内,商业银行应当同时按照《商业银行资本充足率管理办法》和本办法计量并披露并表和非并表资本充足率。

第一百七十五条 达标过渡期内,商业银行可以简化信息披露内容,但应当至少披露资本充足率计算范围、各级资本及扣减项、资本充足率水平、信用风险加权资产、市场风险加权资产、操作风险加权资产和薪酬的重要信息,以及享受过渡期优惠政策的资本工具和监管调整项目。

第一百七十六条 商业银行计算并表资本充足率,因新旧计量规则差异导致少数股东资本可计入资本的数量下降,减少部分从本办法施行之日起分五年逐步实施,即第一年加回 80%,第二年加回 60%,第三年加回 40%,第四年加回 20%,第五年不再加回。

第一百七十七条 本办法中采用标准普尔的评级符号,但对商业银行选用外部信用评级公司不做规定;商业银行使用外部评级公司的评级结果应符合本办法附件 17 的规定,并保持连续性。

第一百七十八条 附件 1、附件 2、附件 3、附件 4、附件 5、附件 6、附件 7、附件 8、附件 9、附件 10、附件 11、附件 12、附件 13、附件 14、附件 15、附件 16、附件 17 是本办法的组成部分。

(一)附件 1:资本工具合格标准。

(二)附件 2:信用风险权重法表内资产风险权重、表外项目信用转换系数及合格信用风险缓释工具。

(三)附件 3:信用风险内部评级法风险加权资产计量规则。

(四)附件 4:信用风险内部评级法风险暴露分类标准。

(五)附件 5:信用风险内部评级体系监管要求。

(六)附件 6:信用风险内部评级法风险缓释监管要求。

(七)附件 7:专业贷款风险加权资产计量规则。

(八)附件 8:交易对手信用风险加权资产计量规则。

(九)附件 9:资产证券化风险加权资产计量规则。

(十)附件 10:市场风险标准法计量规则。

（十一）附件 11：市场风险内部模型法监管要求。

（十二）附件 12：操作风险资本计量监管要求。

（十三）附件 13：商业银行风险评估标准。

（十四）附件 14：资本计量高级方法监督检查。

（十五）附件 15：信息披露要求。

（十六）附件 16：资本计量高级方法验证要求。

（十七）附件 17：外部评级使用规范。

第一百七十九条 本办法由银监会负责解释。

第一百八十条 本办法自 2013 年 1 月 1 日起施行。《商业银行资本充足率管理办法》（中国银行业监督管理委员会 2004 年第 2 号令颁布实施，根据 2006 年 12 月 28 日中国银行业监督管理委员会第五十五次主席会议《关于修改〈商业银行资本充足率管理办法〉的决定》修正）、《商业银行银行账户信用风险暴露分类指引》、《商业银行信用风险内部评级体系监管指引》、《商业银行专业贷款监管资本计量指引》、《商业银行信用风险缓释监管资本计量指引》、《商业银行操作风险监管资本计量指引》（银监发〔2008〕69 号）、《商业银行资本充足率信息披露指引》（银监发〔2009〕97 号）、《商业银行资本计量高级方法验证指引》（银监发〔2009〕104 号）、《商业银行资本充足率监督检查指引》（银监发〔2009〕109 号）、《商业银行资产证券化风险暴露监管资本计量指引》（银监发〔2009〕116 号）、《商业银行市场风险资本计量内部模型法监管指引》（银监发〔2010〕13 号）、《商业银行资本计量高级方法实施申请和审批指引》（银监发〔2010〕114 号）同时废止。本办法施行前出台的有关规章及规范性文件如与本办法不一致的，按照本办法执行。